编委会

高等院校应用型人才培养
“十四五”规划旅游管理类系列教材

主编

编委（排名不分先后）

高等院校应用型人才培养“十四五”规划旅游管理类系列教材

总主编◎马　勇

旅行社门市经营管理实务

Lü xingshe Menshi Jingying Guanli Shiwu

主　编◎刘志永

副主编◎赵风云　郝静晔

参　编◎柴　焰　赵　晶　米　雪

华中科技大学出版社

http://press.hust.edu.cn

中国·武汉

内容简介

随着互联网对旅行社门市经营管理的冲击，门市经营管理在危机中蕴含着发展契机。个性化市场需求以及"温度"营销等对门市管理水平以及人员素质要求越来越高，迫切需要具备综合素质高、实践能力强的门市从业人员，而这与高校旅游管理专业应用型办学思路和应用型人才培养目标不谋而合。本书从旅行社门市的产生、发展、接待、服务、营销等各个方面进行了阐述，通过理论与实践案例的有机结合，突出应用型教材的特点，既可作为高校旅游管理专业教材，也可作为旅游行业从业者培训教材。

图书在版编目(CIP)数据

旅行社门市经营管理实务/刘志永主编. —武汉：华中科技大学出版社，2020.9(2024.7 重印)
ISBN 978-7-5680-6622-8

Ⅰ. ①旅… Ⅱ. ①刘… Ⅲ. ①旅行社-企业经营管理 Ⅳ. ①F590.654

中国版本图书馆 CIP 数据核字(2020)第 179892 号

旅行社门市经营管理实务 刘志永 主编
Lüxingshe Menshi Jingying Guanli Shiwu

策划编辑：胡弘扬 李 欢
责任编辑：李家乐
封面设计：原色设计
责任校对：曾 婷
责任监印：周治超
出版发行：华中科技大学出版社(中国·武汉) 电话：(027)81321913
武汉市东湖新技术开发区华工科技园 邮编：430223
录 排：华中科技大学惠友文印中心
印 刷：武汉邮科印务有限公司
开 本：787mm×1092mm 1/16
印 张：12.25 插页：2
字 数：315 千字
版 次：2024 年 7 月第 1 版第 2 次印刷
定 价：49.80 元

总　序

Introduction

伴随着旅游业上升为国民经济战略性支柱产业和人民群众满意的现代服务业，我国实现了从旅游短缺型国家到旅游大国的历史性跨越。2016年12月26日，国务院印发的《"十三五"旅游业发展规划》中提出要将旅游业培育成经济转型升级重要推动力、生态文明建设重要引领产业、展示国家综合国力的重要载体和打赢扶贫攻坚战的重要生力军，这标志着我国旅游业迎来了新一轮的黄金发展期。在推进旅游业提质增效与转型升级的过程中，应用型人才的培养、使用与储备已成为决定当今旅游业实现可持续发展的关键要素。

为了解决人才供需不平衡难题，优化高等教育结构，提高应用型人才素质、能力与技能，2015年10月21日教育部、国家发改委、财政部颁发了《关于引导部分地方普通本科高校向应用型转变的指导意见》，为应用型院校的转型指明了新方向。对于旅游管理类专业而言，培养旅游管理应用型人才是旅游高等教育由1.0时代向2.0时代转变的必由之路，是整合旅游教育资源、推进供给侧改革的历史机遇，是旅游管理应用型院校谋求话语权、扩大影响力的重要转折点。

为深入贯彻教育部引导部分地方普通高校向应用型转变的决策部署，推动全国旅游管理本科教育的转型发展与综合改革，在教育部高等学校旅游管理类专业教学指导委员会和全国高校旅游应用型本科院校联盟的大力支持和指导下，华中科技大学出版社率先组织编撰出版"全国高等院校旅游管理类应用型人才培养'十三五'规划教材"。该套教材特邀教育部高等学校旅游管理类专业教学指导委员会副主任、中国旅游协会教育分会副会长、中组部国家"万人计划"教学名师、湖北大学旅游发展研究院院长马勇教授担任总主编。

在立足旅游管理应用型人才培养特征、打破重理论轻实践的教学传统的基础上，该套教材在以下三方面作出了积极的尝试与探索。

一是紧扣旅游学科特色，创新教材编写理念。该套教材基于高等教育发展新形势，结合新版旅游管理专业人才培养方案，遵循应用型人才培养的内在逻辑，在编写团队、编写内容与编写体例上充分彰显旅游管理作为应用型专业的学科优势，全面提升旅游管理专业学生的实践能力与创新能力。

二是遵循理实并重原则，构建多元化知识结构。在产教融合思想的指导下，坚持以案例为引领，同步案例与知识链接贯穿全书，增设学习目标、实训项目、本章小结、关键概念、案例解析、实训操练和相关链接等个性化模块。为了更好地适应当代大学生的移动学习习惯，本套教材突破性地在书中插入二维码，通过手机扫描即可直接链接华中出版资源服务平台。

三是依托资源服务平台，打造立体化互动教材。华中科技大学出版社紧抓"互联网+"发展机遇，自主研发并上线了华中出版资源服务平台，实现了快速、便捷调配教学资源的核心功能。在横向资源配套上，提供了教学计划书、PPT、参考答案、教学视频、案例库、习题集等系列配套教学资源；在纵向资源开发上，构建了覆盖课程开发、习题管理、学生评论等集开发、使用、管理、评价于一体的教学生态链，真正打造了线上线下、课堂课外的立体化互动教材。

基于为我国旅游业发展提供人才支持与智力保障的目标，该套教材在全国范围内邀请了近百所应用型院校旅游管理专业学科带头人、一线骨干“双师双能型”教师，以及旅游行业界精英共同编写，力求出版一套兼具理论与实践、传承与创新、基础与前沿的精品教材。该套教材难免存在疏忽与缺失之处，恳请广大读者批评指正，以使该套教材日臻完善。希望在“十三五”期间，全国旅游教育界以培养应用型、复合型、创新型人才为己任，以精品教材建设为突破口，为建设一流旅游管理学科而奋斗！

马勇

2017.1

前 言

Preface

作为旅游客源与产品的汇聚地，旅行社门市成为旅游产业需求与供给“碰撞”的前沿，因而也就成为感知旅游产业变化的前线。随着以互联网为特征的信息时代的来临以及个性化消费需求的变化，旅行社门市经营管理迎来前所未有的挑战，不仅要面对线下同业竞争，还要与各类在线旅游平台进行流量竞争，微信、小红书、抖音等高频应用超级平台也以较低成本跨界进入低频的旅游领域市场，探索流量变现的可能。在竞争趋于白热化的当下，线下旅行社门市也必须进行改革和创新，其中的关键是人才的问题。市场对旅行社门市经营管理人员的素质和专业技能要求越来越高，迫切需要具有扎实理论基础、深厚人文素养和熟练专业技能的高素质专业人才，这与高校旅游管理专业应用型办学思路和应用型人才培养目标不谋而合。

在人才培养的实践中，我们感受最深的是，目前的相关教材或偏重于理论或侧重于实践，应用型人才培养所需要的理论与实践有机结合、专业与素养协调发展的教材较少，尤其是业界参与度不够，造成了旅游行业人才需求和供给上的“两张皮”问题。要解决此问题，必须从人才供给的角度去匹配需求，而应用型人才的培养既离不开应用型师资也离不开应用型教材。在总结经验和积累素材的基础上，我们组织有行业从业经验的一线教师通过调研、挂职等形式，在充分征求行业专家、学生等建议的基础上编写了这本《旅行社门市经营管理实务》，力图通过现实案例导入、专业知识及其与实践案例结合等方式来解决我们在教学中遇到的问题。本书既可作为高校旅游管理专业教材，也可作为旅游行业管理者的自学教材和相关从业人员的培训材料。

本书从旅行社门市的产生、发展、接待、服务、营销等各个方面进行了阐述，第一、三章由柴焰编写，第二、四章由赵晶编写，第六、七章由刘志永编写，第八章由米雪编写，第九章由郝静晔编写，第五、十、十一章由赵风云编写。在编写过程中还参考借鉴了国内外专家学者的相关研究成果，业界和兄弟院校专家为本书提供了具体案例、管理心得和教学经验。没有各位专家的支持，本书难以如期完成，在此一并感谢！尤其感谢山西商务国际旅行社、山西红马国际旅行社、山西平安国际旅行社在本书写作过程中给予的大力支持！

由于笔者水平有限，书中存在的不足和疏漏之处，恳请各位专家学者和业界人士多提宝贵意见，以使本书不断充实和完善。

目录

Contents

1 第一章 旅行社门市概论

第一节 垂直分工体系下旅行社门市的产生 /2

第二节 旅行社门市的概念、业务与作用 /4

第三节 互联网时代旅行社门市的发展 /8

18 第二章 开业前的准备工作

第一节 门市的选址 /19

第二节 门市的设立 /21

第三节 门市的设计 /23

第四节 店员的招聘 /30

35 第三章 旅行社门市店长的工作职责

第一节 店长的角色与定位 /36

第二节 店长的工作职责 /39

第三节 店长的管理技巧 /44

50 第四章 店员的工作职责

第一节 店员的接待流程 /51

第二节 店员的培训 /53

59 第五章 门市客户旅游需要与动机

第一节 门市客户旅游需要 /60

第二节 旅游动机 /64

77 第六章 门市客户购买决策

第一节 客户购买决策 /78

第二节 门市对客户购买决策的影响 /80

88 第七章　门市客户关系管理
第一节　客户关系管理　/89
第二节　旅行社门市客户关系管理　/94
第三节　旅行社门市客户关系管理策略　/99

108 第八章　门市营销创新
第一节　实体店的发展优势　/110
第二节　体验营销　/113
第三节　体验创造门市新价值　/116
第四节　门市智慧营销　/119
第五节　门市营销升级策略　/121

129 第九章　门市接待服务
第一节　辨别入店客人的需求　/130
第二节　门市接待工作流程　/131
第三节　散客和团队的报价　/133
第四节　报价后的销售跟踪　/137
第五节　旅游服务合同的签订　/142

157 第十章　门市商务礼仪
第一节　店员行为举止礼仪　/158
第二节　门市服务人员的礼仪常识　/166
第三节　门市服务人员形象礼仪　/175

180 第十一章　门市安全管理
第一节　突发事件管理　/181
第二节　消防管理　/183

188 参考文献

第一章

旅行社门市概论

学习目标

◆了解旅行社门市产生的背景。
◆了解旅行社门市的概念与作用。
◆掌握旅行社门市的业务。
◆理解互联网时代下旅行社门市发展的“危机”。
◆掌握旅行社门市的新发展。

问题导向

互联网背景下旅行社门市还需要吗?

导入案例 携程布局线下门店

2017年6月24日,携程旅行举行门店启动发布会,宣布北京地区第一批近30家线下门店将正式迎客。此外,成都、武汉等地的携程旅行门店也试运营接待游客。

目前,携程旅行的线下渠道建设已触及五省市,签约数100家左右;其全国的预约签约数已经超过350家。携程旅行门店主要针对预订国内外跟团游、自由行度假产品,以及个性化定制旅游的线下用户;这些用户将可以预订到线上全球2万多家旅行社的超过70万个度假产品。

在发布第一季度财报之时,携程CEO孙洁曾表示,计划2017年在全国各地新增1000家线下门店,以专业的旅游顾问提供一对一服务。这个“小目标”的实现并不困难。携程旅行通过整合旅游百事通、去哪儿旅行,全国门店总数突破6500家,覆盖全国20多个省市的各线城市。携程、去哪儿和旅游百事通在产品库上已经打通,刚刚上线的旅游产品,可以在各门店咨询预订。“目前中国有2万多家旅行社、数十万个

门店，旅行社门店的加盟模式花样繁多，给到消费者的东西也五花八门。”携程旅行渠道事业部总经理、旅游百事通 CEO 张力表示，现在旅行社的行业集中度低，各种品牌的门店鱼龙混杂，正是携程这样的全球品牌进入的机会。

除了携程以外，近几年同程、途牛、驴妈妈等 OTA 都在进行线下门店布局。有业内人士认为，在线上领域几成定局的情况下，各在线旅游企业要想继续抢占更多市场份额，线下门店就成了各方势力势在必得的领域。OTA 线上流量成本越来越高，纯粹通过网上营销吸引客户，其性价比已经大不如前——因此，通过布局线下反哺线上流量，似乎已经成为某种趋势。此外，如何利用自身优势为诸多门店提供新的“赋能”，也是 OTA 必须思考的问题。毕竟，如果只是换个挂在门口的招牌，对门店来说意义不大。这也无法让 OTA 获取更多的有效流量，大量扩张门店反而是背包袱。

总而言之，OTA 集体布局线下市场，必然带来旅行社门店的新格局和新发展。

第一节　垂直分工体系下旅行社门市的产生

旅行社门市（也称为门店、营业部）的产生和演化是随着旅游市场、旅行社的发展而发展的。一般来看，旅行社是随着旅游市场发展带来的社会分工和发展的结果，随着旅行社业务规模的扩大和消费市场的多样化，必然会出现内部的分工。在旅行社垂直分工体系之下，旅行社销售职能的分化催生了旅行社门市的出现。

一、旅行社的垂直分工体系

1841 年，英国人托马斯·库克包租火车组织团体出游开启了旅行代理商的时代。1845 年，托马斯·库克正式成立了公司，创立了世界上第一家旅行社——托马斯·库克旅行社（也称通济隆旅行社），该旅行社的主要业务是帮助旅行者购买车、船票等交通票据，为人们出行提供方便。在之后的近一个世纪的时间里，受到生产力的限制、战争的影响等，旅游需求增长缓慢，旅行社的发展也相对迟缓。尽管如此，旅行社业也进行了初期的分工——批发经营商和零售代理商。

20 世纪 20 年代，飞机开始作为长途交通工具投入运营。为了扩大市场份额，航空公司决定由指定的旅行代理商来进行销售工作，从而扩大了旅行代理商的业务范围。由于当时的机票价格昂贵、飞机的运量小等，航空交通主要是为少数商务旅游者服务，因此，旅行代理商的发展相对受限。20 世纪 50 年代后，随着以喷气式飞机为代表的航空技术的发展以及经济发展带来的旅游需求，旅游市场得到了进一步发展，尤其是刺激了中产阶级对廉价度假产品的需求，大量旅游需求导致原来以个体旅游者为主要服务对象的旅行社应接不暇。与此同时，一些旅游目的地也希望能够开发一些游客需求量大、容易进行预订包价的旅游产品来进行广告宣传，进而刺激需求、降低运营成本和实现规模效益。为了满足旅游者、旅行代理商和旅游目的地的需求，旅行批发商应运而生，他们专门组织包价的旅游产品，满足大众对廉价度假产品的需求。

可以看出，经济发展和科技进步带来的旅游市场的发展是旅游批发经营商进行专业化经营的前提。同时，旅游批发经营商的存在又会刺激旅游市场的继续发展和演化。当旅游批发经营商发展到一定规模时，扩展销售部门导致销售费用的急剧增加与旅游者数量的增多导致市场交易费用上升的矛盾同时存在，此时，利用布点广泛的零售旅行代理商进行销售可以相对节约市场交易费用，提高交易效率。于是，旅行社销售职能的分化促进了零售旅行代理商的发展。20 世纪五六十年代，欧美旅行社业率先在行业发展中完成了业内的垂直分工。

知识链接 旅行社的水平分工

旅行社的水平分工体系是与市场机制主导下演进而成的垂直分工体系相对应的一个概念。它由执行同一职能的旅行社按照服务市场和业务范围分化而成。其一般表现形式是，在政府行政管理力量的干预下，旅行社被分为若干等级和类别，原本统一的旅游服务市场也被划分为入境旅游、国内旅游和出境旅游等若干市场。这样，每一类别或等级的旅行社对应相应经营业务的子市场(见图 1-1)。

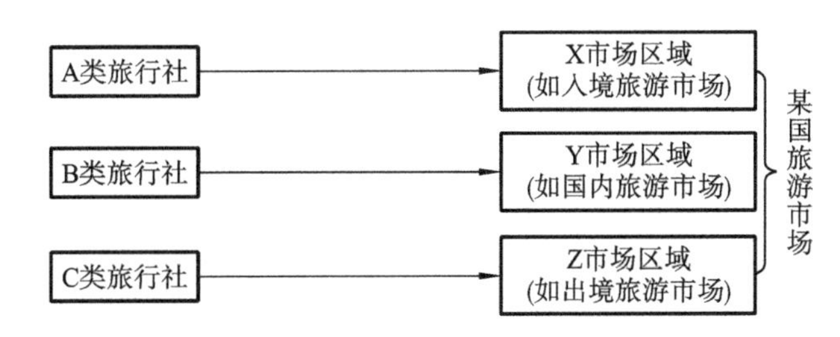

图 1-1 政府主导下的旅行社水平分工体系

以中国为例，根据 1996 年 10 月国务院颁布的《旅行社管理条例》(已废止)规定，旅行社按照经营的业务范围划分为国际旅行社和国内旅行社两种类型。国际旅行社经营范围包括入境旅游业务、国内旅游业务、出境旅游业务等，而国内旅行社则仅限于国内旅游业务。

很显然，国际旅行社和国内旅行社的基本业务都涉及经营活动的各个环节，既具有旅游批发商组织包价旅游产品的职能，又有旅行代理商负责产品销售的职能，两者的区别仅在于所服务的市场领域的差异。

值得指出的是，在垂直分工的基础上，欧美的旅游批发商和旅行代理商根据市场状况和企业实力在各自的领域中也进行了水平分工，如根据旅游者的流向，旅游批发经营商分为国内旅游经营商、负责入境接待的旅游经营商和组织出境旅游的旅游经营商；旅行代理商则在休闲旅游市场和商务旅行市场方面呈现出水平分工的发展态势。因此，欧美旅行社业的水平分工是在市场需求不断发展的基础上由企业自发形成的专业化分工，这与我国旅行社的水平分工体系在形成机制和表现形式上有着本质的区别。

二、旅行社门市的产生

在垂直分工体系下，旅游批发经营商一般不会直接面向公众销售其设计或组合的旅游产品，而是通过旅游零售商进行销售。在这样的专业分工下，批发商负责生产旅游产品，并直接对接企业端，而零售商则直接对接消费者。零售商一方面是旅游产品的主要销售渠道，另一方面也能最直观感受消费需求。因此，为了能够更多、更广地接触消费者，旅游零售商会根据市场需要广泛布点，以便最大限度地获取客源，占领市场。然而，如果直接开设旅行社，经营管理成本较高，因此，旅游零售商再次进行了内部的分工，将对客服务和产品销售单独分离出来，成立旅行社门市。与此同时，旅游批发经营商生产出来的产品也需要有专业的人员、专门的场所进行专业的销售。因此，旅行社门市便孕育而生。

作为专业的旅游产品销售场所，旅行社门市是客源与产品的汇聚地，成为旅游产业需求与供给碰撞的前沿。从功能上看，旅行社门市一方面通过提供强大的资源数据库、交易平台以及多种游客出游必备的咨询服务功能，为游客出行提供专业的咨询和指导，另一方面，通过对客服务、产品销售记录等最直接地反映着旅游市场的真实需求，为旅游批发经营商进行产品的设计与调整提供依据。

随着 OTA 的兴起，旅行社的线下门市不仅要面对线下片区门市的客流竞争，还要与大大小小的在线旅游平台进行流量竞争。与此同时，微信、小红书、抖音等高频应用平台也跨界进入低频的旅游领域市场，探索流量变现的可能。在竞争趋于白热化的当下，线下旅行社门市也必须进行改革和创新，思考如何挖掘自身独特优势，借助数字化技术红利，回归以人为核心的服务本源，寻找新的增长机会。

基于当面沟通来发展业务的线下旅行社门市，在销售复杂的线路产品，或者客单价比较高的产品（如邮轮产品）方面有得天独厚的优势，但劣势在于客人对此类旅游产品的决策周期较长，影响决策的因素也较多。此时，旅行社可以借助数字化的工具为门市赋能，通过构建线上平台或是微信小程序，在线上进行个性化展示，帮助门市将客户从线上引流到线下消费，扩大门市所在地理区域的获客范围，亦可借助线上平台搭建会员体系，沉淀用户。总之，随着经济的发展、科技的进步、商业模式的创新，旅行社门市的功能和销售模式正在不断创新。

第二节　旅行社门市的概念、业务与作用

一、旅行社门市的概念

（一）旅行社门市的概念

关于旅行社门市（门店），中华人民共和国国家旅游局（现文化和旅游部）颁布的《旅行社国内旅游服务质量要求》（1997 年 7 月 1 日正式实施）中将其定义为：旅行社为了宣传、招徕和接待国内旅游者而设立的营业场所。该定义明确了旅行社门市设立的目的和要求。《旅行社条例实施细则》中对旅行社的服务网点定义为：旅行社设立的，为旅行社招徕旅游者，并以旅行社的名义与旅游者签订旅游合同的门市部等机构。

在此基础之上，徐云松等学者对旅行社门市的概念进行了较为全面的梳理，本书采用该概

念，认为旅行社门市是在旅行社所注册地的市、县行政区域以内设立的不具备独立法人资格、为设立社招徕游客并为其提供咨询、宣传、销售等服务的分支机构。旅行社与旅行社门市部之间是设立与被设立的关系，门市部从属于旅行社，不具备法人资格，民事责任由旅行社来承担。[①②] 这一概念强调了以下三点。

第一，旅行社门市的设立地点：旅行社门市必须在旅行社所在地的省、自治区、直辖市行政区划内设立服务网点，若设立社在其所在地的省、自治区、直辖市行政区划外设立分社的，可以在该分社所在地区的市级行政区划内设立服务网点。

第二，旅行社门市的服务内容：旅行社门市必须在设立社的经营范围之内从事旅游产品宣传、招徕旅游者、提供旅游咨询服务，不得从事其他活动。

第三，关于性质：旅行社门市不具备独立的法人资格，接受设立社的统一管理。

（二）相关概念区分

1. 旅行社的概念

旅行社为从事经营、拓展业务常常在全国各地设立分支机构，旅行社设立的分支机构主要是旅行社分社和旅行社门市。分社和门市以及这两者与旅行社的法律地位并不相同，经营范围及承担的法律责任也不相同。

2. 旅行社分社的概念

旅行社分社是指年接待旅游者达到 10 万人次以上的旅行社设立的不具备独立法人资格、以设立社名义开展旅游业务经营活动的分支机构。

3. 旅行社、分社和门市之间的关系

旅行社与旅行社分社之间是设立与被设立的关系，分社是旅行社的分支机构。旅行社是经依法批准设立的企业，具有法人资格，独立承担民事责任；而分社不具备法人资格，从属于旅行社，分社的法律责任由旅行社承担。

旅行社与旅行社门市之间也是设立与被设立的关系，门市也从属于旅行社，不具备法人资格，民事责任由旅行社来承担。

旅行社门市和旅行社分社虽然具有上述相同点，但也是具有本质性区别的，即成立分社需要旅行社具备年接待旅游者达到 10 万人次以上的规模，而设立门市没有此项要求。更主要的是分社可以开展旅游业务经营活动，而门市则不能，门市的主要功能在于为所属旅行社招徕顾客并提供咨询、宣传等服务，旅行社门市不得设立分支机构，不得以门市名义签订旅游合同，不得聘用、委派导游和领队人员。

二、旅行社门市的业务

（一）旅行社门市的主要业务

根据《旅行社条例实施细则》中的规定，旅行社门市是“为旅行社招徕旅游者，并以旅行社的名义与旅游者签订旅游合同的门市部等机构”，因此，旅行社门市的主要业务就是销售产品、招徕游客，具体分为以下业务类型。

① 徐云松，左红丽.门市操作实务[M].2 版.北京：旅游教育出版社，2008.

② 梁雪松，胡蝶，王伟，等.现代旅行社门店管理实务[M].2 版.北京：北京大学出版社，2016.

1. 宣传和招徕游客

旅行社门市通过多样的宣传手段和方法招徕游客。旅行社门市宣传活动的主要内容是宣传旅游产品、宣传门市形象、宣传旅行社品牌。通过宣传，打出品牌、赢得口碑，以便能形成人流量，带动销售的增长。

旅行社门市的宣传方式在不断演化，从传统的传单、海报、广告，到电话营销、活动策划、主题营销，再到现在的新媒体利用、社区化运营等，更多地利用社交平台形成私域流量，提升顾客的信任感和提高成单率。尤其是，信息时代下的新媒体利用成为宣传和培养客户群的重要手段之一。

2. 咨询和接待

当游客进入旅行社门市，便是具有出游意向的重点潜在客户；即使不能达成合作意向，也成为宣传企业产品、增加互信和培养目标客户群的重要环节和窗口。对此，旅行社门市的工作人员一定要做好咨询和接待工作，既要主动、具体、翔实地向旅游者提供有效的旅游产品信息、旅游行程等，还要展现企业文化，而不是过度商业化给潜在客户留下不好印象。在接待过程中，注意做到专业礼貌、热情友好，能够针对游客需求，提供有针对性的产品信息，并帮助其甄选旅游产品。最后，还应该主动大方地向客人提供相关旅游产品的宣传资料，方便客人之后阅读，并可以加深其对旅行产品、门市和旅行社品牌的印象，为旅行社争取市场，赢得客户。

除了面对面的人员咨询外，旅行社门店还可以进行电话咨询、信函咨询、电子邮件咨询、社交网络咨询等多种服务方式。无论哪种咨询，工作人员都要及时、准确、热情地回复客人，并在征求客人同意后记录客人的诉求和联系方式，尽量形成客户需求等的大数据，方便之后更精准地为客人提供服务。

3. 销售

在完成上述任务后，销售便成为旅行社门市的主要任务和目标。当客人的购买意愿明确之后，服务人员就要进入销售业务环节。在这一过程中，一定要注意客户信息、产品信息的准确性。在旅游产品销售成交之后，门店销售人员还应该向旅游者提供以下服务(包括但不限于)：开具正式发票或相关票据；与旅游者签订旅游服务合同；发放旅行日程、参团须知、赔偿细则等；妥善保管旅游者在报名时提交的各种资料物品，交接时手续清楚；无全陪的团体和散客须被告知旅游目的地的具体接洽办法和应急措施；向旅游者推荐旅游意外保险；提醒其他注意事项等。

(二) 旅行社门市的业务规范

旅行社门市不具备独立的法人资格，因此，在办理相关业务过程中一定要执行以下规范。

(1) 旅行社门市的业务范围“不得超出其设立社的核定经营开展的业务”。

(2) 旅行社门市经营和销售的旅游产品应由设立社统一策划、制定和发布。

(3) 旅行社门市的文书一律使用设立社的印章。

(4) 旅行社门市使用的旅游业务广告宣传材料、旅行合同或其他业务经营合同必须由设立社统一印制并签章确认。旅行社门市不得以其名义发布旅行社业务广告。

(5) 旅行社门市必须有设立社统一与旅游者签订加盖设立社印章的旅游合同。

(6) 旅行社门市不得以其名义与宾馆饭店、车船公司、景区景点以及其他旅行社签订合同，发生业务关系。

(7) 旅行社门市不得聘用、委派导游运行旅游团队。

(8) 旅行社门市不得设立独立账号。

(9) 旅行社设立的直营门市，员工由设立社统一招聘并登记备案；加盟门市的员工也要在设立社进行备案。

(10) 旅行社门市不得设立分支机构，不得为外地旅行社办事机构及人员提供便利。

(11) 门市应与设立社实现计算机联网，通过设立社交网络平台实现统一计调、统一团队操作。

(12) 门市应该建立旅游招徕业务档案，并定期交由设立社统一存档。

需要注意的是，由于各地的实际情况不同，各地区的旅游行政部门对门市的业务规范也略有不同，旅行社门市的业务经营者应查询当地的法律法规，依法依规经营。

三、旅行社门市的作用

作为游客和销售人员面对面交流的场所，旅行社门市是旅行社的门面和第一印象，对旅行社的品牌、销售等有至关重要的作用。

(一) 旅行社门市是旅行社的广告和窗口

通常，旅行社门市是游客尤其是散客与旅行社第一次面对面接触的地方，游客通过门市了解旅行社和旅游产品，以及是否愿意达成合作意愿。因此，旅行社门市是旅行社的窗口。面对未知的旅游目的地，游客期望得到全面的信息和肯定的要素，降低未来旅行中的不确定性。此时，温馨的环境、热情而专业的服务便可以帮助游客减少对未知的恐惧，建立信任，进而完成行程购买行为，甚至成为该旅行社的忠实客户。当然，如果游客在旅行社门市经历了不佳的体验，也会将负面信息放大，无论是哪个环节出错，游客都会否认整个旅行社的品牌。由此可以看出，门市的窗口作用具有放大的功效，发挥得当，便可给旅行社带来事半功倍的效果。

此外，旅行社门市也是旅行社的“活广告”，或者“有温度的广告”。广泛布局的旅行社门市，可以提升旅行社品牌的知名度。传统的通过报纸、电视、网络等媒体所做的硬广告以及人员推销等，游客往往存在抵触心理。门市作为旅行社与游客接触较频繁的部门，自从游客跨进门市的那一刻起，他们所受到的接待、所享受的服务、所体验到的一切，就成为他们评价旅行社最充分的“佐证”。门市的名誉匾额、设计装潢、宣传资料等有形展示，以及门市工作人员的微笑、礼貌礼仪、产品介绍、信息沟通等无形服务都是旅行社的软广告。通过亲身的经历、真挚的交流，游客才会对旅游品牌产生情感认同，实现真正的广告宣传作用。

(二) 优质的门市服务带动旅行社产品的销售

在市场竞争越来越激烈的今天，最大限度地拓展市场、提升销售额是影响旅行社生存的头等大事。旅行社门市的工作人员在与游客沟通交流时，可以直观地了解游客，真实地感知游客的需求，并通过自身专业的知识和热情的服务，推荐满足顾客需求的旅游产品，并进行详细的说明，甚至可以在规定允许的范围内，对旅游产品组合进行微调，做到设身处地地为客户提供优质服务，进行“有温度”的销售。

随着获客成本的上升，对存量市场的精耕细作成为旅行社获利的重要途径。《哈佛商业评论》的一份研究报告指出，“再次光顾的客户可以为公司带来 25%—85% 的利润，而吸引他们再次光临的因素中，首先是服务质量，其次是商品本身的品质，最后才是价格”。旅行社门市的工作人员可以与顾客面对面交流，了解顾客的真实状态和需求，并且可以通过专业的服务和紧密的联系，与客户建立长期的联系，培养更多的忠诚客户。

知识链接　旅行社门市运营对拉新引流的重要性

（三）优质的门市服务可以提升旅行社的核心竞争力

旅游产品的特殊性导致旅游市场总体呈现出产品同质化、市场同源化、竞争价格化的特点。当很难用产品取得竞争优势的时候，服务品质便成为旅行社之间的竞争壁垒，而优质的服务便是旅行社的核心竞争力。正如前文所述，旅行社门市是工作人员直接为游客服务的场所，因此，优质的门市服务对于旅行社的服务品质来说至关重要。

优质的服务＝规范服务＋超常服务。优质的服务是在规范服务的基础上，有超乎常规服务的表现。规范化的服务不会使客人感到不满意，但也不会给客人留下深刻的印象。超常服务通常是个性化的、差异性的服务，往往可以给客人带来意外的惊喜和满意。旅行社门市的接待服务是向客人提供优质服务的最佳时机。如果门市的工作人员在服务过程中，知晓了客人的姓名，全程称其××先生/女士，会给客人一种被尊重的感觉；再如，游客若带着孩子进入了门市，服务人员便可送给孩子一个小礼物等，这样的增值服务靠的不是成本的投入，而是接待人员的用心。只有旅行社门市拿出“相同的产品比价格，相同的价格比品质，相同的品质比服务，相同的服务比用心”这样的决心，才能真正提升旅行社的核心竞争力。

可以看出，旅行社门市是旅行社重要的宣传、销售场所，而人与人之间个性、优质的服务是其最核心的市场竞争力。

第三节　互联网时代旅行社门市的发展

一、旅行社门市存在的必要性

（一）旅行社业的“危机”

随着旅游市场的发展和变化，众多传统旅行社正在或已经“倒下”。据相关数据统计，2015年至2018年，旅游行业吊销、注销的企业数量不断增长，而旅行社门市成为首要的被冲击者。

知识链接 旅行社要消亡了吗？

2018 年至今，旅游界的两则消息狠狠地震撼了旅游业中的一个曾经的支柱产业——旅行社业：2018 年 12 月 24 日，中国国旅股份有限公司（以下简称“中国国旅”）发布公告称，中国国旅拟以非公开协议转让方式将下属全资子公司中国国际旅行社总社有限公司（以下简称“国旅总社”）100％股权转让给中国旅游集团有限公司（以下简称“中国旅游集团”），转让价格为 18.31 亿元。中国国旅转让旗下旅行社业务后，实际上已经成为名副其实的免税店上市公司，与旅行社业脱离了关系，也宣告中国三大旅行社集团（中旅、国旅、中青旅）之一的中国国旅已经抛弃了原有的主流业务。

更为震撼的消息发生在 2019 年 9 月 23 日，全球历史最悠久的旅游公司英国托马斯库克集团宣布破产清算。这意味着全球第一家旅行社、曾经全球最大的传统旅行社企业宣告破产，而拖累它的就是两项业务，一个是旅行社业务，另一个是航空业务。托马斯库克集团的倒下，意味着旅行社辉煌时代的彻底终结，它带给业界的震动更强劲。

国内外两大旅行社巨头在不到一年的时间内，要么退出旅行社业，要么直接以破产出局结束，这给整个旅行社业蒙上了阴影，让人不禁发问：发展至今，旅行社，要消亡了吗？

（资料来源：环球旅讯.）

传统旅行社为什么会衰退呢？

传统旅行社业之所以可以持续壮大，主要靠三方面的因素：第一，信息不对称带来的信任、需求及价差；第二，规模效应带来的成本优化和议价能力提升；第三，社会发展过程中的各类成本优化。然而，互联网经济和科学技术的发展，改变了传统旅行社赖以生存的市场条件。

首先，互联网的日益发展使得信息更加公开，传统旅行社业务市场需求在萎缩。原来，游客需要到旅行社门市才能打听到的旅游信息，现在只需要在互联网上轻松一查就能够获取，随着智能手机设备的普及，新一代通信技术的发展，云计算、AI 等技术的运用，现在一部手机就可以将所需要的旅游信息尽“搜”眼底，从详细的行程攻略到游后的评价，应有尽有。加之世界范围内人类知识水平的普遍提高，人们对于新知识的摄取越来越容易，对于陌生环境的适应越来越迅速，让信息透明的接受度更高，这一点在中国尤为明显。近二十年来，随着大学的扩招，大学及以上层次学历的人群日益增加，他们善于接受新鲜事物，有较好的外语能力，能够迅速地接触到外国的资讯，能够对自己的行程做出相应的判断，他们让自由行成为趋势。

其次，旅行社的规模化议价能力不及在线旅游的议价能力，市场被严重蚕食。随着在线旅游的兴起，千亿级别的在线旅游企业（OTA），如携程、飞猪等，在用户规模、流量级别上与传统的旅行社已经不可同日而语，他们在旅游产品的购买上具有巨大的议价能力，在很大程度上，在线旅游已经开始蚕食原有旅行社对各方的议价能力，尤其是对量大的旅游产品的蚕食非常

厉害,这使得旅行社作为代理商的地位大大下降,门票、酒店、保险、赛事等诸多方面的产品议价能力大大下降,甚至部分代理因为在线旅游企业的一次性买断而无法代理。

再次,社会发展带来的成本增加问题。在旅行社的发展中,社会变化对于旅行社的冲击巨大。由于旅行社业是劳动密集型产业,社会发展带来的人力成本的攀升,对于旅行社的发展影响巨大。以中国为例,随着改革开放的深入,国家经济水平的提升,我国的工资水平也在日益提升。随之而来的就是旅行社的人力成本的大幅度提升,旅行社的应对办法之一就是淡季导游人员拿底薪,旺季导游人员按团加薪的方式,但是总体而言旅行社其他部分的人员不能轻易减少,工资上涨使旅行社的人力成本不断上升。社会的发展同时也带来了其他成本的增加,比如原材料成本、租金成本、交通成本等。这些成本不像人力成本对旅行社的发展影响巨大,但也在各方面制约着它的前进。

最后,同业竞争及替代者竞争带来的行业("红海")冲击。旅行社行业由于进入门槛低,且旅行社的关联渠道广泛,其已经成为旅游创业的较佳选择,大量的旅游从业者在有一定的经验和客户之后,往往会选择旅行社作为创业起点,这也带来了旅行社同行之间的竞争加剧。同时整个团队游市场在萎缩,而存量的旅行社却并未大量减少,在存量市场中的厮杀日益惨烈,价格战愈演愈烈,团队旅游的利润一降再降已成事实。在线旅游在景区门票代理、酒店代理、赛事门票代理、旅游餐饮代理、保险代理等方面攻城略地的步伐无法阻挡,热门的旅行社附属产品代理大都面临冲击。在同业竞争加剧、在线旅游攻城略地的趋势下,旅行社行业进入发展的红海就成为必然。

传统旅行社业遇到的"危机"必然带来旅行社门市的锐减。OTA 大量蚕食市场份额的时候,旅行社门市常常是门可罗雀,尤其是以短线周边游为主营业务的线下门市。这些周边游产品手续繁琐,利润极低,扣除人工和物业成本,旅行社门市的经营基本是亏损的。而低利润也拉低了服务水平,形成了恶性循环。因而,一些唱衰传统旅行社业的人甚至认为旅行社门市将会退出历史舞台。

(二)人与人的情感连接:旅行社门市的制胜法宝

当"旅行社是否应该存在"这一命题被质疑的时候,我们可以通过回溯旅行社的历史寻找它存在的根源和脉络。托马斯·库克先生通过专业的服务将自古有之、自发的、个别的旅游活动演化成为大众的、市场的、专业的旅游产业。陈光甫先生 1921 年创立的上海商业储蓄银行旅行部,同样将服务国民旅行发挥到极致,连游客在转车过程中的行李接送都进入了标准化作业程序。改革开放后,旅行社的规模扩张和市场化改革为我国入境旅游的黄金十年奠定了坚实基础。这一时期以"国中青"为代表的旅行社,由外事接待转向市场化运营,定义并诠释了国家级水准的旅行服务与接待标准,成为行业标杆。大众旅游的兴起,为旅行社产业的规模扩张和高速发展带来了全新机遇。1999 年"国庆黄金周"有力释放国民旅游需求的同时,也引发国家、地方、集体、个人和外资"五个一起上"大办旅行社的高潮,而以互联网为代表的新科技曾让传统旅游业面临过生死存亡的挑战。在"咄咄逼人"的 OTA 面前,旅行社曾经无数次被追问,"To be,or not to be(生存还是死亡)"。然而,旅行社数量从十年前的九千家发展至如今的近 3.8 万家,根本原因就在于游客依旧需要旅行服务,旅游者在网上查信息、预订、反馈和分享,最终还是要回到商务、政务、休闲生活的具体场景中来。旅游产业依旧需要旅行服务,为游客提供直接的、个性化的、有温度的服务。

成长在互联网和终端移动技术高速发展时代的新一代游客,在享受科技带来便利的同时,也深刻地感受到了互联网信息沟通的弊端，隔着屏幕的交流少了人与人之间的温情对话，尤其是面对游客对未知行程的担心，更不是用所谓的人工智能机械式地回答就可以减少的。商业创新与技术变革，带来的是效率理性的提升，却忽视了旅游服务最大的特点：基于人的服务和沟通。

线上旅游产品的销售主要是以标准化产品为主的，也只有标准化的产品才能实现规模化的生产，满足互联网的规模销售。然而，旅游是一种标准化程度低的无形产品，尤其是长线旅游产品，很难通过线上服务把游客的需求和产品的服务都做好。因此，游客对线下服务的依赖，尤其是对服务人员的咨询服务的需求还是很强烈的，而旅行社门市正满足了游客的这种需求。通过服务人员与游客之间的互动和沟通，才能提升游客的信任感，促进旅游需求转化为真实的成单率。

大众旅游市场的发展和成熟，带来了旅游消费的分层和分众。对于一些小众化、主题化的旅游市场，由于市场规模小、服务非标化、盈利能力待验证，未能引起在线旅游企业的重视。但是这部分小众化市场的确真实存在，并且还可能发展壮大。这部分小众化的市场，往往是“+旅游”的市场，需要一定的专业化知识和专业化的渠道才能够进行服务。例如“冰雪旅游”“研学旅行”等都需要专业服务人员的介入。

总之，人与人的情感连接是在产品和服务的基础上产生的价值，是一种更深层次的关联，也是现代商业文明中体现人文关怀和柔性的一面。[1] 旅行社门市的接待服务通过人与人之间的短时密集接触为服务传递方式，情感的交流与连接也是构成旅行社核心竞争力的关键。旅行社门市的服务始终应是行业关注的核心价值所在。不断变化的游客需求正呼唤有温度、有品质、有保障的旅行服务。当基础需求被满足后，未来的旅游业正面临着对有温度的、具有人文关怀的服务的深度回归。

知识链接 各大 OTA 渗透线下门店

2015 年 4 月，同程在全国开设 11 家线下体验店，并推出百城百店计划。同年，途牛尝试在全国建立 100 个区域服务中心。携程也在 2017 年提出了自己的千店计划。

途牛 2018 年第一季度业绩报告显示，该季度净收入为 4.805 亿元，较 2017 年同期增长 5.4%。其中，销售网络的拓展对销售与市场费用的下降起到了重要作用。自营门市对公司总交易额的贡献首次超过了 10%。途牛同时公布了线下门店的进度，截至 2018 年 4 月 30 日，途牛已拥有 21 家自营地接社，共计新增 51 家自营门市。

根据同程官网发布的信息，同程已在全国 22 个省(市、区)开设了 200 余家体验店。

与同程、途牛的直营模式不同，携程的门店都是加盟模式，扩张的速度更快。携程 2018 年公布的第一季度财报中宣布，线下门店已经成为携程生态体系的重要战略组成部分。截至 2018 年 5 月，携程旅行门店签约总数达到了 1107 家。同时，为了激

① 中国旅游研究院. 中国旅行服务业发展报告 2019[M]. 北京：旅游教育出版社，2020.

励门店为用户提供更好的服务，携程还宣布启动“门店分级管理体系”，实施“门店成长计划”。

各家OTA纷纷在线下开店，一方面源于线上获客成本越来越高，发展一个新客户的线上成本已超百元，基本上首单交易很难获得盈利，何况旅游业原本就是微利行业。同时，在线旅游在整个中国旅游市场的渗透率仍然不高。易观发布的《中国在线度假旅游市场专题分析2018》显示，2017年在线旅游市场交易规模达到8923.3亿元，同比增长20.7%，行业在线渗透率达到16.5%。此外，“80后”“90后”的消费群体对旅游的要求越来越个性化，线上提供的标准产品已经无法满足当前消费者的需求，提升品质与服务成为OTA线下拓展的又一个重要因素。

2016年年底马云提出了新零售概念，他认为，“未来，我们要从卖东西转化成为别人提供服务，这将是个巨大变革”。淘宝、京东、苏宁等行业巨头们或直接入股传统零售集团，或大规模推进零售店铺建设，纷纷加速新零售落地实践。新的发展趋势表明未来没有纯粹的互联网公司，也没有纯粹的实体店。

“新零售”这一概念在旅游业也得到了响应，旅游的零售和实体门店又都重新火了起来。一种新的回归潮流，或者说是新的做法——线上线下结合O2O，跨界融合成为大家议论的焦点。OTA们打了多年的价格战后，旅行社门店的价值被重新评估，OTA们逐渐发现线下实体店的价值。各大OTA都成为旅游“新零售”的实践者，开始在线下布局。

但直到目前为止，并没有一家OTA真正实现了线上线下的完全打通，让线上线下真正达到一体化经营。“新零售”的核心就在于推动线上与线下的一体化，其关键在于使线上的互联网力量和线下的实体店终端形成真正意义上的合力，从而完成电商平台和实体零售店面在商业维度上的优化升级。同时，促进价格消费时代向价值消费时代的全面转型。

虽然OTA们大举进入线下给旅行社带来不小的压力，但OTA自身也在摸索中，旅行社也在不断调整门店的经营方式。从目前市场反应来看，并未显示出OTA占有绝对的优势。如果OTA的门店只是在环境上、设备上有所提升，而在服务和价值传递方面并没有实质的改进，那么OTA的门店战略最终能否成功，或只是昙花一现，还有待进一步观察。

（资料来源：作者根据网络资料整理.）

二、旅行社门市的新发展

（一）线上线下融合发展

《“十三五”旅游业发展规划》中明确指出，支持互联网旅游企业整合上下游及平行企业资源、要素和技术，推动“互联网＋旅游”融合，培育新型互联网旅游龙头企业。近几年，在线旅游企业的渠道下沉与传统旅行社的网络化运营仍在快速推进。

在旅游业向服务品质回归的过程中，对销售前端的把控力与服务品质成为竞争的主要环节。资本、用户、盈利需求等多种要素推动线上线下出现加速融合的趋势。线上获客成本的持续走高也使OTA发展面临较大成本压力，旅游产品非标化的特征和对场景体验的依赖都使在线旅游企业有走向线下的动力。同时，移动互联网已成为旅游业发展的底层技术，未来线上、线下的区别会越来越小，所有企业都会把互联网作为基础设施来应用。目前，在线旅游渗透率仍不足20%，未来的空间还很巨大。

在线旅游企业将发展线下门市作为立足城镇的主要战略，门市拓展迅速。自2015年以来，在线旅游企业开始拥抱线下市场。例如，2015年就开始拓展线下门市的途牛，在2017年年底调整了门市策略，2018年一年新增了345家门市，截至2018年12月31日，拥有509家自营门市。2015年就布局线下门市的驴妈妈，在全国范围内的门市也超过了1100多家，线下门市的引流业务占比逐渐增高。在线旅游企业通过向线下输出产品与体系，推动着门市运营效率与线下产品的升级。

在线企业加速布局线下之际，传统旅行社也在加速网络化建设。目前中青旅、凯撒旅游等大型旅行社均已建成了完善的互联网渠道，并针对各渠道特色进行运营。无论线上还是线下，流量获取和转化率都是渠道经营的核心。根据企业公开资料显示，中青旅遨游线上订单占比超过50%，门市占比约为40%；众信旅游线上占比则为20%。中青旅遨游还尝试与盒马鲜生等品牌合作，以吸引中等收入人群。在加强线上渠道运营的同时，占有大量门市资源的传统旅行社也展开了一轮门市升级，通过各种途径留住线下流量。对于线下门市的新尝试，凯撒旅游提出了二代、三代及四代旅游门市，借助体验门市的视频、图片、微商技术及旅游顾问的综合讲解为消费者提供全面的旅游产品认知，并通过凯撒旅游体验店、升级版体验店、凯撒到家店和凯撒mall组成门市营销网络。广之旅则采取“一店一主题”模式，开始线下销售网络的迭代，并在体验店中引入VR设备增强体验，不断升级旅游门市。

（二）旅行社门市职能的多样化

众多旅行社利用旅游的巨大流量福利将自身打造成平台或是渠道商，进而向整个产业链拓展。同时，这也带动了旅行社门市职能的多样化，尤其是跨界生活方式成为吸引客户的重要方式。

中青旅、众信等在门市增加货币兑换业务。中青旅对零售店进行升级改造，并与盒马鲜生合作。未来旅行社门市甚至将可能转变为一个生活服务平台，而非单纯的旅游门市。旅行社只有做好服务体验，做好社群营销，用服务优势来提升自身的核心竞争力。例如，众信旅游全新打造的旅行生活概念咖啡店——U Coffee（悠咖啡），一改传统旅游门市的单一销售功能，在旅游体验店的基础上增加休闲、聚会等功能，使得旅行社门市成为一个开放、专业、休闲的沟通平台。

此外，其他旅行社也在加码服务项目，巩固门市的服务优势。中青旅与上海迪士尼合作推出了北京首家体验店，并在新零售模式下尝试业务拓展和复合式经营。2016年，中青旅在北京开设了“旅游＋咖啡吧”模式的门市，借助咖啡等概念提高客户重复消费的概率，客户在喝咖啡休闲的同时可以了解产品；凯撒旅游在东京开设了旅游体验店，除了门市中的当地经典景观设计，还推出了和服、体验Cosplay等互动活动，增进客户体验。

未来，旅行社门市将不会局限于宣传、招徕旅游者或是销售旅游产品，而是在“旅游＋”的行业背景下，成为一个重服务和咨询的互动、体验、交互中心，甚至成为游客休闲娱乐的平台。

知识链接 互联网时代，旅行社门市何去何从？

互联网时代是信息时代、网络时代、新媒体时代，不出门便知天下事，不出门便尝天下食，各种碎片信息充斥在各大网络平台，各个行业随之发生了剧变，对旅游业来说，传统的旅行社已经不再是市场的主力，线上OTA如雨后春笋般生长。携程、同程、途牛、马蜂窝等一系列在这个时代脱颖而出的新兴旅游企业，在自媒体时代多种推广手段下已经成为旅游出行的必备App，但是随之而来的疯狂扩张的线下旅行社门市却好似与这个时代相矛盾。

"钢筋水泥＋网线"是正确也是必须的，但是一个简单的门市，一个四五十平方米的加盟小店或者夫妻店能够满足未来"千禧一代"和"Z世代"作为旅游主力市场的需求吗？或者说，诞生于"千禧一代"和"Z世代"这个信息爆炸时代的人群还需要简单的提供咨询引导服务功能的旅行社门市吗？

现有门市部功能太过单一，缺乏综合体验功能。首先门市的功能是为游客提供咨询、宣传等服务，但是在这个时代，咨询完全可以在线上解决。预订更可以在网上下单。至于宣传，各大自媒体营销手段层出不穷，热线电话迅速快捷，这些简单的功能一部手机都可以完成。就算门市在这个时代仍然有这些作用，但是一味扩张考虑过未来吗？前来门市咨询的大都是中老年人和对自己想去的地方没有太多想法的人，未来的门市可以向具有综合体验功能的门市转型，结合如今VR技术和定制旅游的发展，没有想法的游客可以体验后再进行选择，使旅行社门市部不再是单单提供咨询服务，而是集咨询、推荐、定制、线路策划等功能为一体。

门市部从业人员专业素质亟待提高。现有的门市部工作人员经过培训大都有良好的服务态度和耐心，但是专业素质却参差不齐。太多跨专业、跨行业的人由于门市部的低门槛加盟进入旅游行业，但是由于其缺乏对旅游市场的了解，导致推荐线路时与真实情况略有出入而使游客旅游满意度降低。门市部的培训除服务意识外更加应该注意专业素质的培养，对周边旅游线路的了解和对旅游资源的熟知能更好地承担现阶段的咨询服务以及后期的定制体验推荐等服务。

旅游定制体验店成为潮流。在体验旅游时代，私人定制已经成为热词。线上各大App提供自选体验旅游的渠道，通过爱好和消费习惯定制线路，线下旅游定制体验店更是包含各种蜜月旅行定制、毕业旅行定制等各大主题个性化定制，并且提供摄影师联络、幸福相册等服务，游客可以自主选择导购＋定制和单纯定制线路等，帮游客联络境外翻译，保证其出行便利，旅行途中后台随时为游客解决各种意外问题。虽然现在定制体验店仍然不够完善，但是2018年3月21日携程旅行推出旅游定制师资格证也算是为定制旅游设下了一道专业素质的门槛。那么门市部不妨向定制方向转型，增加定制功能，以具备成熟的线路设计、稳定的供应商、可靠的酒店景区合作方的各大OTA平台为强大依托，每个门市部必须至少有一个定制师任职，这样既提高了门市部的专业素质，也使门市部能够更加灵活地应对未来“千禧一代”和“Z世代”的个性旅游需求。门市的转型是需求升级，更是供给改革，随着旅游消费主力军的更新换代，转型已是必然选择。

（资料来源：旅游圈，2018-10-11.）

本章小结

(1) 旅游市场发展是旅游批发经营商进行专业化经营的前提。旅行社销售职能的分化，促进了零售旅行代理商的发展。在垂直分工体系下，旅游批发经营商通过旅行零售商进行旅游产品的组合和销售。

(2) 为了节约旅行社经营成本，提高对客服务质量和专业性，提升旅游产品的销售，旅行社门市便孕育而生。

(3) 旅行社门市是指旅行社为了宣传、招徕和接待国内旅游者而设立的营业场所。该定义明确了旅行社门市设立的目的和要求。

(4) 旅行社门市的主要业务是销售产品、招徕游客，具体包括宣传和招徕游客、咨询、接待和销售。

(5) 旅行社门市作为游客和销售人员面对面交流的场所，是旅行社的门面和第一印象，对旅行社的品牌、销售等有至关重要的作用。

(6) 在互联网的新时代下，OTA对市场大量蚕食，传统旅行社遇到了市场需求萎缩、议价能力降低、经营成本增加、竞争红海等危机，有人认为旅行社门市将会退出历史舞台。

(7) 人与人的情感连接是在产品和服务基础上产生的价值，是一种更深层次的关联，也是现代商业文明中体现人文关怀和柔性的一面。旅行社门市的接待服务通过人与人之间的短时密集接触为服务传递方式，是现代电商消费模式下消费者对人文关怀的需求体现，情感的交流与连接也是构成旅行社核心竞争力的关键。

(8) 在旅游业向服务品质回归的过程中，对销售前端的把控力与服务品质的提升成为竞争的主要环节。资本、用户、盈利需求等多种要素推动了旅行社业线上线下加速融合的发展趋势。

(9) 线上获客成本的持续走高也使OTA发展面临较大的成本压力，旅游产品非标化的特征和对场景体验的依赖，都使在线旅游企业有走向线下的冲动。在线旅游企业将发展线下门店作为立足二、三线城市的主要战略，门市拓展迅速。在线企业加速布局线下之际，传统旅行社也在加速网络化建设。

(10) 众多旅行社利用旅游的巨大流量福利，将自身打造成平台或是渠道商，进而向整个产业链拓展，同时带动了旅行社门市职能的多样化，尤其是跨界生活方式成为吸引客户的重要方式。

核心关键词

旅行社门市 (travel agency store)

旅行社垂直分工体系 (vertical division of travel agency)

人与人的情感连接 (emotion link among human beings)

线上线下融合发展 (integration development between online and offline)

职能多样化 (diversified functions)

思考练习

1. 阐述旅行社、旅行社分社、旅行社门市三个概念的联系与差异。
2. 阐述旅行社门市的作用。
3. 解释旅行社门市存在的必要性。
4. 解释和说明旅行社门市的核心竞争力。
5. 举例说明旅行社门市创新发展的新模式。

案例分析

首家无人旅行社门市体验店在上海亮相

随着AI(人工智能)技术的日新月异,无人加油站、无人超市陆续登场,吸引了众多目光。2017年11月8日,在上海市北高新园区,首家无人旅行社门市体验店亮相,标志着我国旅行社业开启了智能化的"新零售"时代之门。

亮色的玻璃门徐徐打开,进入店内首先会受到守候在一旁的小机器人的欢迎,进行一番有趣的对话后,机器人会指引游客到不同的iPad前点击下单或咨询。客人还可以到自助照相室拍签证照,若是渴了,可以通过投币机买瓶冰镇饮料,累了可以找把椅子休息一下……此外,只要点一下iPad,屏幕上立即会跳出联机值守的旅行社人员,微笑着为客人提供即时服务。

这个"无人旅行社",官方名称是"司马易智能旅行体验店"。店内可以一站式实现信息咨询、预订报名、旅途服务、自助服务、门票销售等功能。

银座旅游公司党委书记邢桂英,在参观了无人旅行社门市体验店后,颇为感叹。她说:"银座旅游这两年开设了80家旅游门店,旅游营销收入有了明显增长,并且计划在明后两年发展到200家。但传统旅行社门店人员素质参差不齐,消费者信息收集不完整,人工成本较高,互联网化和大数据化水平也较低。因此,我们集团公司提出紧紧抓住线下流量,全面导入线上资源,从而实现降本增效。"

无人旅行社研发单位上海金棕榈企业机构CEO潘皓波表示，智能旅行体验店是金棕榈2017年首创的基于旅游大数据和人工智能技术的新产品，代表着中国旅行服务业新零售的发展趋势，并具有四大创新特色，即数字经济创新特色、共享经济创新特色、场景经济创新特色、服务经济创新特色。智能旅行体验店颠覆了传统门市管理模式，通过方案指导、技术输出、服务支持，提供全新的旅行服务门市运营模式，将旅游门市从传统的交易场所升级为“出行服务+线下体验”相结合的自助服务区。

上海市文化和旅游局局长徐未晚说，上海在探索超大城市全域旅游发展之路过程中，一定要发挥旅游企业的市场主体作用，尤其是要支持旅游科技应用创新，让上海的旅游企业插上科技的翅膀，以满足日益增长的人民群众对美好生活的需要。

（案例来源：中国旅游报，2017—11—13.）

根据案例分析：

1. 科技发展对旅行社门市的影响？

2. 无人旅行社门市有何利弊？

第二章

开业前的准备工作

学习目标

◆了解门市店址区域位置类型。
◆理解门市店址选择的影响因素。
◆掌握门市经营范围及名称规范。
◆掌握门市登记备案程序。
◆了解门市店内外的设计。
◆掌握门市店员招聘流程。

问题导向

如何成功开设一家旅行社门市？

导入案例　经营惨淡的特色门市

某旅行社新开设了一个主要销售特色出境旅游产品的门市。该门市装潢新颖，服务人员热情、专业，地处当地传统的地下特色商业街。但开业后门前冷落，不到一年便关门歇业。

该旅行社总部实地考察后得出结论：该门市选址的地下商业街确实曾经是该城市的核心地段，但随着政府规划的新型商业街和大型商场陆续建成后，大部分客源被分流，只剩下附近村镇居民在此地段购物。而该门市主要销售出境旅游产品，显然附近的村镇居民不具备一定的购买能力。此外，该门市位于商业街的末端，不容易被消费者注意，因而知名度不高。

第一节　门市的选址

对于门市而言，开业前第一项重要的准备工作就是进行适当的选址，正确的选址是开设旅行社服务网点的首要条件。门市不仅是旅行社的重要销售窗口，还是旅行社的形象代表，拥有科学的选址才能更好地发挥其作用。好的选址会带来更多的顾客以及更好的销售额；不好的选址可能会导致经营惨淡，甚至无人问津。因此，门市选址很大程度上决定了日后旅行社产品的销售效果。

一、门市店址区域位置类型

大多数门市都会将店址选择在商业区，而一个地区内的商业区类型大体包括以下几种。

（一）核心商业区

核心商业区也称中心商业区或中央商业区，作为城市的零售中心，它是一个城市最主要、最繁华的商业区，人流量大。中心商业区店铺数量多，零售业态多，顾客在这里可以购买到丰富的商品，享受多样化服务，因此，中心商业区是一个地区最有零售吸引力的区位。但是，中心商业区人群拥挤、停车位紧张、货物运输不便、地价也相对昂贵，如北京王府井、上海南京路一带。这类地段往往寸土寸金，商业效益好，很多大型旅行社的旗舰门店就选址在这种人流比较集中的核心商业区，以便吸引更多的潜在旅游消费者。

（二）副商业区

副商业区也称辅助商业区，它是一个城市的二级商业区，其规模要小于中心商业区。相比中心商业区，副商业区店铺数量较少，经营商品的种类较少，客流相对较少，地价不高。一个城市一般有几个副商业区，每个区内至少有一家规模较大的百货店和数量较多的专业店。

（三）商业小区

商业小区主要有两种形式：一种是集客地周边的商业小区，如车站、体育场、大学等附近的小型商业街；另一种是居民区商业街，这里的旅游消费者主要是附近居民，在这里设置门市可以更好地方便附近居民购买旅游产品。一般来说，商业小区的店铺数量不多，每个店铺的规模也不大，但这些商业小区停车方便，环境比较安静，地价也不高。

（四）购物中心

购物中心的业态形式主要有百货店、超级市场和专业店，因此，旅行社门市在进入购物中心时，要考虑此业态形式是否符合购物中心开发者的要求。除此之外，购物中心很强调各类商店的平衡配置，为此往往会规定各类零售商店的经营品种、营业面积及在购物中心内的具体位置。因此，旅行社门市若在购物中心开设店铺，必须考虑购物中心的这些要求。

（五）独立店区

独立店区是指邻近没有同类型商店的地理区位，不直接与同类型百货商店相毗连。在此区域开设旅行社门市有许多优点，如地价低、无竞争者、道路畅通、容易停车、灵活性高，商店的具体位置也有较大的选择余地等。但是，在独立店区开设门市也有不少缺点，如承担的公共费

用高、广告费用较高、难以吸引顾客等。总之，有一定的风险性。

二、门市店址选择的影响因素

据前文所述，在不同商业区开设门市有不同的优缺点，所以门市的选址必须建立在自身经营战略的基础之上，按照自身市场定位和业务类型来综合考察众多因素。

（一）人流量

人流量是指门市所临道路在特定的时间内的行人数量。人流量较大的地区客流量可能相对较大，客流量的大小对于门市来说是至关重要的，因此旅行社在选址时应尽可能进行综合分析。人流量大而集中的区域，往往能给更多潜在顾客传递信息，而且便于顾客咨询和购买。客流因素应从多个方面综合考虑。

第一，客流类型。一般客流类型分为三种：一是本身客流，指客流中专为到本店铺购买商品的部分。本身客流的多少是影响店铺经营效益的重要因素，一般而言，店铺的形象越好，本身客流越大；当然，也和周围的竞争状况有很大关联。二是派生客流，指客流中出于其他目的到达店铺所在地区，而顺便进店的部分。派生客流的大小，主要取决于店铺周围的环境，比如，是否处于交通枢纽地区、旅游景点、大型著名店铺的周围，但是派生客流只是随意进店咨询，是否真正成为店铺的现实顾客，还要靠店铺本身的努力。三是分享客流，指客流中从临近其他店铺的顾客中分流到本店铺的部分。如在同一区域有若干旅行社门市，客流往往会在店铺之间分流，进行咨询比价。

第二，客流目标及滞留时间。客流规模相同的区域，客流目的和滞留时间可能并不相同，因此需要综合分析。如在一些车辆通行干道，客流量虽大，但客流的目的却与门市经营的目的相关性低，同时客流速度快，导致滞留时间短。

第三，购买力。旅游需求的形成需要两大客观条件，一是闲暇时间，二是可支配收入。一些区域尽管人流量大且集中，但是该人群可能闲暇时间少、收入少，不会产生旅游产品的购买需求。此类区域可能不适宜开设门市。

第四，街道客流规律。有些街道受到光线、交通条件、行人习惯等因素的影响，表现出来不一样的客流规律。如有些街道一侧人流量较高而另一侧较低，有些街道中间段客流量大而两端少，有些街道一端客流量集中，纵深处逐渐减少。所以在考虑店址时，要具体分析街道客流规律。

（二）竞争环境

旅行社门市周边的竞争状况会对门市的经营产生重要影响，所以对周边竞争者的分析也是非常必要的。例如，考察店址周边有无和自身目标市场非常相似的门市。如果店址附近有若干竞争者，则要分析自身品牌和经济实力，在无法与竞争对手抗衡的情况下，则应在选址上尽量远离竞争者，否则可能会经营惨淡。如发现周边门市的产品和自身门市产品互补性较强，则可以在附近选址。

在这里尤其要注意竞争因素的两面性，前面提到的分享客流就可以在若干竞争对手存在的情况下产生，因为门市集中的区域本身就可以成为吸引顾客到访咨询和购买产品的重要因素。此外，在门市相对集中的区域，可借鉴同行经验以促使门市改善产品质量、提升服务水平。因此，要根据自身情况具体分析。

（三）能见度

能见度的优劣在这里可以理解为位置是否醒目，行人离店面一定距离时能否看到店面。有些区域前视野开阔，过往行人很容易看到相关商铺招牌，适宜开设门市。

除了考虑上述整体地形特点，还要考虑位置布局问题，也就是门市在其所处商业区的相对位置。尤其在一些竞争对手密集的商业区域，位置是否醒目会决定消费者能否在众多门市中做出选择。例如，拐角的位置通常是比较理想的选择，该位置地处多条通道的交叉处。此外，还需考虑所处相对位置门前路面是否平坦宽阔，有无明显遮挡物，采光情况以及门面结构是外凸、直线还是内凹，这些都会影响店址的能见度。

（四）投资成本

基于上述的若干因素，有些地段如核心商业区，人流量大、客户购买力强、店面能见度高，但成本也相对较高。门市能否取得良好的经济效益至关重要，效益最大化一方面取决于营业额，另一方面则取决于成本费用情况。所以在为门市进行选址时，要对成本费用进行详细测算。

（五）目标市场

不同旅行社有着不同的营销战略，目标市场也不尽相同。所以在选址时必然要考虑如何使目标群体更加便利地咨询、购买旅游产品。

目标市场范围较广的门市，可着重考虑上述几个因素。目标市场相对狭窄的门市在进行选址时，除了上述因素会产生影响，可以说产品所针对的目标市场在一定程度上能决定选址的大体区域。如以大学生为主要目标市场的门市可选址于大学城区域，以社区居民为主要目标市场的门市可选址于人口稠密的大型社区区域，以商务旅游者为主要目标市场的门市可选址于商务酒店集中区域或商务中心区域，以外来旅游者为主要目标市场的门市可选址于飞机场、火车站、长途汽车站、水运码头等区域。这样更加贴近受众群体，便于吸引顾客咨询购买。

（六）发展潜力

除了考虑上述因素中当前的市场形势外，在选择门市具体位置时还需要从长远的角度考虑两个方面的问题。一方面是市场消费者消费习惯、消费心理的变化趋势；另一方面是所在城市的建设规划问题。如有些区域可能暂时是开设门市的最佳选择，但随着城市新型商业区的建设，可能会出现变化；而有些区域可能暂时人流量较少，但随着城市出台的新规划方案，变成极具发展潜力的区域。所以进行选址时要充分了解所在城市的相关规划内容，如公共设施、交通变动、住宅建设等。

第二节　门市的设立

选好门市店址之后，下一个步骤就是实施相关的门市设立事宜。根据《旅行社条例实施细则》，旅行社服务网点，也就是旅行社门市，是指旅行社设立的，为旅行社招徕旅游者，并以旅行社的名义与旅游者签订旅游合同的门市部等机构。该服务网点的设立也必须依照《旅行社条例实施细则》的相关规定。所以在选择好门市店址之后，就要进行旅行社门市的登记设立，通过企业登记注册的法定程序，门市才可以合法地开展相关的经营、管理活动。

一、门市经营范围及名称规范

旅行社门市为非法人单位，不具备独立法人资格，应当在旅行社的经营范围之内，招徕旅游者，提供旅游咨询服务。因此，旅行社对其所设立的门市负有管理职责，并应承担相应法律责任。

根据《旅行社条例》及《旅行社条例实施细则》，门市名称不得含有使消费者误解为是旅行社或者分社的内容，也不得使用容易使消费者误解的简称。因此旅行社门市名称一般的统一规范为：设立社全称＋(县、区)街道名称＋门市。如：中国国际旅行社(复兴门门市部)。

知识链接　三家旅行社违规被查处

济宁市旅游局(现济宁市文化和旅游局)对梁山、汶上、邹城等地的旅行社进行突击专项检查。三家旅行社因签订合同不规范、超范围经营、虚假宣传等被查处。

在济宁青年旅行社梁山营业部，旅游执法人员发现宣传单页上有出境线路的旅游宣传，涉及韩国、马尔代夫、泰国、欧美等线路，但上面并未标明委托社字样。在汶上县佛都旅行社的韩国四飞五日游的宣传单页上，也出现了同样的问题。

旅行社这样宣传完全不符合规范，属于超范围经营宣传。有出境业务宣传字样的，受委托的旅行社(代理社)必须在宣传材料的显著位置标明接受组团社委托代理招徕以及组团社的名称、许可证编号、地址、联系方式等。否则会给游客误导，认为该营业部具有出境组团资质。

在检查过程中，签订合同不规范也是常见问题。在与游客签订的旅游合同上，应该加盖总部公章，但汶上一家旅行社营业部却在给游客签订的合同上加盖的是该营业部的公章。梁山一旅行社营业部加盖的也是出团确认章。

此外，还有不少营业部改名称，旅行社门市部名称不规范。济宁青年旅行社梁山营业部，在宣传单页上使用“梁山青年旅行社”，济宁山水旅行社梁山营业部在游客戴的帽子上印着“梁山山水旅行社”。“这些都会给游客误导，这些称号的旅行社根本就不存在。”济宁市文化和旅游局管理科科长赵在方说。

签订合同不规范，乱改营业部名字，一方面会给游客维权带来麻烦；另一方面，一旦出事后，委托社可能会推卸责任，到时营业部只能自己承担风险。对于旅行社旅游合同不规范、旅游合同不统一问题，济宁市启用了新版旅游合同，规范旅游秩序。

(资料来源：http://jining.dzwww.com/news/jnxw/201406/t20140616_10460795.htm.)

二、门市登记备案程序

旅行社持《旅行社业务经营许可证》副本在门市所在地的工商行政管理部门办理门市设立登记。完成门市工商设立登记之日起3个工作日内，持下列文件向服务网点所在地与工商登记同级的旅游行政管理部门备案(如没有同级旅游行政管理部门,则向上一级旅游行政管理部门备案)。

(1) 设立社的《旅行社业务经营许可证》副本和企业法人营业执照副本(原件及复印件)。

(2) 服务网点的营业执照(原件及复印件)。

(3) 服务网点经理的履历表和身份证明(原件及复印件)。

备案后,旅行社方可获得受理备案的旅游行政管理部门颁发的《旅行社服务网点备案登记证明》。

第三节　门市的设计

门市的设计要素包括店面招牌、橱窗、内饰、店内布局以及店内宣传资料的陈列等。优秀的门市设计方案可以更好地体现企业文化,能使员工的工作流程更加顺畅,能使消费者愿意进店并进一步产生购买行为。同时门市的设计也需要考虑众多因素,如门市的目标市场、花费预算、门市内部工作流程等。

一、店外形象设计

门市的招牌、店门位置、橱窗等共同构成了门市的外部形象。对于消费者来说,门市的外部形象设计,也就是门市的"脸面",会对他们造成视觉和心理刺激,会直接影响他们的进店意愿。

(一) 招牌设计

作为门市的标志,招牌是过往消费者最先关注的因素,因此招牌的设计是否能吸引消费者的目光至关重要。尤其在核心商业区,大大小小的商铺排布紧密,招牌设计是否具有吸引力,决定了消费者能否在众多招牌中选择自己的购买目标。

门市招牌也称为门市店头,一般分为横式和竖式两种。横式店头一般设置在店门上方,宽度与店面宽度大致相同,高度则取决于所处商区的设计要求。竖式店头一般悬挂于门市所处建筑的外墙上。除此之外,现在很多商家也会在招牌上方或下方设置电子滚动信息显示屏,用来播放门市最新活动以及当前热门旅游产品。为了加强视觉效果,还可以使用各种装饰,如射灯、霓虹灯、彩灯、反光灯等。

招牌上的内容通常有门市店名、企业 Logo,也有部分商家会加上宣传口号及精简的主营业务介绍等。旅行社门市名称一般统一规范为:设立社全称+(县、区)街道名称+门市。在这里要注意以下两点:第一,为了使信息传递具有一致性,强化信息传播力,文字的大小、字形、位置以及色彩应尽可能与设立社的形象设计保持一致,以便被社会大众接受,让大众对企业形象有统一完整的认识;第二,文字内容要精简明了,顺口易记,字形设计要注意大众化,方便消费者辨认,让其一目了然。图 2-1 所示为携程旅游的门市招牌。

(二) 店门设计

门市大门的材质通常使用透明玻璃来保证透视效果和采光性,所以应注意玻璃的质感和清洁程度。

店门的位置应位于人流量大且交通方便的一侧。应尽量避免以下情况:①店门口有大型

图 2-1 携程旅游的门市招牌

遮挡物；②店门前道路不平坦或处于斜坡位置；③大门常处于关闭状态；④店门位于采光差、噪声大的位置。图 2-2 所示为驴妈妈旅游网门市店门设计。

图 2-2 驴妈妈旅游网门市店门设计

（三）橱窗设计

作为重要的广告形式之一，橱窗能够起到吸引顾客、展示产品，进而促进销售的作用。Window Shopping 的出现也再次让经营者意识到了橱窗设计的重要性。应该注意的是，橱窗展示的内容应远远大于其品牌所出售的具体商品。例如，有些门市主要销售的是鞋，如果仅仅将鞋摆放在橱窗，无论摆放得再夸张或奇特，都不能让消费者直观感受到产品的魅力所在。橱窗设计者此时就可以将这些鞋搭配上具体的衣服和装饰品，给人以完整的形象展示。有时为了使橱窗内的场景展示更为丰富，设计者还可以在橱窗内摆放各种桌椅、橱柜，营造出私密空间的感觉，非常有趣。可以说橱窗本身就是一种艺术。所以，成功的门市橱窗设计应该既能抓住过客的视线，又能表达品牌的品质和内涵。

旅行社的门市橱窗也同样如此，应致力于打造完整而立体的场景以给予消费者更有冲击的视觉体验。而传统的旅行社门市橱窗多以平面宣传海报及报价单的张贴为主，随着时代的发展，这种老套、传统、僵化的橱窗设计风格已经不能迎合市场需求，亟待更新换代，因此，我们需要打造更现代、更有个性、更立体、更有体验感的门市橱窗。橱窗设计具体需要注意以下几点。

第一，橱窗的位置与大小。为了保证橱窗内容更容易进入消费者视线范围，应使橱窗展示中心与顾客站立时的视线高度相等，避免顾客踮脚和下蹲。此外，橱窗大小应与店面整体规模相适应，避免过大或过小。

第二，橱窗的材质与卫生。橱窗玻璃一般采用可见度高、防淋、防晒、防尘、防盗的材质。内部应及时打扫，保持清洁，以保证美观，给顾客留下良好印象。

第三，橱窗的陈设内容。这部分是橱窗设计的核心所在。陈设内容应是门市的热门主打旅游产品。首先要有重点地进行陈设，如果展示产品过多会分散顾客注意力。其次，季节性产品需要在季前提前进行橱窗展示以更好地起到预售和推介作用。最后，注意陈设内容的及时更新，以避免顾客对门店产生产品不专业、信息滞后的印象，与此同时也能保证顾客的新鲜感。

第四，橱窗的设计元素。可用道具、布景为衬托，搭配灯光、图片、视频、文字等元素去展示产品，避免单一的平面展示，这样能更好地吸引过客目光，也能使顾客对产品内容有更立体、充分、深入、快速的认识。

图 2-3 所示为凯撒旅游的橱窗设计。

图 2-3　凯撒旅游的橱窗设计

二、店内形象设计

店内的内饰、布局以及宣传资料的陈列等共同构成了门市的内部形象，这也是消费者重要的消费环境。对于消费者来说，门市的内部形象设计决定了他们是否愿意在店内停留及停留期间的舒适程度，停留时间及舒适程度很大程度决定了后续的购买行为。对于工作人员而言，舒适的店内工作环境、合理的布局与陈列也是提高工作效率的重要因素之一。

（一）店内内饰

店内内饰主要包括色调、家具、墙面、地面等。

在色调设计方面通常强调企业整体的视觉识别系统色彩搭配的协调，也就是内外饰及内饰中各部分的统一性。如国内知名企业携程以其标志性的蓝色，运用在其各家门市的装饰中，店内以简洁的蓝白色作为主色调，桌椅、墙面、前台具有很强的协调性与统一性，使得顾客时刻能强烈地感受其企业文化氛围（见图2-4）。

图2-4　携程店内内饰

店内家具的选择上应与整体设计风格协调一致，如现代、时尚、简约、中式、复古等。色调也应如同前文所述，注意协调性。除此之外，还应注意尽量选择绿色环保的家具材质。

传统的门市墙面主要用于张贴纸质海报及线路报价单。现代的门市中，墙面装饰更多使用电子设备，如液晶屏幕、投影屏幕、触摸屏、电子相框等。一方面，电子设备的使用可以达到更好的视觉效果，使得无形的旅游产品信息有形化、动态化，吸引消费者关注；另一方面，门市也能提高信息的发布量。此外，电子设备可以增强与消费者的互动性，提升反馈速度，尤其在定制型旅游产品的咨询过程中，随时需要根据顾客的需求展示更多的产品信息以供顾客选择，在这个过程中，先进的电子设备就成为非常重要的硬件依托。除以上装饰外，墙面还可悬挂荣誉奖牌、锦旗等，还应根据相关部门规定，悬挂旅行社的经营许可证、营业执照、门市登记证等相关证件。

地面材质可分区选择。鉴于瓷砖的耐磨性和易清扫性，建议在进客区及大厅采用。而在重要的业务会客区，尤其是贵宾区可使用相对高档、舒适的木质地板或地毯。

除以上内饰，店内的灯光、采光、音乐、隔音等因素也会影响内部形象。经营者在设计时应尽可能多方面进行考虑，如应注意光线是否充足、背景墙射灯的安装、店外噪音的阻隔、店内适当的背景音乐等。

（二）店内布局

不同类型的门市，店内功能区的划分及大小各有不同，但通常都由以下三个空间组合而成。

迎客预览区。在人流量较高和门市面积较大的情况下，此区域尤为重要。此区域位于店门附近，是消费者进店后所见的第一个区域，门市可根据自身情况设置专人负责引导客人。该区还是消费者对门市旅游信息的预览区，所以可放置一定的资料架、电子设备、沙发座椅等。还可根据自身市场定位提供茶水小食，给客人留下良好的店内第一印象。

业务咨询区。该区作为门市的核心区域，占据着门市的中心位置，消费者经过迎客预览区后会带着相应的购买意向向工作人员咨询具体问题。一般接受咨询的员工的工位呈一字形、U形或S形排开，工位对面摆放顾客座位。工位上要有相应的办公设备，如电脑等。除开放咨询区外，门市还可根据自身需求设置相对私密的封闭式咨询区，利用玻璃、墙体等形成隔断，接待大型团队负责人或企业的VIP顾客。

后台工作区。该区域为非直接对客区，包括门市的其他后勤部门，如财务、计调、员工休息室、仓库、卫生间等。

图2-5所示为携程旅游门市的店内布局。

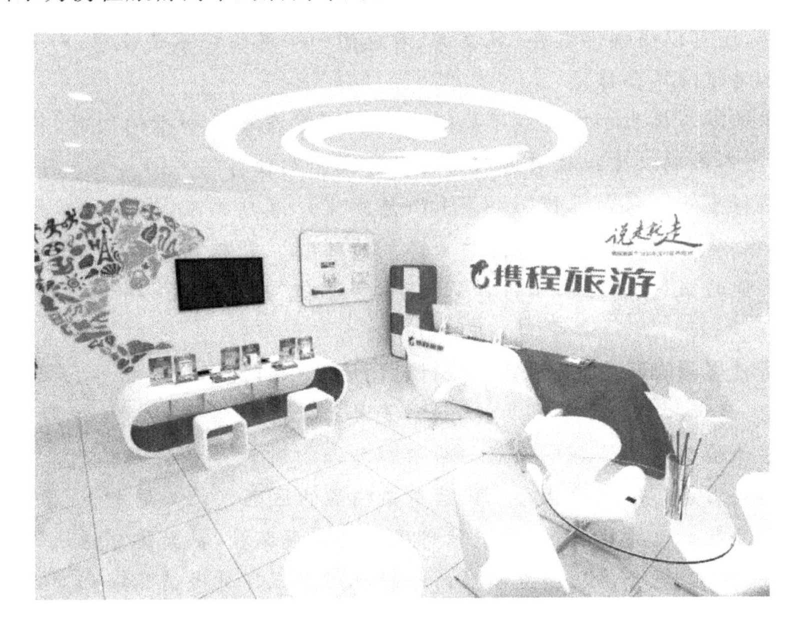

图2-5 携程旅游门市的店内布局

（三）店内陈列

预览区和咨询区都涉及旅游产品的陈列，而合理的陈列有着若干重要的作用，如刺激销售、节约空间、方便顾客浏览、美化环境、展示产品等。陈列架高度应适中，且及时整理与补充陈列物。下面主要阐述分类陈列与辅助陈列。

1. 分类陈列

陈列旅游手册与海报时，通常应分类陈列，以方便顾客快速找到自己所需信息，并能进行直观对比，例如按照国内与国外、长线与短线、旅游目的地、旅游主题、季节、产品档次等不同依据进行陈列。分类陈列也能给顾客专业的感觉。

2. 辅助陈列

对于特殊旅游产品应进行辅助陈列，也就是在基础陈列后再次进行能强化产品信息的陈

列。如高档旅游产品应进行单独的高档陈列，以彰显旅游产品的高端性、可信性。可利用豪华的摆放看板并配合射灯营造氛围；主打旅游产品可配合相应的主题展台、小礼品、海报、气球、吊旗等吸引顾客。还可根据游客的行为特点进行体验式陈列，即在门市内进行某一场景的复原，如某国家的生活场景、某地区的场景、某一景点的场景等，让游客产生身临其境的感觉，进一步产生购买动机。

门市的设计要根据自身市场定位区别对待，市场上旅行社门市的竞争日趋激烈，门市的设计也成为差异化竞争的手段之一。在不断创新中，出现了智慧门市，甚至出现了一些跨界门市的存在，如“门市＋咖啡馆”。

知识链接　旅行社门店 3.0 时代来临

有没有想过，有一天你来到小区附近的旅行社时，发现在这里不仅可以了解旅游产品信息，还可以喝咖啡聚会、玩桌游、看电影……这已经不是设想，而是旅行社门店开始与咖啡馆跨界合作。

凯撒旅游与极北咖啡达成了战略合作。顾客在享用咖啡的同时，可以查询旅游产品，扫描二维码以及和旅游达人面对面交流。无独有偶，2015 年 5 月，众信旅游旗下首家旅行生活概念咖啡馆“U Coffee（悠咖啡）”落户北京，这是一家集休闲、交友、体验、销售、货币兑换等多种功能为一体的咖啡馆。在杭州，记者也发现了一家具有咖啡馆功能的旅行社，这家旅行社从 2015 年年初“摇身一变”，将旅行和咖啡融合到了一起。

旅行社里喝咖啡、交友聚会？旅行社门店 3.0 时代来临

目前，旅行社门店大致有两种，一种是具有产品销售作用的传统门店，另一种是兼具数字体验功能的旅游体验店。旅游体验店被称为是旅行社二代店，在服务理念和运营模式上都与传统的旅行社门店有着明显的区别。比如增加 LED 数字显示屏、旅游纪念品及衍生品的展示，打造独特风格的消费环境，扩大休息区域等。

如今，休闲、聚会等功能更明显的旅行社门店 3.0 时代悄然来临。

顾客在“悠咖啡”品尝咖啡的同时，可以在店内购买旅游产品，还可以在大屏幕上观赏世界美景；店内设置了“货币兑换处”，更加方便快捷地满足消费者的货币兑换需求。

据悉，“悠咖啡”每周会举办不同主题的旅行心得分享会，还会长期开展“一元咖啡”的优惠活动：消费者凭借境外特色旅游纪念品来店，再付一元钱就能换取一杯咖啡。

而在极北咖啡馆里，设有智能电脑桌，客人可以一边喝咖啡，一边下旅游订单，制订旅行计划以及定制私人旅游线路等。

在杭州建国北路体育场路口，你能发现一家奇特的门店，招牌上写着“款待懂咖啡爱旅行的你”，还有一些关键词如“现磨咖啡”“旅行咨询”等。而记者进店打量一番后，发现这不是一家咖啡馆，而是一家旅行社。店内有色彩缤纷的各类旅游宣传册、琳琅满目的书架、贴满各地风景美图的照片墙、舒适柔软的沙发、醇厚浓郁的咖啡香气……

杭州天顺国旅的相关负责人何先生告诉记者，公司主打塞班岛和泰国海岛游产品，重新装修后，一楼是咖啡馆，二楼是旅行社。“我们的咖啡馆提供现磨咖啡、果汁、水果拼盘、茶饮等，单价在二三十元，比较亲民，客人在喝咖啡的同时可以了解我们公司的旅游产品，由我们为他们定制旅游线路等。”

爱喝咖啡和爱旅行的群体有重合，旅行社看好新模式

何先生解释，公司的主营业务是旅游定制团，项目内容极其繁琐，每个细节都要和客人沟通确认，有时候要把这些琐碎的事情搬到办公室以外的地方做，而最常去的就是咖啡馆。

“有一次我去太湖考察，走进一家景区附近的咖啡馆，进去点了一杯咖啡坐下来才发现这里面还卖旅游产品。回来之后我就想，为什么客人要去别的咖啡馆和我们沟通旅行计划的细节呢？要是我们自己拥有一家咖啡馆就解决这个问题了。”

何先生说，很多旅行社都开始摸索新的路子寻求转型，不是在产品上进行创新，就是在服务上进行提升。“来我们店里定制旅游的客人都要待上很长时间，我们要先了解客户大致的旅游需求再一步步提供方案。有了咖啡馆以后，客人在我们店里喝喝咖啡、看看电影就不会觉得无聊了，‘旅行社＋咖啡馆’模式，不仅增强了客户的黏性，对我们业绩销售也有促进作用。”

何先生表示，自从旅行社增设了咖啡馆后，每月进店消费的客人比以前增长了5％左右。“我觉得爱喝咖啡和爱旅行的群体是有重合的，这里面能转化出一部分客人作为我们旅行社潜在的消费客群。”

比如，家住树园小区的舒女士是这家咖啡馆的常客，一开始她只是约朋友经常去坐坐，聊聊天，后来彼此熟悉以后，索性让旅行社定制了一条塞班岛的旅游线路。“舒女士是一名瑜伽教练，这次想带学生去塞班岛体验瑜伽旅行，12 天的行程每人支付 8000 多元就够了，我们定制的方案很符合她们的需要。”

“旅行社＋咖啡馆”模式，是大势所趋吗？

众信旅游会员俱乐部总监、北京悠游咖啡厅有限公司总经理李鸿秀在接受媒体采访时表示，热爱旅行的人同时也是热爱生活的人，两者有一定的重合。将旅游和咖啡结合起来，设立“U Coffee（悠咖啡）”，是为线上线下建立一个开放交流、分享经验的平台，也为旅游行业投资人搭建一个发现价值、助力行业发展的平台。

对于旅行社与咖啡馆的跨界营销，浙江省旅行社协会副会长张建融表示非常看好。

据悉，2013 年，杭州市 60％以上的旅行社固定资产不足 50 万元。杭州旅行社行业“小、弱、散、差”的局面未能从根本上得以扭转，行业整体竞争力不强。

张建融认为，目前仅有一些规模较大的旅行社在积极开展新业态来提高品牌竞争力。“旅行社和咖啡馆结合在一起，是传统旅行社在利用互联网思维进行营销的一大突破。什么是互联网思维，就是以消费者为中心，把旅行社打造成咖啡馆的环境，顾客逗留的时间会拉长，因此也更有可能下决心购买旅游产品。”他说，传统旅行社应该把眼光放得更远一点，线下门店应该让顾客有种回家的感觉，而不是定好线路、签好合同就走了。

"这一点上，我觉得日本的旅行社做得很好，日本的旅行社不管你买不买旅游产品，人家都会给你提供茶水还有精致的点心。这样一来，顾客对旅行社的好感度提升不少，那么下次他要去旅行，他就可能到这家旅行社选择旅游产品。"张建融介绍。

（资料来源：http://cs.zjol.com.cn/system/2015/08/27/020806334.shtml.）

第四节　店员的招聘

开业前另一项准备工作就是为旅行社门市进行店员的招聘。店员的招聘属于旅行社门市人力资源管理的重要工作之一。作为人才密集型的服务企业，店员的素质很大程度上决定了后续服务质量的好坏。通过招聘优秀人才并能将其安排到合适的岗位，对门市的发展至关重要。招聘的流程如下。

一、明确招聘目的及岗位分析

岗位分析是进行招聘录用的前提和基础。只有在正确和全面的分析后，才能进一步明确招聘的方式、途径、人数、面试内容等。岗位分析具体涉及以下几项内容。

（1）招聘岗位的设置目的是什么？对其他岗位的帮助和影响有什么？

（2）要为哪些岗位招聘相关人员？每个岗位需要的人员数量是多少？

（3）岗位的具体职责和内容是什么？需要员工具有哪些相应的知识和技能？

（4）明确职位的组织结构图。例如管理的上下级是谁？

（5）职位的权利和责任是什么？

（6）岗位的工作时间与地点是什么？

（7）岗位的薪酬是多少？

二、确定招聘方式

招聘方式分为内部招聘和外部招聘。门市可根据自身情况选择合适的招聘渠道。

（一）内部招聘

内部招聘是指当企业有人员空缺时，首先向企业内部员工发布招聘信息。通常内部招聘更多地使用于中高层管理人员的招聘，如店长、前台经理等。该招聘方式成本低，可靠性也较强。基层员工的内部招聘多见于店面之间的人员流动，或有员工想进行岗位的调整。

（二）外部招聘

外部招聘是指企业向外界发布招聘信息。该招聘方式更适用于新店开业时基层员工的招聘。外部招聘周期较长，成本较高，但选择范围较大，能为新开业的门市带来更多的选择。具体的渠道主要有人才招聘会、校园招聘、媒体广告、网上招聘等。

三、招聘信息的发布

确定好招聘方式后，就要在选定的招聘渠道进行信息的发布。招聘信息既要简明扼要，又要把应聘者所关注的信息完整呈现，通常应包括以下几项内容：工作薪酬、工作地点、工作内容、工作时间、工作条件与环境、企业性质、招聘条件、应聘方法等。

此外，招聘广告词还应有特色，引人注目，把企业优势最大化，以吸引更多的招聘者，为企业的人才储备奠定基础。

四、甄选

发布信息后会收到应聘者的简历，确定甄选名单前要进行初步筛选，即对不符合聘用要求的简历进行淘汰。初步筛选后，安排剩余人员再次进行考核。考核方式有面试、笔试、实操等，企业可根据招聘岗位的特点进行选择。

五、录用

(1) 最终审核。上述考核通过后，确定最后录用人员名单，报总经理或人事主管最终审核。

(2) 录用通知。审核完毕后旅行社即可通知录用者，通知方式可采用书面、短信、电话、邮件等。通知中需包含的信息有：工作报到时间、报到地点、试用期、工资待遇、工作部门与岗位等。

知识链接　携程线下门店扩张：门店增加 1300 家 招募 5000 人加盟

2019 年，一些互联网公司出现收缩、减员情况，但大型在线旅游公司反而加大了在线下新零售市场的扩张步伐。如携程旅游渠道事业部启动了新一轮的招募计划。

2019 年 3 月 1 日，携程旅游渠道事业部总经理张力在内部邮件中表示，欣喜地看到了旅游新零售所爆发出来的巨大潜力。现在正是携程门店逆势而上的良机。“2019 年我们的目标是携程旅游门店总数要达到 3000 家，新开门店中有一半要落在县级城市。为此，首当其冲的是要解决人才缺乏问题。”

携程旅游门店 2017 年起开启线下渠道建设，2019 年年初已在 23 个省(直辖市)落地超过 1700 家门店。计划 2019 年在 1700 家的基础上新增 1300 多家，其中 660 家要落地到县级城市。加上旅游百事通和去哪儿门店，总数会突破 8000 家。

随着 2019 年拓展计划的开启，首当其冲的是要解决人才问题。小步快跑的携程旅游门店迫切地需要更多人才加盟。为此，张力在邮件中表示，需要更多战斗在一线的运营、管理等人才，不仅是经验丰富的业内资深人士，也需要年轻血液的加入，同时也欢迎其他零售和服务行业的人才加盟。估算所需新增工作岗位约 5000 个，多数会在三四线城市和地区。

(资料来源：http://news.sina.com.cn/o/2019－03－01/doc－ihrfqzkc0363104.shtml.)

知识链接 某旅行社门店招聘信息

我们不是在招聘员工，我们是在寻找团队伙伴！我们是在共谋一番事业，我们不喜欢独享收获的果实，我们喜欢与志同道合的人分享这里的一切，收获一路走来的点点滴滴，让彼此共同学习与成长！

职能类别：门店旅游产品咨询/销售。

职位描述：

1. 充分了解旅行社产品，熟悉预订及售后流程，为客人提供门店旅游咨询及预订服务，完成销售指标。

2. 提供微领队平台服务，及时回复客人咨询的旅游相关事宜。

3. 处理客户投诉。

职位人数：6人。

职位要求：

1. 本科及以上学历，旅游管理或市场营销专业优先。

2. 热爱旅游行业，责任心强，有敬业精神。

3. 性格外向，善于与人沟通，具备良好的语言表达能力及沟通协调能力。

4. 熟练使用 Office 等办公软件。

待遇：

1. 高薪。

2. 假期安排：享受法定节假日。

3. 晋升机制：双向晋升通道，为员工提供良好的发展空间。

联系方式：

公司名称：北京××旅行社有限公司。

公司地址：北京市××路××号。

邮 件：××××××××××@qq.com。

公司简要介绍：

公司类型：民营公司。

公司规模：50—150人。

公司主营：

1. 学生春游、秋游。

2. 教师、学生假期旅游(如夏令营、冬令营)。

3. 教育系统交流活动及旅游。

4. 社会企业、单位组团旅游。

(资料来源：http://www.hunt007.com/employer/viewinfo/5917267_5.htm.)

本章小结

(1) 大多数门市都会将店址选择在商业区，而一个地区内的商业区类型大体包括以下几种：核心商业区、副商业区、商业小区、购物中心、独立店区。

(2) 门市店址选择的影响因素有人流量、竞争环境、能见度、投资成本、目标市场和发展潜力。

(3) 根据《旅行社条例》及《旅行社条例实施细则》，门市名称不得含有使消费者误解为是旅行社或者分社的内容，也不得使用容易使消费者误解的简称。因此旅行社门市名称一般统一规范为：设立社全称＋(县、区)街道名称＋门市。

(4) 门市的招牌、店门位置、橱窗等共同构成了门市的外部形象；店内的内饰、布局以及宣传资料的陈列等共同构成了门市的内部形象。

(5) 店员招聘流程如下：明确招聘目的和岗位分析、确定招聘方式、招聘信息的发布、甄选以及录用。

核心关键词

旅行社门市的选址(location of travel agency store)
旅行社门市的设立(establishment of travel agency store)
旅行社门市的设计(design of travel agency store)
店员招聘(shop assistant recruitment)

思考练习

1. 简述门市店址区域位置类型。
2. 阐述门市店址选择的影响因素。
3. 选择三家旅行社，对其门市部的选址进行调研。
4. 实地调研当地三家旅行社，向相关工作人员了解该旅行社的门市设立情况以及具体的设立过程。
5. 旅行社门市的设计包括哪些方面？
6. 调研一家门市部的形象设计是否合理，分析该门市可进一步作出哪些调整。
7. 撰写一份完整的网络招聘信息。

案例分析

上海春秋国旅门市选址之道

上海春秋国际旅行社(集团)有限公司(以下简称"春秋国旅")是春秋航空的母公司,成立于1981年,业务涉及旅游、航空、酒店预订、机票、会议、展览、商务、体育赛事等,是国际大会及会议协会(ICCA)在中国旅行社中最早的会员,是第53、54、55届世界小姐大赛组委会指定接待单位,是世界顶级赛事F1赛车中国站的境内外门票代理,被授予上海市旅行社中唯一著名商标企业,是中国第一家全资创办航空公司的旅行社。拥有"贵族之旅"纯玩团、春之旅(中外宾客同车游)、自游人、爸妈之旅等多种特色旅游产品。

境内外41个全资分公司全国第一。在北京、广州、西安、沈阳和三亚等34个境内大中城市设有全资公司,境外有美国、加拿大、泰国等7个全资公司。一百余个全资门店全国第一。每个全资公司都有二至十个连锁店,在上海有五十个连锁店。四千余家旅游代理全国第一。在江浙地区有四百余个、全国有四千余个网络成员,使用春秋国旅自行研制开发的电脑系统销售春秋旅游产品,做到"散客天天发,一个人也能游天下"便利的散客即时预订服务。是国内旅游业唯一的秉承入网48小时必须收款理念的旅游企业。年营收六十亿元,没有坏账。国内旅游连续十三年全国第一。

拥有如此辉煌业绩的春秋国旅,最初是在1981年为解决城市知青就业困难,由长宁区遵义街道党工委副书记王正华带领知青们在2平方米铁皮亭中,依靠2000元资金创办的。自创办以来,春秋国旅的市场定位就十分明确,如前所述"散客天天发,一个人也能游天下",春秋国旅致力于提供便利的散客即时预订服务。20世纪80年代,春秋国旅创办后的第一个团队"苏州一日游"就是由散客组成的。

发展到今天,为什么春秋国旅散客市场占有率如此之高?其门市的科学选址是其中非常重要的一个因素。春秋国旅第一个门市"西藏路门市"就选址在上海的旺市地段——紧靠南京路步行街的新世界旁。直到今天,西藏路营业部在众多门市中仍然在营业额和接待游客数上名列前茅。

从春秋国旅现有的门市分布来看,大致分为两类——中心门市与社区门市。其中中心门市选址在核心商业区附近,例如西藏路营业部。此类门市能顺利地接收到核心商业区辐射出来的客流、车流以及信息流,此地段选址能保证门市周边有持续大量的人流量,此外消费者在此地段的交通也十分便利。而社区门市分布在各个区里,以便增强春秋品牌影响力,降低顾客出行的交易成本。

可以看到,春秋国旅的成功与门市的科学选址战略分不开。

根据案例分析:

1. 上海春秋国旅市场定位与门市选址类型的关系是什么?
2. 上海春秋国旅门市选址的成功之道是什么?

第三章

旅行社门市店长的工作职责

学习目标

◆了解旅行社门市店长的角色和定位。
◆了解旅行社门市店长的工作流程和职责。
◆了解旅行社门市店长日常工作中常见的误区。
◆掌握旅行社门市店长的管理技巧。

问题导向

如何才能成为一名优秀的旅行社门市店长?

导入案例 一个店长的自述

大家好,我叫华××,来自黄飞鸿的故乡——广东佛山南海,是一家携程门店的店长,从事旅游行业10年。门店于2018年7月16日开业,至今已经营一年多时间,去年我们的营业额超过1000万元。一年多的时间里,门店获得地区季度业绩季军、亚军、年度新人王、服务之星的荣誉。门店的使命是:以人为本,以客为尊。门店有定制的矿泉水供客户饮用,有定制的礼品在客户成交后赠送,有适合儿童玩乐及拍照的区域。公司统一的设计风格再加一点小心思,让客户到门店后感觉整体环境舒适,开业以来受到广大客户的好评。

一直在做传统旅行社的我,在刚接触携程TDS系统的时候,感觉非常复杂,很迷茫。系统里海量的产品,种类繁多的产品架构,几百个不同区域的供应商,还有OTA的管理模式,都让我很难消化,感觉非常吃力。经过不断努力,门店取得了一定的成绩,下面与大家分享经过时间积淀和考验得出的一些经验,希望对大家有所帮助。

一、门店数据表和店员营业日报

(1) 制定门店数据表，并每天在工作群内公布，还要设定每月的最高业绩奖励(如奖金、奖品，或免费旅游等激励员工)。

(2) 店员需制定自己的营业日报，清晰知道每人、每天产生的业绩状况以及资金情况等。

二、制定专属销售宝典

根据各项数据分析得知，目前门店业绩以散客跟团游为主，占总业绩的70%以上。店员在面对海量的产品时很是头痛，往往在面对面接待客户时，不能快速找到精准的产品且不能熟练地介绍给顾客，从而会给顾客一种很不专业的感觉。因此，经过时间的考验以及店员的反馈，我们就因地制宜地整理了自己门店的一份销售宝典。

以跟团游为基础，一呼百应，扩展到熟悉相关的板块，例如，通过熟悉跟团游的线路，可以得知游玩此目的地的合理天数、最佳季节、目的地的著名景点、签证知识等等。因此，门店便以跟团游产品为主去整理每月主推的爆款产品表，而且提前保存好对应的广告图及电子版行程，以便快速发给客户。

宝典的制作是为了店员熟悉王牌产品，可以熟练地向客户介绍，满足大部分进店客户的咨询需求。通过一段时间的应用，店员反馈很好，当客户进店后，不再不知道从何推荐起，现在可快速介绍线路，而且更有信心了，主推产品信息清晰，能解答大多数客户提出的疑问，给客户感觉专业、快速。同时，也增加了客户对店员的信任感。

三、制定核心供应商架构表

随着门店越开越多，供应商也不断加入，大小几百个供应商，过百的大小微信群，店员往往会不知道应该找哪个供应商才最合适。因此我们制定了属于自己门店的深度合作供应商列表，方便沟通！

以上浅谈自己门店的一些日常模式，希望对新门店的经营者有所启发，期待我们在新的平台，有新的发展，创造新的成绩！

第一节　店长的角色与定位

如果说旅行社门市是一个家，那么店长就是这个家的家长；如果说门市是一个舞台，那么店长就是导演。总之，店长作为旅行社门市的核心，在旅行社终端服务和销售中承担着重要的责任，发挥着至关重要的作用。借用企业家理论看店长，店长应该就是门市的“灵魂”。

店长是受连锁经营企业委派管理一个单独门市的管理人员职位的名称，也是自主经营门市业务的称谓。作为旅行社门市的最高管理者，店长对旅行社门市的经营管理水平和能力直接影响着整个门市的盈利水平。因此，店长要协调和激励全体员工做好旅行社门市的日常营业工作，赋予旅行社门市生命力，不断提升门市的经营业绩。

店长在门市中的角色定位是不断变化的。新的市场需求和销售环境使得店长的角色定位从一个管家变为商人，其职责也从简单的看管店面变成提升销售额和企业文化的传播者。为了提升销售额，店长不仅要是一名优秀的经营者，而且还要懂得如何进一步开发和维护客户，思考如何增加旅游消费的数量，如何激发门市员工的工作热情和能力等，店长的角色在不断地丰富。[①]

一、店长的角色

（一）代表者

店长是旅行社门市的最高管理者，自然是门市整体形象的代表者和门店活动的组织者。店长是代表公司与顾客、社会有关部门公共关系的维护者；就员工而言，店长是员工利益的代表者，是员工需要的代言人。

不论店内有多少员工，整体门市的经营绩效及店面形象都必须由店长负起全责。所以店长对门市的营运必须了如指掌，才能在实际工作中做好安排与管理，发挥最大实效。

（二）经营者

店长要把自己看成“老板”，对门市的一切成果负责。旅行社的拥有者或公司的高层不可能每天或经常去店里，也不能代替店长去管理门市，所以每一家门市的店长其实就是这家店的经营者、主导者，而不仅仅是旅行社的派出管理者。

店长需要站在经营者的立场上，综合、科学地分析门市运营情况，全力发挥店长的职能，指挥店员高效运作，对旅行社门市经营的各项数据以及市场走势进行准确的分析和判断。店长要明确经营目标，在满足消费者需求的同时创造一定的经营利润，并在职权范围内对各项工作做出正确的决策。

（三）指挥者

店长是门市的领头羊，必须担当起现场指挥管理的重任。试想旅行社门市一天的工作是如何开始的：在准备工作做完，开店迎客之前，店长都会开早会、总结昨天的销售、分享成功销售的经验、分配当天的工作，等等。即使门市有各部门的职责，每个人都清楚自己该做什么，但店长的作用就像百米赛跑的发令官，说一声，便开始营业。营业时有高峰期和缓和期之分，其中以高峰期较为重要，因为这一时期与顾客接触最频繁，店长必须负起总指挥的责任，安排好各部门、各班次服务人员的工作，监督服务人员的工作，严格依照公司下达各门市的运营计划执行。

店长要安排好各班组人员的工作，指示团队人员严格执行经营计划，将最好的技术、产品和服务，以及门市最佳的面貌展现出来，以刺激顾客消费，实现营业目标。不论是指挥门市日常工作实施，还是协调部署各部门工作，都需要店长扮演好指挥者角色。

（四）教育者

店长就是员工的导师，是一面镜子，促使员工发现自我的长短板，实现自我价值最大化。因此，店长要懂得如何通过沟通、工作业绩、工作观察、同事评价来识别员工。同时店长必须做好培育下属的工作，下属能力提升可以有效提高工作效率，也能保证企业顺利发展。

有的店长常常抱怨现在的员工没有以前听话，管理人员水平也不够，往往还会将原因归结

---

① 梁雪松，胡蝶，王伟，等.现代旅行社门店管理实务[M].2版.北京：北京大学出版社，2016.

为公司人力资源部门的培训不够。其实门市的员工或基层管理的培训，最好就是现场培训——随时、随地地指导。店长也要将自己长期的经验总结为成体系的教案，这是店长自我提升的一种方式。店长培养人才，是建立职场关系的一个好的方法。

此外，作为教育者，店长还应该起到鼓励员工的作用。员工难免会出现疲倦、消极怠工的情况，这时候，就需要店长拍拍员工的肩膀，说些鼓励的话，甚至做一些出人意料的激励行动。我们经常说一个门市的状况可以看出一个店长的性格，一个性格开朗的店长带出的门市是积极和欣欣向荣的，相反，一个死气沉沉的门市可能有一个不是很"阳光"的店长。

（五）执行者

门市既要满足顾客需求，也要满足旅行社的考核要求。店长是公司政策的执行者，要全力贯彻执行公司的经营方针，执行公司的品牌战略、人事制度、营销计划、价格政策，以及对门市日常工作的基本要求等。店长要善用所有资源，合理地分配任务，严格地执行公司要求，并定期检查整改。

（六）协调者

旅行社门市是旅游消费者、员工、旅行社多方利益的集聚地。店长要具备处理各种矛盾和问题的技巧，使一切要素、工作或活动和谐地配合，门市气氛融洽，各项工作井然有序。

店长首先要做好内部协调。店长是员工与公司之间的桥梁，一方面，店长要将公司文化、经营方针、计划目标等信息传递给员工，另一方面，店长有义务将员工的思想行为以及消费者的需求和反应反馈给公司，供公司参考。其次，店长要做好外部协调工作，如与消费者、门市所处的商业环境的协调等。尤其是与消费者的销售沟通、售后服务、投诉处理等。

二、店长的定位

旅行社门市是旅行社销售和服务的终端，店长又是公司与员工、消费者之间的协调者，店长要处理好与各级之间的关系和定位。表 3-1 所示为店长的角色定位。

表 3-1　店长的角色定位

角色层次	角色定位
对于上级	代表者、执行者、协调者
对于同级	协调者、经营者
对于下级	指挥者、教育者、协调者

作为门市的领导者，店长不仅要作为规划者做好门市的规划管理工作，将门市所在地域的情况和消费动态向总部反馈，使得旅行社及时了解市场情况，对市场变化做出相应的调整，店长还要作为运营者完成门市的目标管理工作，接受旅行社的绩效考核；同时，其还要作为领导者进行门市的团队管理工作，负责门市内的人员管理培训，以及同其他地区的商业伙伴建立良好的关系；其更要作为门市的"领头羊"，做好门市的内部业务等工作，协调和激励员工做好店内的营业工作，带领他们以团队精神塑造门市特色，最终成为门市管理的核心。

三、店长日常工作中的常见误区

(一) 凡事亲力亲为

有些店长是从员工成长起来的,在成为店长之后,仍然所有的事情亲力亲为,对自己和员工的职责划分不够明确,导致店长若不在,门市内部无法正常运营。导致这一现象的原因就是店长没有理清自己与员工之间的区别(见表 3-2)。

表 3-2　店长与员工的区别

区　　别	店　　长	员　　工
组织中的位置	监督管理者	执行者
职责范围	团队	专项事物
工作对象	人+事	事
工作技能	人际、管理技能	作业技能
评价标准	团队成绩	个人成绩
自我实现	管理者	技能者

店长作为管理者,要把门市里的工作职责划分到人,让每一位员工对自己的工作有一个明确的认识。店员负责具体工作的实施,而店长要有更多的时间做好组织、管理、协调、监督的工作。

(二) 忽视员工需求

店长往往承担着公司考核的重任,现实中有些店长只考虑公司要求,注重员工的销售业绩,却忽视了员工的其他需求。旅行社门市不仅要对旅游消费者提供优质的服务以及标准化的服务流程,对员工也要关注其心态变化、工资待遇、家庭状况等。店长要多与员工沟通,了解员工所需,在力所能及的范围内帮助员工解决问题,让员工感到温暖,这样才能让员工每天以最饱满的状态全身心地投入工作之中,创造最大的价值。

(三) 凭借个人主观评定员工

店长与店员朝夕相处,彼此会产生人际关系上的亲近感,有些店长便会将个人情感带入工作中,偏袒和自己私交较好的员工,对于一些个性较强或是和自己私交不好的员工就采取冷漠态度。这样的处事方法,会直接导致门市内员工之间的隔阂,更严重的会导致店内出现小团体,影响团队合作,最终导致门市业绩不佳。因此,店长要做到公私分明,一视同仁,为员工建立起一个公平、公正的工作环境,做事的时候对事不对人,确保工作任务的顺利执行,保证店内良好的团队氛围。

每一个店长,都应该认识到自己的角色定位,采用更正确、更恰当的方式,为门市创造更大的效益,真正实现自我价值。

第二节　店长的工作职责

旅行社门市的店长作为店面管理的核心,全面负责门市的人、事、物的各项管理工作,有着

清晰的工作职责和明确的工作流程。

一、工作职责

店长是旅行社门市的经营者，无论是直营店还是加盟店，门市的店长都必须将店铺的各项资源有效地加以运用，完成各项经营指标，店长还要服从旅行社总社的统一指挥，积极配合总社各项营销策略的实施。店长的工作职责主要分为销售管理、店务管理、店员管理。

（一）销售管理

销售是旅行社门市的重要职能，因此，店长要做好销售管理工作，实现门市的考核指标。店长应该结合本店的实际，落实并完成门市的月度、年度销售计划，落实各项经济指标。通过制定本店的促销方案，执行总部下达的促销计划和促销活动。掌握门市的销售动态，并向总部提供新商品的引进和滞销品的淘汰建议。具体做到销售引导和销售分析。

1. 销售引导

店长要在销售前解答员工对于新线路或主打线路的疑问，着重强调销售周期内的主打产品，并阐述本社的各项优势，与员工分析同行产品与自身产品的差别。在产品销售的过程中，注意观察员工在电话接听或在门市介绍时与客人的沟通方式，待客人走后，在与员工探讨和沟通的过程中，提醒员工哪些地方需要加强或业务较为薄弱的地方是哪里，帮助员工改善和加强，提升其销售能力。

2. 销售分析

店长要针对员工的销售效果做定期的总结分析。查看近期大盘数据销售，比对大盘销售数据，做数据分析，预测销售走势，调整策略。针对客户，要对每档咨询客户做好记录，在门市相对空闲时与员工共同研究分析潜在客户，并采取适当的方式进行回访。

（二）店务管理

店务管理主要是日常管理、物品及信息管理、制度管理。

1. 日常管理

日常管理是一个琐碎但重要的工作，涉及的管理内容较多，店长每天要按照工作流程完成各项任务。一般来说，店长必须对旅行社门市每日的营业状况进行分析，并评价员工的工作表现，监督与审核收银、账簿制作与保管等工作。保证门市每日备用金和报表的一致性，营业款及时存入指定银行，实时检查员工在系统上的录入信息的准确性。另外，还要对宣传单的陈列、广告的制作张贴、礼券的发放等进行监督。更重要的是，掌握业绩和目标管理，实时进行督促和管理，促进目标的实现。

2. 物品及信息管理

店长需掌握门市各种设备的维护保养知识，监督门市内外的清洁卫生，负责保卫、防火等设备的管理和维护。对于门市内的办公物品，做好登记管理，减少办公成本。由于旅游产品与一般商品不同，属于无形的服务产品，因此，旅行社门市内的旅游产品是以信息的方式被展示。对此，店长一方面要做好信息展示的包装工作，另一方面也要注意信息的保密性。此外，旅行社门市的信息管理还包括对门市商圈、竞争对手、旅游消费者等信息的收集和整理，以及相关信息的书面反馈。

3. 制度管理

制度是管理的规范和依据，旅行社门市的店长要在执行总社的管理制度的前提下，结合自身门市的特色，制定具体的操作制度。例如考勤制度、门市服务礼仪标准、门市卫生标准、门市费用管理标准、员工日常规范等。

（三）店员管理

门市的管理中人员的管理是重中之重。门市的员工直接服务旅游消费者，他们的服务态度、专业水平直接影响门市的整体形象和销售利润，因此，店长一定要加强对员工的管理。店员管理主要包括根据旅行社门市的规模确定门市人员的岗位设置、人员构成、人员的考勤与岗位合理安排、团队凝聚力建设、员工的培训与辅导、工作程序标准制定、员工销售技能提升、员工的绩效考评与激励等方面的工作。此外，店长要对企业的文化进行传承，通过员工培训、日常员工管理等让员工接受、认同并传承公司文化。

知识链接　店长的“三三四四”管理法

二、店长的岗位职责

店长的主要岗位职责如下。

(1) 制订并分解门市销售计划，完成个人销售任务，同时带领团队完成销售任务。

(2) 掌握所在区域市场的竞争和消费习惯，及时向总部反映掌握的情况。

(3) 进行门市运营分析，提出有助于完成销售目标的建设性意见。

(4) 总结门市销售情况，及时提供门市盈利分析。

(5) 主持门市的例会，并对接待人员进行培训与辅导。

(6) 制订培训计划，并对接待人员进行培训与辅导。

(7) 监督接待人员日常工作纪律，对违反有关规范的人员进行处理。

(8) 对接待人员进行业绩评估和考核。

(9) 监督管理产品彩页陈列、物品摆放、店面卫生、人员形象、POP 布置等方面的形象维护工作。

(10) 负责门市固定资产和设备的日常维护与保养，保证设备的正常运行。

(11) 做好门市的安全、卫生管理工作，处理营业现场遇到的特殊情况。

(12) 处理顾客的现场或电话投诉与抱怨，将需要协调处理的投诉事件及时通知总部相关负责人。

(13) 配合公司开展各种营销活动，提升品牌的知名度和美誉度。

三、店长的工作流程

作为一店之长，其一定要做好本职工作，才能起到以身作则的模范作用。虽然不同行业的门市营业时间会有所差异，但营业流程都分为营业前、营业中和营业后三大部分。因此，旅行社门市店长每天的工作都必须严格按照规定的工作流程进行，以把握好门市营运和人员管理的重点。

通常店长应该早班出勤，即早上的 8—9 点至下午的 5—6 点，这种上班时间可让店长充分在门市销售过程中的中午及下午两个营业高峰期对营业过程中的重要事项进行指导和处理。

做好旅行社门市营业前的准备工作是顺利开展当天营业工作的基础，店长每天都必须带领员工仔细完成营业前的各项准备工作，为门市创造一个崭新的开始，具体工作流程及注意事项如表 3-3 所示。[①]

表 3-3　店长工作流程及注意事项一览表(营业前)

工作阶段	工作流程	注意事项
营业前	店员报到	·每天提前 15 分钟到店，进入店后依次打开电源 ·检查员工出勤和休假的情况，观察员工的精神状况 ·查看留言本上前一天的留言及营业状况，待店员到齐，召开晨会
	晨会	早会由店长主持，所有店员必须参加，议程包括： ·检查仪容仪表 ·总结前一天的销售情况和工作 ·介绍销售计划，提出当日销售目标 ·提出当日工作要求、服务要求、纪律要求、卫生要求、旅游消费者意见反馈 ·注意每位店员的情绪，提高工作意愿 ·针对新店员进行阶段性的、有计划的销售技巧培训与产品知识培训(尤其是新品上市) ·传达上级工作要求，宣布当日的工作重点、注意事项和营业目标 ·鼓励、表扬优秀店员
	整理检查	·指导清理店面卫生，分区进行。扫除干净之后，检查扫帚、垃圾桶、吸尘器等清洁工具是否都收拾好并放在比较隐蔽的地方 ·指导整理产品 ·店内设施应在旅游消费者到来之前先行准备、整理妥当。如照明灯具是否点亮；电脑以及网络是否正常工作；试听、触摸屏等电器设施是否可以正常使用等 ·店员之间相互检查服装、头发或装饰品，或者对着镜子，检查一下自己的仪容仪表

① 梁雪松，胡蝶，王伟，等. 现代旅行社门店管理实务[M]. 2 版. 北京：北京大学出版社，2016.

续表

工作阶段	工作流程	注意事项
营业前	收银准备	·店长指导收银员进行准备工作 ·准备刷卡机，准备收银机中找给旅游消费者的零钱、收据或者发票等 ·收银机上面的日期打出来要符合当天的日期，标示应归零的地方要先归到零的位置 ·橡皮筋、印章、海绵、收银盒以及各种面额的纸币、硬币都要准备好
	开工仪式	·店长带领店员做早操锻炼，迎宾气氛一定要活跃，表情自然、亲切 ·用最亲切的微笑、最温和的口吻向旅游消费者说声“早安”“欢迎光临”，然后以愉快的心情、高昂的工作热情开始为旅游消费者服务

完成了以上相关准备工作之后，门市马上要正式开始营业，迎接旅游消费者进店。店长安排员工各就各位后，应该按照工作要点逐项实施，具体工作流程及注意事项如表 3-4 所示。

表 3-4　店长工作流程及注意事项一览表(营业中)

工作阶段	工作流程	注意事项
营业中	正式营业	·巡视门市，检查清洁工作(包括橱窗、装饰)，带领店员向旅游消费者打招呼 ·注意整个门市的氛围 ·经常查看营业状况，对照以往情况进行分析，并及时提醒、鼓励店员 ·注意店员的休息、工作状态，切勿同进同出、同时休息或频繁休息
	问题追踪	·对近期营业的销售量/额比较分析 ·对营业中设备修理、灯光、产品供给及排列等进行观察 ·考察当天的营业高峰是什么时候 ·对其他同行进行调查，做到知己知彼
	培训教育	·在工作之余和员工交谈、鼓舞士气 ·对发现的问题及时进行处理和上报
	空闲安排	·比较空闲时，特别是上午估计一到两个小时没有什么生意时，可请一位店员介绍产品的价格、特点，跟大家分享销售技巧等，使其温故知新 ·指导店员整理产品、清洁卫生

一天营业结束后，店长还需要做好当天的工作总结，包括销售情况总结、旅游消费者档案整理、各类报表的填写等。一天的销售记录或收银机的纸带时常会反馈给店长很多宝贵的情报与资料，具体工作流程及注意事项如表 3-5 所示。

表 3-5　店长工作流程及注意事项一览表(营业后)

工作阶段	工作流程	注意事项
营业后	核定目标	·总结当天销售情况,核对是否实现早例会所定的目标 ·分析并解决相关问题,提出相应策略,不断改进工作方法,促进销售业绩
	整理旅游消费者档案	·方便旅游消费者服务、跟踪反馈信息
	完成各种报表	·包括日报表、周报表、月报表、店员考核表及客户跟踪反馈表、调研表等
	盘点产品、收银	·了解哪几种产品比较畅销 ·本日销售额是多少,现金、刷卡或其他支付方式各收入多少 ·确认营业额的完成情况
	产品补充及陈列	·根据季节和假日及时调整补充新的旅游产品,特别要注意将旅游产品按照类别、目的地(国家)、档次等级归类整理好 ·旅游产品的陈列方式要做到一目了然、容易查找 ·旅游产品的陈列要突出视听、触摸屏和文字资料等方面
	安全检查	·店头整洁,安全问题检查(灯火是否熄灭、橱柜或门窗是否上锁、贵重物品是否收拾)等

以上工作流程为旅行社门市店长的基础工作流程,随着旅行社门市业务的扩展和创新,各门市店长的工作会存在差异。因此,店长要在做好基础工作的同时,兼顾各店的特色工作,保障各店工作的顺利进行。

第三节　店长的管理技巧

店长作为旅行社门市的管理者,不仅直接对门市的销售业绩负责,也是店内人、财、物的领导者和管理者,面对繁杂的工作内容和管理活动,掌握相关的管理技巧,可以达到事半功倍的效果。

一、销售管理技巧

(一)提升员工的专业知识

决定旅游消费者购买决策的信任因素主要来源于四个方面,即对品牌的信任、对产品的信任、对接待人员的信任和对销售环境的信任。在这四大信任中,品牌、产品、销售环境都是相对客观的、有既定认识的,唯有对接待人员的信任是主观感受并具有一定变化性。如果旅行社门市的工作人员能够在形象、心态、礼仪、综合知识等方面给顾客留下良好的印象,特别是在专业知识方面能让顾客产生信任感,那么销售也就成功了一大步。

(二)引导消费

促成消费的核心就是让顾客产生需求,而这个需求产生的原因就在于接待人员对顾客思维的影响。当顾客进入门市时,不要着急介绍产品,而是可以与顾客聊聊天,在聊天的过程中发现顾客需求,例如,顾客带着小孩子过来,那么顾客对于亲子型的度假产品可能会有潜在需求,因而,员工就可以引导顾客。此时,最好的方式就是换位思考,假设自己是顾客,设想顾客最需要的是什么,最希望门市提供什么样的服务和产品,将交易能否成功看成是对自己销售能力的挑战。

此外,对结伴而来的顾客,一定不能忽视他的同伴,应通过发问的方式,争取联合他的同伴。切勿伤害他的同伴的自尊心,诸如同伴否认我们推荐的产品时,不可脱口而出:“这是我们的新品,你不了解”等,而要同样认真地问“您觉得哪里不适合呢?”通过获得同伴的认可,也可以间接引导顾客消费。

(三)与顾客互动

销售是员工与顾客之间的互动行为,员工如果独自表演会让顾客远观而不敢深入交流,因此,要提升与顾客的互动能力。与顾客的互动主要包括四个方面,即语言、思维、表情、动作。

语言方面的互动主要是通过自己的语气、语速、语调,表达和传递出信心、肯定、认同、赞赏等信息。思维的互动隐藏在语言的表述中,通过顾客表达出来的信息,抓住某个潜在消费需求深入交流,有来有往,让双方就一个问题的思维在一条轨道上前进。表情方面的互动对于销售的效果非常重要,肯定、欢迎、欣赏的表情能够让顾客得到鼓舞而敞开心扉说出更多的信息,而冷漠、无视等表情会让人产生抵触情绪。很多时候,一个会心的微笑就可引发顾客的认同。当然,互动还要有动作,一个点头的动作、一个赞赏的手势都可能让顾客如沐春风,一个场景描述的肢体语言表现则能让顾客有一种身临其境的感觉。

二、日常工作管理技巧

(一)把握日常工作的细节

在门市的日常工作流程中,店长不能事必躬亲,但是要把握关键的细节。首先,在营业前的准备工作中,店长要明确今日的任务、重点销售的旅游产品、员工的工作任务分配等。在营业过程中,要注意员工接待客户时的语言、表情和动作规范,如何巧妙地留意旅游消费者的真实需求并主动提供有针对性的信息服务,员工对于旅游产品的解说等。营业结束前还要进行相关数据账单的统计,最后是关店前的电源安全检查、店内设施检查,以及关灯锁门后再检查卷闸门有无锁好等细节性工作。

(二)每一项工作都要责任到人

店长制定的每项工作内容,一定要严格按照相关时间节点要求,将每一项工作都责任到具体的人,并提出明确的要求。每一项工作都责任到具体的人,这样既锻炼店长的管理能力,也能提升员工的工作效率,做到日事日毕、日清日结,不养成拖拉延误的习惯才能真正地锻炼自

己，养成良好的工作习惯，并从中获得快速的职业成长。

此外，将每一项工作责任到人，门市经营过程中发生的任何事情都能寻根觅源，找到具体的事因和责任人。当然，最重要的还是当事情发生后，能通过具体负责的员工找出具体的原因，然后通过总结分析，避免下次再犯同样的错误，以此达到提升店面经营效率和管理水平的目的。

（三）创造轻松、和谐的气氛

旅行社门市团队讨论和研究的问题往往是非正规的，又由于各自所站的角度和所管辖的范围不一样，认识、看法存在分歧是难免的。每一个团队成员都应该有一种幽默感，当讨论过程中出现紧张的气氛时，能及时地用一个笑话或是一个小插曲来解除大家的紧张感，从而使大家能够继续平心静气地、轻松地讨论问题。

三、员工管理技巧

（一）与每一个店员进行单独沟通

与店员进行沟通是店长的主要工作职责之一，也是店长必须掌握的一种沟通技巧。只有顺利地沟通才能顺利开展工作，才能不断提升团队的凝聚力，提高销售业绩。

店长作为一名管理者，如果对自己的下属员工不甚了解，不知道每个员工的能力特长，就没办法“因人设岗”，员工在工作过程中也很难最大化发挥自己的能力，事情做不好的同时，还会影响员工工作时的积极性。

单独沟通的好处是首先能让新入职员工感觉到自己的重要性，让员工初步获得存在感和价值感；其次，单独沟通更有利于对每一个员工内心想法、需求、期望等信息的深度挖掘，因为单独面对面更容易说服和打动对方，让对方尽可能地敞开心扉，说出心里话。只有员工愿意与店长交心沟通的时候，才能说店长真正了解这个员工。

实际的工作过程中，很少有员工会把生活中的方方面面都毫无保留地告诉领导，零设防的员工基本上是不存在的。所以，店长与每一个下属员工进行沟通就需要一定的技巧。如果想对某个员工进行深入的了解，首先就要通过单独的沟通掌握一些最基本的信息，然后通过工作过程中的观察，发现员工的一些特长和爱好，然后再以此为话题切入口和员工再次进行单独交谈，做进一步的深入了解。

（二）了解员工的特长

学会和下属员工进行沟通是店长管理的基本流程之一，“了解员工特长”才是沟通的关键。知道员工的特长才能在分配工作任务时做到有的放矢，合理安排，有效提升门市的经营效率，提高销售业绩。

“知人善用”是对店长管理能力的要求。店长若了解下属员工，但却不知道将什么样的员工放在什么样的工作岗位上，这是人员管理上的失败。如在一般规模的旅行社门市里，员工加上店长最多不超过 6 个人，人员的合理安排很重要。每个下属员工的工作能力也不一样，有的员工手脚快，做事麻利，但不擅长和顾客沟通；有的员工手脚慢，但嘴巴甜，擅长和陌生人搭讪；而有的员工手脚既不快，嘴巴也算不上甜，但长相姣好，在店门口一站就能吸引过路人的目光，也算是一个特长。

所以，对店长来说，熟悉了解每一个员工，知道所有人的特长就能很容易将他们安排到相应的工作岗位上，主要还是为了店面的和谐经营，并最终提升销售业绩。

（三）让每一个员工都把事情做好

“把事情做好”是对员工的最基本要求，但若要求团队里的每一个员工都把事情“做好”的确是一件不容易的事。这要求店长必须具备很强的执行能力，也就是说店长首先就要在工作的各个环节上严格要求自己，只有店长按流程严格执行了，员工才有可能从一开始像鸭子一样被赶着上架，慢慢变成像鸟儿一样天黑就会主动归巢。

例如，在门市里，店长可以在店内放一块白板，把团队各成员的近期工作安排全部排写在白板上，然后通过开晨会的方式沟通检查每个成员的工作进度，对需要加快进程的员工给予提醒，并强调最后的时间节点要求，明确相关责任。只有这样，店长才能清楚掌握店内的每一项工作的进展，要求每一位员工都把事情做好。

知识链接　店长管理门市的基本法则

本章小结

（1）店长是受连锁经营企业委派管理一个单独门市的管理人员职位的名称，也是自主经营门市业务的称谓。作为旅行社门市的最高管理者，店长对旅行社门市的经营管理水平和能力直接影响着整个门市的盈利水平。

（2）店长在门市中的角色定位是不断变化的。新的市场需求和销售环境使得店长的角色定位不断丰富。主要的角色有代表者、经营者、指挥者、教育者、执行者、协调者等。

（3）旅行社门市是旅行社销售和服务的终端，店长又是公司与员工、消费者之间的协调者，店长要处理好与各级之间的关系和定位。

（4）凡事亲力亲为、忽视员工需求、凭借个人主观评定员工是店长日常工作中的常见误区。

（5）店长是旅行社门市的经营者，是门市的核心，无论是直营店还是加盟店，门市的店长都必须将店铺的各项资源有效地加以运用，完成各项经营指标，店长还要服从旅行社总社的统一指挥，积极配合总社各项营销策略的实施。店长的工作职责主要分为销售管理、店务管理、店员管理。

（6）作为一店之长，一定要做好本职工作，才能起到以身作则的模范作用。虽然不同行业的门市营业时间会有所差异，但营业流程都分为营业前、营业中和营业后三大部分。因此旅行社门市店长每天的工作都必须严格按照规定的工作流程进行，以把握好门市营运和人员管理的重点。

(7) 提升员工的专业知识、引导消费、与顾客互动等销售管理技巧有利于门市销售的提升。

(8) 把握日常工作的细节，每一项工作都要责任到具体的人，创造轻松、和谐的气氛有利于店长进行日常工作管理。

(9) 与每一个店员进行单独沟通、了解员工的特长、让每一个员工都把事情做好可以更好地管理员工，提升旅游门市的工作效率。

核心关键词

角色(role)
定位(position)
工作职责(job responsibilities)
岗位职责(post responsibilities)
工作流程(work process)
管理技巧(management skills)

思考练习

1. 简述旅行社门市店长的角色与定位。
2. 举例说明店长日常工作中的常见误区。
3. 简述店长的工作职责。
4. 结合事例说明管理技巧对店长管理工作的帮助。

案例分析

在旅行社门市没生意的时候，店长应该怎么做？

1. 产品更新

许多门市认为旅游淡季，咨询量少了，越发不注重各产品行程的及时上新，甚至展架放得发黄、行程单页卷脚，直接影响客户的成交。旅行社门市应该保持产品不断更新，坚持产品类型不断丰富。这样既能吸引顾客眼球，增加销量，更能强化旅行社的品牌形象。

2. 激活员工状态

早上接待人员刚到店面便直接投入工作，这样一般都表现得状态不佳、做事懒散。正确做法应是每天在工作之前例行晨会，不只是分配每日的工作目标，还可以合唱店歌或喊口号来调整员工状态，让员工摆脱困意，从一开始就处于富于激情的工作氛围中。

除此之外，个别员工因为生活上的困扰，工作时带着负面情绪，不仅影响其他员工的工作状态，也影响了客户的购买欲望。针对此类问题，店长应及时与员工一对一沟通，了解情况后站在员工的立场进行开导和帮助，调节员工工作状态。

3. 激励销售

因咨询量不多的关系，接待人员状态普遍懒散、没有动力，即便有一些客户前来咨询，也会受员工状态影响而失去购买欲望。此时不妨用激励的方式来提升员工的销售激情，让员工在揽客、服务客户方面更有动力，进而提升成交量。

4. 创新营销模式

淡季各个旅行社门市生意均不够理想，于是纷纷拿出价格利器吸引客户。放眼望去，整条街的门市全是千篇一律的特价或者甩位，没有任何新意，让消费者心生麻木。事实上，别出心裁的促销活动更能赢得客户的青睐。大家可以通过“我爱旅游”培训课堂进一步学习。

5. 异业结盟

咱们旅行社门市业绩不好，那隔壁卖衣服、卖包、卖菜的呢？总有一样产品是吸引客户的。顾客在他家买完衣服再来咱家报名能享旅游特价优惠，甚至折上折。顾客还会不动心吗？在顾客不知不觉中悄然提升店铺的咨询量。

6. 团队充电

咨询量少的时候，应该多让员工熟悉旅游线路，针对不同客户多进行模拟演练。例如所有员工分组模拟销售、客户，可以讲解新品知识，也可上“我爱旅游”培训课堂进行学习。

7. VIP 维护

咨询量较少的时候，可以集中人员分类整理门市的客户资料，对现有的老客户进行针对性回访，收集客户的建议和意见，既能增进与 VIP 客户的感情，也能为今后的销售做好准备。客户数据的分类分级管理要严格按照公司要求的客户关系管理规范，不定期检查。

根据案例分析：

1. 店长在旅行社门市管理中扮演的角色有哪些？

2. 你认为，该店长的创新之处表现在哪些方面？

第四章

店员的工作职责

学习目标

◆掌握店员的接待流程。
◆理解店员培训的类型与内容。
◆了解店员培训的形式。

问题导向

作为店员，应该如何接待进店客人？

导入案例

旅行社门市迎来一对中年夫妇，他们表示想在结婚纪念日去澳大利亚旅游半个月左右。门市服务人员热情地邀请他们坐下，端上热茶，并赞美他们看起来很恩爱、幸福，接着提供了三条澳大利亚旅游线路，服务人员一边介绍三条线路的内容和特点，一边用平板电脑给客人展示相关图片和视频。在客人对某一条线路产生意向后，服务人员便拿出行程单，进行线路的详细介绍。介绍过程中的语言风趣幽默，耐心热情，讲解专业。当客人最后提出价格偏贵时，服务人员赞美客人贤惠持家，并把费用详细清单展示给客人，与其他相似路线做对比，突出本条路线的优势。同时展示之前购买过该产品的顾客的好评反馈，让客人觉得物有所值。中年夫妇最终下定决心，签订了旅游合同，服务人员收取费用，开具发票。手续办完后，服务人员继续为客人添热茶，并耐心介绍出国注意事项。最后，客人满意而归。

根据案例分析：

整个接待流程中，哪些是值得我们学习的地方？

第一节　店员的接待流程

门市店员需要有标准化、规范化和温度化的对客服务才能保障服务效率及服务质量，在此基础上才能进一步衍生个性化服务。不同规模、不同类型的门市员工工作分工略有不同，但围绕顾客的购买需求，门市店员的接待步骤大致如下。

一、进店问候与引导

（一）进店问候

作为旅行社重要的销售渠道，门市的迎客工作非常重要，它决定了顾客对门市的第一印象。在观察到有顾客进店后，店员应主动热情地和顾客打招呼，用眼神、语言及肢体动作让顾客感受到被关注。

（二）引导

尤其在大中型门市中，有效的引导可使得门市店员在面对大客流时，井然有序、有条不紊。引导时需注意引导手势与礼貌用语。店员应认真观察并辨别顾客的咨询意向，并把顾客指引至适合的服务区，如浏览区、咨询区、投诉区、VIP 区等。

二、提供咨询及产品推荐

（一）提供咨询

客人在服务区落座后，进一步确认顾客的购买意向。沟通与解答过程中，要求工作人员热情、礼貌待客，对于客人的询问给予迅速、准确的解答并给出专业的建议，获取客人信任。对于目标茫然型顾客，店员应帮助顾客明确目标，根据顾客的出游偏好、时间、预算，掌握其出游要素，挑选出符合其意向的旅游产品。对于目标明确型顾客，帮助其进行旅游要素具体内容的对比及价格的对比。需要注意的是，在咨询过程中，店员在征得客人同意的前提下，务必留下客人完整的个人信息与联系方式，便于后续服务的跟进。店员也应定期整理客户资料，为旅行社的市场调研与产品设计提供依据。

（二）产品推荐

明确顾客需求后，有针对性地给顾客展示旅游产品。旅游产品有一定的特殊性，是综合各种有形实物和无形服务的综合型组合产品。店员在进行推荐时，需要把完整的旅游产品要素介绍清楚，如食、住、行、游、购、娱等。鉴于旅游产品的无形性，店员在展示过程中尽量使无形产品有形化。因此在展示过程中，店员可使用纸质材料、多媒体设备等多种展示方式的结合，还可以辅以优质顾客的产品评价，增加产品的可信性。展示的过程中要强调产品的特色与优势以及顾客购买产品后可获得的利益，尽量把旅游产品的特征功能转化为旅游者的利益。

三、手续办理

顾客做出购买决定后，店员应尽快帮助顾客办理相关手续，包括合同的签订、费用的收取等，出国旅游还包括签证的办理。

依法与顾客签订旅游合同时，合同内应明确双方的责、权、利，维护好旅游者和旅游经营者的合法权益。收取费用时，核实收款金额与收款项目，征询支付方式，同时主动为顾客开好收据、发票。如顾客是预付订金，则开具收据，待付清全部费用后再开具全额发票。

四、行前说明

（一）国内旅游产品行前通知

对于国内旅游产品，发团前门市可通过短信、电话、邮件、出团告知书等方式告知游客相关出行信息，如导游名字、联系方式、出发集合时间与地点、旅游目的地相关信息、相关注意事项等。

（二）出境旅游产品行前通知

国家旅游局(现文化和旅游部)颁布的《团队出境旅游合同》和《大陆居民赴台湾地区旅游合同》文本中都提到，出团前，门市必须安排全体游客开行前说明会，详细介绍出境的相关信息，尤其是海关规定、境外目的地风俗禁忌、小费、饮食、电源、安全、时差等特殊问题，保障行程的顺利。

五、售后服务

良好的售后服务是优质接待服务的延续。顾客结束行程返回出发地后，并不意味着门市工作的结束，门市工作人员还应及时获取顾客的反馈。对于满意的顾客，继续完善顾客信息，建立客户档案，如顾客消费档次、消费偏好等，为下一次销售做准备，具体的内容会在后面的客户关系管理中具体阐述。对于不满意的顾客，分析不满意因素，及时反馈总部，继续改进服务。对于投诉顾客，门市接到投诉后应高度重视，如果客人没有得到满意的解决方案，可能会进一步向旅游质监执法机构、消费者协会等有关部门进行投诉，损害门市名誉。因此，接到投诉后，员工应按投诉处理流程，倾听、记录、分析、处理、反馈。

知识链接　门市服务人员接待中的"FABE"法则

FABE 模式是由美国俄克拉荷马大学企业管理博士、中国台湾中兴大学商学院院长郭昆漠总结出来的。FABE 推销法是非常典型的利益推销法，也是非常具体、具有高度、可操作性很强的利益推销法。它通过四个关键环节，极为巧妙地处理好顾客关心的问题，从而顺利地实现产品的销售。

FABE 是哪些英文单词的首字母缩写？F 代表特色(Feature)，产品的特质、特性等最基本功能，介绍旅游产品时最好找到产品的差异点；A 代表由这些特征所产生的优势(Advantage)；B 代表优点能带给顾客的好处(Benefit)，利益推销已成为推销的主流理念，一切以顾客利益为中心，通过强调顾客得到的利益、好处激发顾客的购买欲望；E 代表证据(Evidence)。

——特色(Feature)

例如，酒店特色、航空仓位的选择、特色餐、特色景点、行程特殊安排等，凸显与别的门市产品的不同之处，让客人能够感受到其差异点，也就是产品的亮点、卖点。

例如，您好，我们这个产品有很多亲子互动项目（蒙语课堂/夜观草原星座/篝火狂欢/巧识植物/亲触驯鹿），我们的特色住宿安排了木刻楞＋蒙古包，线路中特色餐有烤全羊＋草原BBQ＋手把肉＋俄罗斯民族餐，深度刺激您的味蕾，我们是自营地接社、专业5S接待标准、自有导游，举家旅游舒心更放心。

——优势（Advantage）

强调上述特点能提供给游客何种帮助，例如，搭乘直飞航班，免转机之苦；饭店紧邻海边；风味餐含在团费中；无需额外花费等。

——好处（Benefit）

产品的优点如何满足游客的需要，例如，去程航班是早晨，回程航班是晚上，可以为您争取一整天的游玩时间；亲子项目的安排可以增进父母和孩子的亲子关系。

——证据（Evidence）

该线路的销售量很高；该线路是我们的招牌产品；本条线路获得了相关的奖项；该线路游客给的好评展示。

要注意的是，在介绍产品的特色和优势时，最好不要超过三个，否则过多的特色和优势很难让客户留下清晰的印象，而且向客户介绍时一定要符合以下两大原则。

（1）基于客户需求满足的原则，即介绍的特色和优势一定是要能够满足客户需求的，否则再好的特色和优势也不会引起客户的兴趣。

（2）基于竞争对手比较优势的原则，也就是说你的特色和优势一定是竞争对手所没有的或你比竞争对手做得更好的，否则就不是特色和优势，客户也不会产生兴趣和购买欲望。

第二节　店员的培训

门市的员工应具备以下职业素养：职业道德素养、职业技能素养、职业知识素养等。门市在培训过程中，应注意职业素养的综合提升，如热情友好、爱岗敬业、团队协作、丰富的历史文化知识、良好的人际沟通能力、软件运用能力、市场敏锐度等。

在竞争异常激烈的旅游市场，人才已经成为重要的竞争因素之一。旅游产品较其他实物产品而言，波动性大，综合性强，创新性强，与之相关的信息与政策也在不断变化，这就要求店员要通过日常培训获得相关知识与技能，并在培训中不断更新相关信息，以提供更优质的服务。

一、培训类型与内容

旅行社门市培训的类型与内容应根据门市的培训对象及旅行社的总体培训计划来确定。通常员工要接受的培训有以下三种类型，即岗前培训、在岗培训、脱产培训。

（一）岗前培训

岗前培训就是向新员工介绍企业文化、企业规章制度、企业的业务等相关内容的一种培训。就其本质来讲，岗前培训只是培训的开始，在整体培训中居于基础地位。

新店员入职后，首先要接受的就是岗前培训，即使新员工有过相关的工作经验，但面对不同门市的差异化产品与特色，岗前培训仍十分有必要。优质的岗前培训可帮助新员工减轻入职焦虑、增强企业文化认同感、增强企业归属感、快速进入工作状态。岗前培训不仅能使新员工了解本职工作，还能了解企业的发展目标及价值观。

岗前培训的内容主要包括基础教育与业务技能培训。

1. 基础教育

基础教育通常由人力资源部统一安排培训。基础教育主要包括国家的相关法律制度、商业道德、门市的历史与愿景、门市文化、门市的组织结构、门市的规章制度、门市的主要业务、安全教育等。

2. 业务技能培训

业务技能培训通常由各部门负责。业务技能培训内容可按照服务的三个步骤划分，即售前、售中、售后。售前培训主要包括营业现场的准备、产品的资料陈列与维护、产品相关信息的掌握等。售中培训主要包括顾客接待技巧、问题的回答技巧、销售沟通技巧、产品的推介等。售后培训主要包括客户关系维护、客户投诉处理等。

（二）在岗培训

新员工经过岗前培训后，正式进入了各自的工作岗位。在岗培训即店员在不脱离工作岗位的情况下所接受的培训。

在岗培训的目的主要在于进一步提高员工的工作效率，以更好地协调门市的运作及发展。培训的内容和方式均由部门决定。主要的培训内容如下。

1. 新产品、新技术、新政策、新观念的培训

旅游市场在不断地发展，消费者行为在不断地发生变化，国家政策在不断地调整，门市的理念、运作方式、产品也在不断创新。这就要求店员在岗位中持续接收新信息，如新线路的推荐培训、新软件的应用培训、旅游合同内容变更培训、旅游者消费新趋势培训等。

2. 团队建设

团队建设的好坏，象征着一个企业后继发展是否有实力，也是这个企业凝聚力和战斗力的充分体现。此类培训旨在培养团队精神，也就是协作精神、大局意识和服务精神。团队建设培训形式多样，常见的有户外拓展训练、企业内心理拓展游戏等。

（三）脱产培训

脱产培训指员工暂时离开工作岗位，到有关企业、学校或相关学术机构进行较长时间的培训。此类阶段性的集中学习，可以帮助员工更加系统地掌握内容。

脱产培训在旅行社门市中主要针对的是管理层，更加侧重于理论上的深入学习。

二、培训形式

员工培训的投入产出率会直接影响企业的效益，前文中三种不同的培训类型可以配合不

同的培训形式，以使店员的培训效果达到最佳。

（一）集中讲授法

讲授法是最为传统的培训形式，也是旅行社门市中常被采用的形式，指培训人员通过语言表达，系统地向员工传授知识。此形式的知识体系较为系统，信息量较大，适用于集中学习理论知识。但讲授法容易形成单向传输模式，培训者与受训者互动少，培训内容转化率有限。

（二）讨论法

讨论法可分为小组讨论法与研讨会。小组讨论法中，受训人员参与程度高，培训信息能在小组中多方向反复传递。多适用于培训内容的巩固，以及受训者分析与解决问题能力的提升。研讨会指在专题演讲中或演讲后，演讲者和受训者实现沟通互动，实现信息双向传递。讨论法可以增强培训的反馈效果，但对培训者要求较高。

（三）在线培训法

随着互联网与信息技术的发展，越来越多的企业采用在线的方式完成对员工的培训。在线培训法指企业通过内部网，把相关培训内容，如文字、图片、视频、试题、案例等资源放在网上，供员工学习。此方法在培训时间和地点的选择上都更加灵活，受训者可根据自己的需求与实际情况完成相应的学习任务。在大中型企业中，尤其是在线旅游服务商，如携程，此方法非常受青睐。分散式培训与学习也是未来的发展趋势之一。

（四）角色扮演法

角色扮演是一种情境模拟活动。指根据受训者可能担任的职务，将其安排在模拟的、逼真的工作环境中。模拟过程中受训者要根据设定的环境处理可能出现的各种问题。此方法可加深员工的学习印象、增加培训的趣味性，同时可以更好地和实际工作相结合。但使用此方法时要注意环节设计的科学性。

（五）案例分析法

案例分析法是指把实际工作中出现的问题作为案例，交给受训者研究分析，培养受训者的判断能力、分析能力、解决问题及系统思考能力的培训方法。案例分析法使得理论应用于实践，可使员工今后在遇到相似问题时，迅速判断分析并给出解决方案。

（六）工作指导法

工作指导法是指门市指派有经验的老员工在工作岗位上指导新员工。一对一的现场指导培训也可称为“师带徒”培训法。此方法中培训现场即工作现场，能在具体实践过程中及时发现问题并解决问题，是一种非常有效的培训方式。

（七）拓展训练法

拓展训练法近几年备受推崇，逐渐被列入国家机关、高校、外企和其他现代化企业的培训日程。拓展培训通常利用河流山川等自然环境，通过精心设计的活动达到团队培训的结果。参加拓展培训，不但可以使个人在技能和心理上得到锻炼，而且可以让参与者深刻体会到团队配合的重要性，培养团队精神。

以上各种培训形式有各自的优缺点，企业可根据自己的培训目的独立使用，或多种形式结合使用。

本节内容主要阐述了门市员工所接受的培训类型、内容及主要形式。要想提升培训效果，门市还应在培训前做好培训需求的分析，对员工进行系统的评估和分析，对比门市所需达到的标准，找出差距，进而进行培训计划的制订；在培训中监督和控制培训过程，使得培训在不影响门市正常接待的情况下进行；在培训结束后评估培训效果，评估可采用多种方法，如调查问卷、笔试、绩效考核、服务质量调查等。

知识链接　2018年携程门市培训需求调查表

亲爱的门市朋友们：非常感谢您抽出宝贵的时间来完成这个问卷。为使公司2018年培训工作实现门市所需、公司所需，请您在本调研中如实反馈您的培训需求和建议。再次感谢您对我们培训工作的支持和帮助！

1. 您是否愿意通过参加公司培训提高自己缺乏的相关知识/能力？

·非常愿意参加，并希望多组织

·只要有时间，我愿意参加

·偶尔去听听

·没有时间参加

·不会参加

2. 您希望的或者所能接受的培训的频率是怎样的？

·每周一次

·半月一次

·每月一次

·每季度一次

3. 在日常的培训中，以下哪些主要因素会导致您不参加培训？

·自己不需要培训

·自己没有时间参加

·培训未通知到位

·感觉培训无效，是在浪费自己的赚钱时间

·培训地点较远、花费成本较高

4. 以下培训理念，您比较认同哪些选项？（可同时选择三项以内）

·培训很重要，随着业务增长和门市管理需要，应该培训帮助员工成长，吸引和留住人才

·业绩最重要，培训对员工而言是一种负担，会占用到员工拜访客户的时间以及休息时间

·基本上招聘的都是熟手，已符合门市要求，不需要花大成本去学习

·培训成本（如时间成本）较高，员工的流失会给门市带来损失

5. 您认为培训安排在什么时间比较合适？

·周一至周五的白天

·周一至周五的晚上

·随机进行

· 其他

6. 您比较喜欢哪些培训方式?

· 课堂讲授
· 开会或座谈会
· 老员工带新员工
· 参与竞赛
· 案例展示
· 读书自学

7. 您认为目前影响培训效果的因素是什么?

· 时间安排不太合适
· 培训场地不太合适
· 课程内容对工作无太大帮助
· 培训师的授课水平有限
· 员工培训意识未跟上
· 形式太单调

8. 请在以下的因素中,选出对您工作状态影响比较大的因素?

· 自己的技能水平
· 自身心态和状态
· 管理因素
· 整体环境的影响
· 其他

9. 请写出您近期希望听到的课程内容(包括产品培训的具体板块)。

10. 针对培训工作的开展,您有什么好的建议或想法?(请分条说明,至少2条。20—100字)

11. 您的身边是否有推荐的讲师?您希望他讲解什么内容?(推荐1—2人,并填写您期待的讲解内容)

(资料来源:https://www.wjx.cn/jq/20240623.aspx.)

本章小结

(1) 围绕顾客的购买需求,门市店员的接待步骤大致如下:进店问候与引导、提供咨询及产品推荐、手续办理、行前说明、售后服务。

(2) 员工要接受的培训有三种类型,即岗前培训、在岗培训、脱产培训。

(3) 店员的培训形式主要有集中讲授法、讨论法、在线培训法、角色扮演法、案例分析法、工作指导法及拓展训练法。

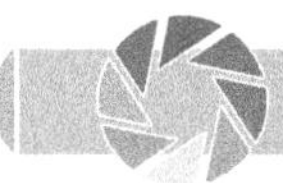

核心关键词

店员的接待流程(reception process of shop assistant)

店员的培训(training of shop assistant)

思考练习

1. 简述门市店员的接待步骤。

2. 考察一家门市旗舰店,总结该门市店员的工作内容。

3. 门市店员要接受的培训主要有哪些?

4. 门市店员的培训可以通过哪些形式展开?

5. 根据店员培训的类型、内容及形式,为旅行社门市制定一份完整的季度培训方案。

案例分析

携程大学门店学院"创新门店"项目

携程门店渠道培训部成立近1年,培训课程研发已超过80门,培训近8000家新老门店,全国培训总人数超过20万。主要以线上线下同步直播为主,在线学习浏览量超过3万,同时,半年一次金牌门店培训覆盖全国近30个分公司超过160场。另外,面对没有任何开店经验的"90后"加盟者,我们项目有门店学院为其设定阶段性目标、阶梯式系统的培养方案。

依靠学习平台,通过任务下达,让学习与业务相结合,有效提高门店员工的能力和工作效率。目前,现有门店主要以加盟传统旅游门店为主导,携程、去哪儿、旅游百事通三品牌门店发展的数量已超过8000家,与此同时,我们需要强大的培训体系和师资力量不断提升品牌形象和服务接待标准化,培训是第一生产力,未来我们培训部将会继续做有温度的培训,提高销售方法和培训赋能,为各门店提供全方位的培训支持!

(资料来源:http://www.xcditu.com/wz/20181122/26757.html.)

根据案例分析:

1. 携程大学门店学院"创新门店"项目的优势是什么?

2. 分析该项目的创新之处。

第五章

门市客户旅游需要与动机

学习目标

◆了解旅游需要本身的层次性和国内旅游需要发展的特点。
◆掌握一般旅游者的购买动机。
◆掌握个体旅游者的购买动机。
◆掌握市场细分下的特殊旅游动机。

问题导向

人们为什么要外出旅游?

导入案例　这些人需要的是什么?

某年5月的一天,西安的导游员卢先生接待了一个20人的美国旅游团。在接待过程中他发现大家对旅游的兴趣各不相同:A先生的猎奇心强,对中国古老的文化很感兴趣,每参观一处总要刨根问底,自由参观时也总是最后回来;G女士出手大方,对当地的旅游纪念品很感兴趣,对导游讲解不以为然,一有机会就去购物;W先生的夫人刚刚去世,他来中国是为了摆脱悲痛,经常默默无语,茶饭不思;L夫妇则是来中国度新婚蜜月的,常常卿卿我我,形影不离。卢先生针对游客们不同的要求和特点,分别待之:对A先生多讲一些古城风貌和历史事件,详细回答他提出的各类问题,使他感到不虚此行;对G女士详细介绍旅游商品的特点,帮她选购商品,使她满载而归;对W先生不厌其烦地介绍当地的风土人情、生活趣事,在生活上也尽量多给予关照,嘘寒问暖,关怀备至,在离开西安时,W先生活泼了不少,看起来也年轻了许多;对L夫妇则尽量讲解一些中国的婚俗喜庆之事,并常与大家一起和他们开一些善意的玩笑,使之笑口常开,喜上加喜。大家对卢先生的导游服务非常满意,在离开西安时,纷纷与他握手致谢。

(资料来源:程新造.导游接待案例选析[M].北京:旅游教育出版社,2004.)

第一节　门市客户旅游需要

一、需要概述

随着社会的发展和人们生活水平的日益提高，人们对高层次的生活水准和生活方式的需要越来越强烈，需要已经成为人们旅游的最基本、最核心的内在动因。研究旅游者的需要可以揭示人们从事旅游活动的内在动力，有助于深刻理解人们的旅游行为，有助于对旅游行为进行预测和针对性的引导。

（一）需要的概念和特征

1. 需要的概念

人的一生有各种需要，不同的人有不同的需要，同一个人在不同的环境中需要也不同。所谓需要是指个体感到某种缺乏而力求满足的一种心理状态，是个体对生理需求和社会需求的反应。人不仅具有自然属性，而且具有社会属性，对其自身和外部生活条件有各种各样的要求。当生理或心理因素的某一方面缺乏时，就会感到匮乏。当匮乏状态达到一定程度必须进行调节时，个体就会感到需要的存在，进而产生恢复平衡的要求。人作为生命个体，其缺乏状态有两种：生理缺乏和心理缺乏，所以机体平衡也分为生理平衡和心理平衡。首先是生理平衡。人体内必须不断补充一定的物质和能量才能生存，如食物、水、能量等，这些物质和能量的吸入量由体内复杂的生理系统进行调节，维持着人的生理平衡状态。其次是心理平衡。人的生理失衡在于有机体内部的刺激，而心理失衡主要取决于有机体外部的刺激。当心理失衡时，个体就会产生心理上的需要，如爱的需要等。因此，从另一个角度看，需要是个体对生存和发展的某些条件感到缺乏而出现体内平衡倾向和择取倾向，力求获得满足的一种心理状态。

2. 需要的特征

1）对象性

需要总是指向一定的事物。比如，人饿了产生吃饭的需要时就会寻找食物；在家寂寞了有出去玩的需要，就会寻找场所或朋友；当人们产生旅游需要时，就会寻找旅游产品及服务。食物、场所或朋友、旅游产品及服务都是需要的对象。

2）紧张性和动力性

需要是指个体感到某种缺乏而力求满足的一种心理状态。当某种需要产生后，便形成一种紧张感、不适感或烦躁感。直到需要得到满足，紧张感才会消失。人们为了消除这种紧张感，求得生理或心理上的平衡，就会积极地寻求能满足需要的对象。所以，需要是推动人们积极行动的源泉，是行动的动力。

3）多样性与层次性

人的需要广泛而多样，有生理的需要、安全的需要、社交的需要、尊重的需要、自我实现的需要等，需要的具体对象也种类繁多。人的需要不仅具有多样性而且还具有层次性。人们的需要总是不断地由低级向高级发展。

4）共同性与差异性

生理需要、精神需要、社会活动需要是人类最基本的也是不可缺少的需要，属于共同性需要，但是，由于受到职业、年龄、个性、经历、道德、宗教信仰、社会经济发展水平、个人在社会关系中所处的地位和所受的教育等因素的影响，人的需要又表现出明显的个体差异性。

5）社会性与发展性

人的需要受社会的发展所制约，具有社会性。如早期社会，人类的需要比较简单，如对交通工具的需要，古代社会表现为对马车、船等交通工具的需要，对饮食的需要表现为吃饱的需要；而现代社会则表现为对汽车、飞机、火车的需要，对饮食的需要不仅表现为吃饱而且还要吃好。人的需要不仅具有社会制约性，而且还具有发展性。

（二）需要的分类

人的需要具有多样性，角度不同，划分的类型也不同。通常有以下几种划分方法：根据需要的起源，分为生理性需要和社会性需要；根据需要的对象，分为物质需要和精神需要；根据人们在生活中追求需要的复杂性，分为单一性需要和复杂性需要。

1. 生理性需要与社会性需要

人作为一个生命个体，要维持生命、延续后代，就必须保证最基本的生理性需要，如食物、水、睡眠、空气、运动和性的需要。生理性需要是人类最原始、最基本的需要，是人和动物所共有的。

人与动物不同，人生活在一定的社会中，是社会人。社会性需要是人类在社会生活中形成，为维持社会的存在和发展而产生的需要。它不是天生的，是在后天形成的。如工作、学习、人际交往、友谊、爱的需要都属于社会性需要。社会性需要是人民生活所必需的，如果得不到满足，虽然不会危及人们的生存，但会使人们产生痛苦和忧虑的情绪，生活不愉快。社会性需要是人类所特有的。

2. 物质需要与精神需要

物质需要是指人们对诸如衣、食、住、行等有关物品和工具的需要。精神需要是指人们对社会精神生活及产品和服务的需要。如认知需要、审美需要、交往需要、道德需要等都属于精神需要。精神需要是人类所特有的需要，其中交往需要是人类最早形成的精神需要。人们外出旅游，追求的不仅是物质需要，还有精神需要。

3. 单一性需要与复杂性需要

单一性（一致性）需要与复杂性需要是两个互相矛盾的概念，但是把它们结合起来，则有助于我们了解人们为何旅游和人在旅游时做出种种决定的基本原因。单一性需要是指人们不愿意在期待出现的事情中遇到意料之外的事情。生活中的非单一性使人们感到紧张和不安，为了减轻心理的紧张感，人们就寻求单一性和可预见性来抵消非单一性所造成的紧张和不安。复杂性需要是人们追求和向往新奇、出乎意料、变化和不可预见性的事物，从中获取满足的需要。

心理学家关于在一切生活领域中人们是追求心理上的一致性还是基本上追求非一致性和生活内容的复杂性和多样性的问题已争论多年。一致性理论认为，人们几乎总是寻求平衡、和谐、一致，没有冲突及可预见性，任何非一致性都被视为心理上的不适。换而言之，非一致性会让人产生心理紧张，个人为了缓解心理紧张，就会寻求可以预见的和始终一致的东西。显然，单一性理论能对旅游环境中所发生的许多情况做出解释。复杂性理论的实质是人们对新奇、意外、变化和不可预见的事物的追求。单一性需要使生活按部就班、缺乏新意，而复杂性需要能给人带来乐趣和满足，使生活更丰富。

二、国内旅游需要的发展

（一）旅游需要的层次性

旅游需要是一种高级的需要，是在基础需要满足后产生出来的社会行为，以高层次需要的满足为动力，属于精神需要为主导的范畴。借鉴马斯洛的需求层次理论，可以将旅游需要划分为五个不同的层次。

知识链接　马斯洛的需求层次理论

马斯洛需求层次理论是行为科学的理论之一，由美国心理学家亚伯拉罕·马斯洛于1943年在《人类激励理论》一书中所提出。书中将人类需求像阶梯一样从低到高按层次分为五种，分别是：生理需求、安全需求、社交需求、尊重需求和自我实现需求。在自我实现需求之后，还有自我超越需求，但通常不作为马斯洛需求层次理论中必要的层次，通常将自我超越合并至自我实现需求当中。

通俗理解：假如一个人同时缺乏食物、安全、爱和尊重，通常对食物的需求是最强烈的，其他需求则显得不那么重要。此时人的意识几乎全被饥饿占据，所有能量都被用来获取食物。在这种极端情况下，人生的全部意义就是吃，其他什么都不重要。只有当人从生理需求的控制下解放出来时，才可能出现更高级的、社会化程度更高的需求如安全的需求。

第一层次：生理需求。

生理需求是指人类生存最基本的需求，如食物、住所等需求。例如，经常处于饥饿状态的人，首先需要的是食物，为此，生活的目的被看成填饱肚子。当基本的生活需求得到满足后，生理需求就不再是推动人们工作的最强烈的动力，取而代之的是安全需求。如果这些需求(除性以外)的任何一项得不到满足，人类个人的生理机能就无法正常运转。换而言之，人类的生命就会因此受到威胁。从这个意义上说，生理需求是推动人们行动最首要的动力。马斯洛认为，只有这些最基本的需求满足到维持生存所必需的程度后，其他的需求才能成为新的激励因素，而到了此时，这些已相对满足的需求也就不再成为激励因素了。

第二层次：安全需求。

安全需求是指保护自己免受身体和情感伤害的需求。这种安全需求体现在社会生活中是多方面的，如生命安全、劳动安全、良好的社会秩序。反映在工作环境中，员工希望能避免危险事故，保障人身安全，避免失业等。马斯洛认为，整个有机体是一个追求安全的机制，人的感受器官、效应器官、智能和其他能量主要是寻求安全的工具，甚至可以把科学和人生观都看成是满足安全需求的一部分。当然，当这种需求一旦相对满足后，也就不再成为激励因素了。

第三层次：社交需求。

社交需求是包括友谊、爱情、归属、信任与接纳的需求。马斯洛认为，人是一种社会动物，人们的生活和工作都不是独立进行的，经常会与他人接触，因此人们需要有社会交往、良好的人际关系、人与人之间的感情和爱，在组织中能得到他人的接纳与信任。人人都希望得到相互的关心和照顾。感情上的需求比生理上的需求更细致，它和一个人的生理特性、经历、教育、宗教信仰等都有关系。人人都希望自己有稳定的社会地位，要求个人的能力和成就得到社会的承认。

第四层次：尊重需求。

尊重需求包括自尊和受到别人尊重两个方面。自尊是指自己的自尊心，工作努力不甘落后，有充分的自信心，获得成就后的自豪感。受人尊重是指自己的工作成绩、社会地位能得到他人的认可。这一需求可概括为自尊心、自信心、威望、地位等方面的需求。尊重的需求又可分为内部尊重和外部尊重。内部尊重是指一个人希望在各种不同情境中有实力、能胜任、充满信心、能独立自主。总之，内部尊重就是人的自尊。外部尊重是指一个人希望有地位、有威信，受到别人的尊重、信赖和高度评价。马斯洛认为，尊重需求得到满足，能使人对自己充满信心，对社会满腔热情，体验到自己活着的价值。

第五层次：自我实现需求。

自我实现需求是指个人成长与发展，发挥自身潜能、实现理想的需求。自我实现的需求是最高层次的需求，是指实现个人理想、抱负，最大限度地发挥个人的能力，实现自我，接受自己也接受他人，解决问题能力增强，自觉性提高，善于独立处事，要求不受打扰地独处，完成与自己的能力相称的一切事情的需求。也就是说，人必须干称职的工作，这样才会使他们感到最大的快乐。马斯洛提出，为满足自我实现需求所采取的途径是因人而异的。自我实现的需求是在努力发掘自己的潜力，使自己越来越成为自己所期望的人。

（资料来源：http://baike.so.com/doc/2102592-2224471.html.）

第一层次为基础需要，包括在旅游活动中的基本饮食起居与安全的需要。

第二层次为生理和心理的需要，以舒适为基础的休憩，以健康为基础的康体、疗养，都是人体生理和心理调养的需要。

第三层次为精神需要，主要包括修学、审美、交流、度假等方面。

第四层次为综合需要，是一种集合了生理、心理与精神不同层次需要的统一体，是人类寻求突破、探险、新奇刺激等新的生活阅历与感受的需要，在精神上，是一种追求生活新体验的需要。

第五层次为一种生活方式的需要，与自我实现的需要处于同一层次，是人类自我实现在旅游活动中的体现。

对于个体而言，人们在保证旅游活动中基本的饮食起居和安全的前提下，总是从修学、审美、休憩、康体等某种需求或几种需求结合出发，开始旅游生涯；当经验丰富之后，开始寻求不同于日常生活也不同于一般旅游的体验式旅游；当体验式旅游积累到一定程度，部分人会把旅游作为一种生活方式，一种定时不定时的，与工作、日常生活同样重要的生活方式，一种自我实现中不可缺少的生活方式。

（二）国内旅游需要的发展特点

国内旅游发展十分迅猛，出国旅游同样如此。自1993年，中国政府真正开放国内公民出国旅游以来，中国公民的旅游目的地已遍布五大洲。据中国旅游研究院发布的《2019年旅游市场基本情况》表明，2019年，我国的出境旅游人数达到1.55亿人次，入境旅游人数达到1.45亿人次，呈现高增长趋势。

中国旅游需求快速变化的因素主要有：第一，改革开放以来，经济持续高度发展，带来了居民可支配收入的增加；第二，政府对闲暇观念的变化带来了节假日的改革，公共闲暇时间的增多导致国内公民个人可支配时间的增加；第三，老百姓的生活和消费观念的改变。

1. 不平衡性

1）旅游发展存在地区差异

自然资源禀赋差异导致经济发展存在差异，加之其他因素，旅游发展也存在极大的不平衡性。经济比较发达的地区成为旅游业发达的地区，旅游消费蓬勃发展，而在不少地区，旅游消费还较低，旅游产品还是一种时尚产品。

2）旅游需求存在差异

出游方式上，近年来，旅游消费者已不再满足传统跟团"到此一游"的传统方式，更加注重体验与众不同的旅游产品并获得独特旅游经历与感受，因此，在出游方式上，定制化、自驾游成为游客选择的趋势。旅游目的地选择上，不再以观光游为主，度假游、商务旅游、生态旅游、奖励旅游、探险旅游成为旅游的时尚。

2. 个性化、多元化

因居民收入差距而形成的旅游消费层次，客观上减少了集中、趋同性消费现象，加之服务型消费、娱乐型消费的快速增长，也对旅游消费起到了一定的分流作用。这些都促进了旅游需求的个性化。

第二节 旅游动机

一、动机概述

知识链接 旅游品牌需要解析消费者的需求

消费者行为等方面的趋势迫使旅游观光领域的品牌不断演变，它们逐渐将更多的重心放在消费者的需求和愿望上面，而不仅仅是企业在运营方面的需求。

首任印度总理Jawaharlal Nehru曾说过："只要我们能亲身探寻各种惊险而有趣的元素，那我们所能拥有的历险旅程就是无止境的。"

旅游观光领域在持续演变中，全球有超过10亿人踏上旅程，但他们所探寻的是什么呢？

答案无疑与两个方面有关，一个是有关社会经济的因素，另一个则是技术发展的驱动力。在这样的一个世界，像英国旅行社Thomas Cook这样的旅游企业所面临的挑战就是如何识别和理解这些现象。

我们先来分析一下经济方面的因素，显然人们都没什么钱，或者说我们是这样认为的。2012年年末，仅20%的英国消费者称他们"有信心能够渡过难关"。而其他的英国消费者说的都是"我真的很担心"或者"现在的经济环境已经够糟了，未来的情况不会更糟吧"。除此之外，对欧元区崩溃的担忧步步紧逼脆弱的经济环境，所有人都面临着挑战。

我们不再把假期视作不可剥夺的权利以及必要的东西，如今它对人们来说仅仅就是一件乐事，现在这样想的人的数量比以前多了一倍。人们不再将度假旅行视作其每年预算中的必要部分，我们也已经准备好减少短途旅行的次数。相信不少人会选择留在家里或到附近的目的地度假，成本更低且更为便利的当地度假旅行对消费者而言更具吸引力，从目前的夏季出行情况来看更是如此。

营销周期

为了应对旅行者行为的变化，企业必须对产品和营销周期进行调整。预订窗口大大地被缩减，因为旅行者希望避免不确定的情况发生以造成损失。由于消费者都在勒紧裤腰带，因此性价比较高的打包度假旅行预订量也在增长中。总的来说，我们都希望在各方面获得最大的价值。

仅从经济环境来看，消费者的行为方式并未发生太大的变化。然而由于技术领域实现了巨大的发展，消费者的态度和行为也随之而"进化"。

我们或许没多少钱，但我们拥有各种无穷尽的需求。技术使得我们的很多以旅行为中心的需求和愿望得到满足，现在我们都可以成为"独立的探索者"。

由于我们能即时获得海量信息，因此我们往往会希望服务商提供无缝且流畅的旅行体验以及各种个性化的选择，旅行者对打包度假产品也有这些需求，这些服务商需要竞相给旅行者提供这些体验和功能。

这一趋势催生了更多选择：自助游数量不断增长；"去数字化"的度假旅行吸引了一些旅行者的关注，而其他人则根据目的地提供多少免费无线上网服务来衡量某个目的地的价值；新的商业模式不断涌现，例如出租私人飞机座位以及为露营者提供自家的花园；公平贸易活动也在不断渗透。

借用福特汽车公司创始人Henry Ford的一句话：我们现在对任何颜色都感到满意，只要是我们喜欢的颜色就行了。

旅行革命

网络也许为个人开启了一个充满可能性的世界，但它也给旅游业带来了很大的冲击，导致很多传统的旅行社关门。在上一个十年，消费者对旅程进行调研和预订旅游产品的方式发生了变革。

一个全新的变革如今也正在酝酿当中：智能手机和平板电脑正成为消费者倾向于选择的设备，社交媒体的持续发展也加速了移动化的进程。

移动渠道在很多方面对旅游业而言都是理想的平台，它们是个人的便携式设备，而且包含特定的地理位置和时间。用户可以在实际旅程中的所有接触点使用这些设备，尤其是在他们需要的时候。

社交媒体也是如此，它正变得越来越重要，因为现在企业要将营销转化为服务以及对声誉进行更有效的管理，与过去相比，它们如今在收益管理方面更为依赖第三方。在社交媒体领域进行创新的关键也许在于追踪消费者及其好友的动态。

这些情况意味着什么呢？从本质上看，创建度假产品不再是一个仅以旅游运营商的运营需求为导向的独立外部流程。它需要往更具个性化和相关度的方向改变，这些产品和服务的本质是消费者的需求。

现在每个人都是一个独立的个体，且都是极为神秘且多面的人。因此，旅游观光业所面临的真正挑战在于如何了解人类心理的构成要素、人类需求的复杂性以及这些需求如何由于社会、技术和经济等方面的刺激作用而发生变化。

（资料来源：http://www.dotour.cn/article/2656.html.）

（一）动机的概念和功能

所谓动机是指引起、维持个体活动并使活动朝某一目标进行的内在动力。动机是一个解释性的概念，用来说明个体为什么有这样或那样的行为。所以心理学将动机定义为推动个体从事某种活动的内在原因。从动机的概念看，它只能说明个体为什么要从事某一活动，但不能说明活动本身的性质。动机对于个体活动具有以下三种功能。

第一，激活功能。动机能促使个体产生某种活动。例如，运动员报名参加各种运动会是在想锻炼自己、拿金牌这些动机驱使下产生的；旅游者外出旅游也是在一定动机的驱动下发生的。

第二，指向功能。动机是针对一定的目标，在动机的作用下，人的行为将指向某一目标，即动机能引导行为活动的发展方向。如在学习动机的支配下，大学生会去图书馆看书；跳水运动员在夺金动机的支配下，就会去游泳池练习。

第三，维持和调整功能。即当活动产生以后，动机可以维持和调整活动，使活动不断地朝着实现目标这个方向去进行，直到目标实现。

（二）动机的产生

动机的产生至少应该具备两个条件，一是需要，二是目标诱因（满足需要的对象）。需要是引起动机的内在条件，即动机是在需要的基础上产生的。动机虽以需要为基础，但只有需要，并不一定产生动机。因为需要在没有目标诱因出现之前即没有碰到满足需要的对象时，是静止的、潜在的，只是表现为一种愿望或意向。一旦目标诱因出现，需要被激活，成为内驱力驱使个体趋向或接近目标，这时需要就转化成了动机。目标诱因是动机产生的外在条件。

(三) 动机的特点

动机是个体活动的内部动力,个体的一切活动都是由动机引起的,并且指向一定的目标。动机具有以下四种特点。

1. 动机具有内隐性

动机是人的一种主观心理状态,因此它并不是表露在外的,具有内隐性的特点。在简单的活动中,动机表露得较为明显;在比较复杂的活动中,人的动机往往是隐藏的。

2. 动机具有实践性

动机在人的心理中是直接指向行为的内驱力,虽具有内隐性,但它又清楚地为人所知。正是因为动机与行为有密切联系,所以无论多么复杂的活动,无论动机隐藏得多么深,人们都可以根据行为对动机进行推论,找到真正的动机。

3. 动机具有一定的强度

不同的活动可能会有几种动机同时共存的情况。此时,这些动机的强度会有所区别,其中决定人们行为并实际发挥作用的动机是主导动机,它在这些动机中处于优势地位,强度也会较大,直接左右人的行为。

4. 动机具有更替性

动机的基础是需要,而人的需要具有发展的特点,因此动机也必将随着需要的发展而不断更替。例如,过去人们外出旅游是为了体现自身的身份、地位,而现在则是为了满足审美、自我实现的需要。需要发生变化了,动机也随之发生变化。

(四) 动机的分类

一个人复杂多样的动机往往以其特定的相互联系构成动机系统。根据不同的标准,动机可分为以下两类。

1. 根据动机的性质,动机可分为生理性动机和心理性动机

生理性动机来源于人体得以生存和繁衍下去的最基本的生理需要,如对空气、水、食物、休息、性爱等的需要,由这些需要引发的动机来源于人体内部某些生理状况的先天驱动力,并非后天学习和强加来的。心理性动机来源于人们的社会环境所带来的需要,如对安全和舒适的需要、被人尊重的需要等等。由这些需要驱使的行为动机来自外部社会,所以一般通过外界学习而获得。

2. 根据动机在行为中的作用,动机可分为主导动机和辅助动机

在引起复杂活动的各种不同动机中,有的动机强烈而稳定,在活动中起主导和支配作用,有的动机则起辅助作用,只是对主导性动机的一种补充。

二、旅游动机

旅游作为人们的一种实践活动,和其他活动一样,推动它产生、演进的不可能是某种外部力量,而应该是旅游活动主体自身的内部力量。这种内部力量就是旅游动机。旅游动机是人们产生旅游行为的前提条件,也是旅游者衡量旅游效果,进行旅游评价的主观标准。

(一) 旅游动机的产生条件

旅游动机的产生与否取决于两个方面:旅游者个体的自身条件和所处的社会条件。

1. 旅游者个体的自身条件

旅游者个体的自身条件包括主观和客观两个方面。

1）客观条件

客观条件就是指旅游者要有经济条件和时间条件，即有能力支付旅游费用和有闲暇时间，这是产生旅游动机的前提条件。有关统计资料表明，当一个国家和地区的人均国民生产总值达到800—1000美元时，国民将普遍产生国内旅游动机；达到4000—10000美元时，将产生国际旅游动机。所以经济发达、国民收入高的国家和地区，外出旅游的人就多，反之就少。同时，外出旅游需要占用一定的时间，如果一个人无闲暇时间，即使经济条件再好，也不可能外出旅游。就我国来说，近十年经济持续增长，人民收入增加，同时又实行了双休日，特别是黄金周制度的实施，使国民外出旅游者逐年增加。今后随着人们经济条件的进一步改善，外出旅游将会走入越来越多人的生活中。

2）主观因素

主观因素指旅游者本身的需要、兴趣、爱好、性格、好奇心和健康等，这是旅游动机的诱发性条件。如果一个人没有旅游的愿望，即使经济条件很好，闲暇时间充足，也不可能产生外出旅游的动机。就性格而言，活泼开朗的人爱好社交、追求刺激、向往自然胜景，他们随时可能产生出门旅游的冲动；而性格内向、思想保守的人则不易产生旅游愿望。好奇心强的人一般都喜欢旅游。身体健康状况也直接影响人们的外出行动。

2. 社会性条件

一个国家或地区的经济状况和当局对旅游重视与否、团体或社会是否鼓励、社会风气这些社会性因素都直接影响人们旅游动机的产生。一般来说，一个国家的旅游发达程度，同它的经济发达水平成正比。另外，人们周围环境对旅游动机也有一定影响。如单位、企事业或社会团体的旅游活动或是工作取得好的成绩，公费奖励旅游行为等对个体参加旅游活动都有一定的吸引力。此外，社会风气也能影响人们的旅游动机。

综上所述，旅游动机的产生不仅取决于旅游者自身的主客观条件，而且还取决于所处的社会性因素。

（二）一般旅游者的旅游动机

1. 健康型动机

当今社会，人们生活紧张、工作压力大，为了消除身体的疲劳和心理上的紧张感、枯燥感，使身心得到放松，人们就会到外地去旅游，通过休息、休养来恢复和增进健康。随着物质条件的改善，健康的身体、和谐的家庭生活越来越受到人们的重视，所以，为了健康而外出旅游的人将会持续增长。

2. 好奇探险型动机

这类旅游者好奇心很强，具有探索精神，他们不满足于传统旅游方式，勇于探索自然，挑战自我。他们或去长江源头漂流，或去攀登雪山，或徒步穿越沙漠，或去地穴探秘。好奇、探索的旅游动机的特点，主要是要求旅游对象和旅游活动具有新异性、知识性和一定程度的探险性。旅游者在进行探险旅游时需要安全保障，通过有一定难度和挑战性的探险旅游，旅游者的精神因为外界刺激而兴奋，能高度投入从而转移注意力，获得解放感。

3. 社会交往型动机

人们为了探亲访友、寻根问祖、结识新朋友而进行的旅游，都是为了满足社会交往的需要，是社会交往动机的体现。在旅游团中，大家都是因为去往同一个旅游目的地而结成团队的，放松、休闲、娱乐是他们旅游生活的主要内容，彼此之间没有利益的冲突，关系往往会比较融洽。即使是同一个工作单位或者班级里的人，在外出旅游时大家一般都能抛开各种身份的限制，以一种平等、开放、愉快的心态交流。

4. 文化型动机

为领略自然风光寻觅人文景观，观察社会，体验民俗，注重饮食文化、宗教状况、风土人情、生活习俗等进行的旅游都属于文化型旅游。文化型动机可以概括为受教育、审美、宗教信仰等方面。文化型旅游者一般都具有一定的文化修养，外出旅游是为了提高自身修养，满足精神需要。

5. 业务型动机

因公务或商务的原因而外出旅行的动机，均属于业务型动机，如参加专题会、展览会、展销会和学术交流活动，到异地与客户洽谈生意，出差、经商等。此外，还有各种专业团，如教育团、考察团等，他们的旅游动机也属于此类动机。随着全球经济、政治、文化交流的加强，业务型旅游者的数量越来越多，由于其消费高、出游频率高等特点，这部分旅游者已成为旅游目的地重要的客源。

6. 购物型动机

购物型动机主要源自满足人们对各种生活、文化用品方面的需求。尽管现在的商品已经比过去丰富很多，并且更容易买到，但是在不同的地区和国家之间还是存在差别的，所以有些旅游者为了购买物美价廉的商品或者独特的商品而外出旅游。

实际上旅游是一个综合性活动，一次旅游不只是具有一种旅游动机，而是以某种旅游动机为主，兼有其他旅游动机。

（三）细分市场下的特殊旅游动机

细分市场是一个先“分”后“合”的过程。所谓“分”，是把不同消费特征的旅游者从消费群体中分离出来；所谓“合”，是把有着大致相同消费特征的消费群体集合在一起。

1. 人口统计变量的细分市场旅游动机

按人口统计变量细分市场，是指以年龄、性别、家庭规模、家庭生命周期、收入、职业、受教育程度、宗教、种族、国籍等因素为基础进行市场细分。旅游动机与人口统计变量有着很密切的关系。比如，只有收入水平高的消费者才会对国外度假等昂贵旅游产品感兴趣。人口统计变量容易衡量，有关数据相对容易获取，因此它是旅行社细分市场的重要依据。

1）性别和旅游动机

男性和女性在产品需求与偏好上有很大的差异，比如，同样是去香港旅游，“商务考察游”大多数是为男性商务人士设计的，而“购物游”则更多是为女性设计的。

拓展阅读　现代女性的数码装备

现代女性旅游者的受教育程度提高，自主意识逐渐增强，逐渐从温饱型消费转向发展型、享受型消费。越来越多的现代女性不仅爱用时装、首饰和化妆品来武装自己，她们的包里还装满了数码产品，手机、ipad 是其日常装备；如果外出旅游，笔记本电脑、数码相机、摄像机更是必不可少的携带品。她们是信息时代的跟随者，她们喜欢发短信、e-mail、微信，喜欢用键盘和人交流，她们将数码产品视为除衣服之外的又一外衣，常常将手中的数码产品换了又换。

我们认为，在购物旅游方面，不同社会阶层的旅游者，特别是女性旅游者往往表现出惊人的相似性。又如豪华客房能被各个社会阶层的旅游者接受，这是因为在各个社会阶层都存在超消费水准的旅游者。

（资料来源：赵仁碧．旅游心理学[M]．北京：现代教育出版社，2015．）

2）年龄与旅游动机

不同年龄旅游者的动机也存在明显差异，如青年人更喜欢参与性强、刺激的旅游产品，因为参加这样的旅游活动可以结交新朋友、学习新知识、锻炼身体等，而年长者更喜欢既有观光内容而身体又不太劳累的旅游产品。

案例分析

“爸妈之旅”火了天津老年旅游市场

随着我国社会步入老龄化，银发旅游者在旅游市场上受到越来越多的关注。精明的旅行社经营者开始把更多的目光倾注到老年人身上，设计和开发各种适应老年人身体和心理特点的银发旅游产品。天津金龙国际旅行社的袁经理是此中的佼佼者。

袁经理在经营中发现，老年人出游的费用主要有两个来源，一个是老年人自己的多年积蓄，另一个是老年人的子女为父母出资。但是，老年人身体状况一般不如年轻人，在旅游途中容易生病或发生跌伤、碰伤等意外事故，使得他们的子女对老年人单独外出旅游心存疑虑。针对这些现象，袁经理多次召开市场部和接待部的联席会议，专门研究解决的办法。经过研究，金龙旅行社决定开发一种针对老年人身体特点，以满足老年人出游需求为目的的新产品，并将其定名为“爸妈之旅”。

为了将“爸妈之旅”迅速推向旅游市场并尽量扩大金龙国际旅行社的新产品在银发旅游市场上的份额，袁经理和他的同事们制定了一系列的保障措施。首先，金龙国际旅行社在当地的报纸上刊出广告，专门介绍新产品“爸妈之旅”的特点和优点，以吸引人们的注意力。为此，金龙国际旅行社还在报纸上专门登出一篇富有强烈感情色彩的“给爸爸妈妈的一封信”。在信中，金龙国际旅行社向老年人及其子女承诺，一定用最好的服务确保老人们的旅游活动舒适、安全、温馨，像儿女孝敬父母那样照顾好老年旅游者，并保证为每一个旅游团配备一名随团医生。其次，在旅游线路的安排上，针对老年人的身体特征和怀旧情结，多安排文化古迹、名山大川等人文景点和自然景点，不安排或少安排交通不便的景区、景点。最后，在价格方面，采取渗透定价策略，将产品价格定得较低，使老年人在心理上和实际支出上能够较容易接受。

“爸妈之旅”正式推向市场后，很快得到了老年人及其子女的认可。目前，“爸妈之旅”系列旅游产品已经成为金龙国际旅行社的品牌产品。

（资料来源：梁智，刘春梅，张杰．旅行社经营管理精选案例解析[M]．北京：旅游教育出版社，2007．）

3）收入与旅游动机

个人可支配收入是成为旅游者的必要条件。收入的高低，是决定旅游者选择旅游产品的重要因素之一。因此不同收入的旅游者，在旅游产品的选择、休闲时间的长短、社交活动的安排等方面都会有所区别。高收入的旅游者希望假期充满知识性，使身心愉悦、精神满足；低收入的旅游者则把旅游看作一次逃离单调日常生活的机会。此外，同样是外出旅游，在交通工具以及食宿地点的选择上，不同收入者也会有很大的不同。

4）职业、受教育程度与旅游动机

职业不同、受教育程度不同，其旅游动机也存在很大差异。受教育程度高的人希望旅游目的地能够给他们提供欣赏或参与文化特色活动的机会。如浙江绍兴的兰亭就深受书法家和文人的青睐。受教育程度低的人则希望能够在旅游目的地尝试日常生活中没有的活动。

案例分析

美景并非人人爱

某旅行社在D县城设立了门市营业部，看到上海、杭州、南京等地的游客去被称为“中国竹乡”的邻县——安吉参加“竹乡二日游”，于是，该旅行社门市也面对本县居民设计了一个“竹乡一日游”的产品，并在当地大量做广告。谁知广告费用花了不少，但前来咨询报名的人却寥寥无几，最后一共才有10人报名，而更出乎意料的是，几乎人人对这一次的游览内容安排都不满意，他们说：“这和我们家乡有什么区别？有什么好看的？你们的广告却把它吹嘘得那么好，我们受骗了。”

门市及时总结了这项产品销售不畅的原因，转而设计了“杭州未来世界，特大超市购物一日游”的产品，结果备受欢迎。

5）家庭生命周期与旅游动机

每个家庭有不同的阶段，在不同阶段，家庭购买力、家庭成员对商品的兴趣和偏好等会有较大差别，这都会影响个人选择旅游的动机。

知识链接

不同家庭生命周期购买动机差异如表5-1所示。

表5-1 不同家庭生命周期购买动机差异

家庭生命周期	婚姻、子女状况	购买心理特征
单身阶段	年轻、单身、无子女	几乎没有经济负担；时尚的带头人；浪漫、炫耀、体验、娱乐导向型购买

续表

家庭生命周期	婚姻、子女状况	购买心理特征
新婚阶段	年轻夫妻、无子女	经济条件比较好；购买力强；对休闲、观光等产品欲望强烈
满巢阶段	年轻夫妻，有6岁以下子女	家庭用品购买的高峰期；不满足现有的经济状况，注意储蓄；旅游多短线——特别是女性；母亲、年轻的妈妈
	年轻夫妻，有6岁以上未成年子女	经济状况较好；购买趋向理智型；受广告及其他市场营销刺激的影响相对减少；注重档次较高的产品及子女的教育；对体验、学习等产品感兴趣
	年长的夫妇与尚未独立的成年子女同住	经济状况仍然较好；注重储蓄；购买冷静、理智；对于满足精神需求、身心愉悦的产品感兴趣
空巢阶段	年长夫妇、子女离家自立	购买力达到高峰期；较多购买保健型的、健康怀旧型的产品
孤独阶段	单身老人独居	收入锐减；特别注重情感关注及安全保障

（资料来源：刘纯．旅游心理学[M]．3版．北京：高等教育出版社，2011.）

2. 心理变量的细分市场旅游者动机

按心理变量细分市场，是指以购买者所处的社会阶层、生活方式、个性特点等因素为基础进行市场细分。旅游动机与心理变量同样有着很密切的关系。

1）社会阶层和旅游动机

社会阶层是指在某一社会中具有相对同质性和持久性的群体。处于同一阶层的成员具有类似的价值观、兴趣爱好和行为方式，不同阶层的成员则在上述方面存在较大的差异。很显然，识别不同社会阶层的旅游者所具有的不同特点，对于很多产品的市场细分将提供重要的依据。如背包族与自驾车族的旅游需求、动机等就截然不同。

知识链接　中国十大社会阶层

第一个阶层是国家与社会管理者阶层，是指具有实际行政职权的干部，不是所有的干部，是实际负责的干部，主要是党政机关和事业单位、人民群众团体的负责人员。

第二个阶层是经理人员，包括三个部分，第一部分是国家公有制企业的老总、经理、中上层的干部，第二部分是三资企业的中上层管理干部，第三部分是现在私营企业的经理人员。

第三个阶层是私营企业主阶层。

第四个阶层是专业技术人员阶层，包括研究人员、教学人员、工程师、医生、律师、文化工作者或者叫白领，这个队伍比较庞大。

第五个阶层是办事人员阶层，是跟国家与社会管理者阶层相对应的，包括办公室主任、秘书、会计、出纳，还有计算机工作者、统计人员等等。

第六个阶层是个体工商户阶层。我国把雇工7人以下的称为个体工商户。

第七个阶层是商业服务人员，实际上也是第三产业工人、商业服务人员。

第八个阶层是产业工人阶层。主要是制造业、建筑业的操作工人，是体力和半体力劳动者。

第九个阶层是农业劳动者阶层。

第十个阶层是城乡的失业者和半失业者。

（资料来源：陆学艺.当代中国社会阶层研究报告[M].北京：社会科学文献出版社，2002.）

2）生活方式和旅游动机

通俗地讲，生活方式是指一个人怎样生活。人们追求的生活方式各不相同，如有的追求新潮时尚；有的追求恬静、简朴；有的追求刺激、冒险；有的追求稳定、安逸。如家庭主妇的旅游与白领丽人的旅游动机就大相径庭，一个可能为探亲访友逃避现实，一个可能为结交新朋友、获得一笔新的生意机会。

3）心理个性和旅游动机

个性是指一个人比较稳定的心理倾向与心理特征，它会导致一个人对其所处环境做出相对一致和持续不断的反应。俗话说："人心不同，各如其面。"每个人的个性都会有所不同。通常，个性会通过自信、自主、支配、顺从、保守、适应等性格特征表现出来。旅行社的门市服务人员可以对不同个性的旅游咨询者采取不同的服务和促销技巧，以实现门市的个性化和人性化服务。

知识链接

表3-2所示为顾客购买心理的个性差异。

表3-2 顾客购买心理的个性差异

个性特征	购买动机
理智型	购买决定以对旅游产品的知识了解为依据 喜欢搜集有关旅游线路的信息，独立思考，不愿别人介入 善于比较、挑选，不急于做决定 购买时不动声色

续表

个性特征	购买动机
冲动型	个性心理反应敏捷，易受外部刺激的影响 购买目的不明显，常常即兴购买，凭直觉选购产品 能够迅速做出购买决定 喜欢购买时尚产品
情感型	购买行为通常受个人情绪和情感支配，没有明确的购买目的 想象力和联想力丰富 购买时情绪易波动
习惯型	凭以往的习惯和经验购买 不易受广告宣传或他人影响 通常是有目的的购买，购买过程迅速 对新产品反应冷淡
疑虑型	个性内向、行动谨慎、反应迟缓、观察细致 缺乏自信，甚至对门市服务人员也缺乏信任，购买时疑虑重重 选购产品时反复挑选，费时较多 购买时犹豫不定，事后易反悔
随意型	缺乏购买经验，购买时常不知所措 信任门市服务人员，乐意听取门市服务人员的建议，希望得到帮助 对产品不过多挑剔

（资料来源：刘纯．旅游心理学[M]．3版．北京：高等教育出版社，2011．）

门市服务人员每次与客户见面，应花些时间确定哪种动机居于支配地位。随着时间的推移了解顾客的动机并认清他们的需求时，可以根据他们，而不是门市服务人员的价值观念，介绍旅行社的产品。门市服务人员甚至可以将客户的需求反馈给旅行社的市场营销部或计调部，请相关部门根据特定客户的旅游需求设计旅游产品，向“定制旅游”方向发展。

（四）旅游动机的激发

激发旅游者的动机具体应从以下几方面着手。

1．保证旅游资源的吸引力

旅游资源是吸引旅游者前往旅游目的地的重要因素。旅游资源要具有吸引力，第一，要有特色。旅游资源与吸引力成正比。在旅游资源的开发上应以自然为本，尽可能地保持旅游资源的原始风貌，满足旅游者求真、求实的心理。第二，积极开发新一代旅游资源，满足人们求“新”的心理。第三，要突出文化内涵。

2．保证旅游设施的供应力

旅游业是一项关联性很强的产业，要激发旅游者的旅游动机，必须完善各项旅游基础设施的建设。第一，旅游设施数量要相当、种类要齐全。要能保证游客能进得来、住得下、玩得开、走得动、出得去。第二，旅游设施要能满足不同类型旅游者的需要。游客来自各个阶层，心理类型各异。因此，旅游地在建造和提供旅游设施时，一定要全面考虑。

3. 保证旅游服务的质量

旅游业是服务性产业，一流的服务会让游客产生美好的体验和长久的回味，将这种美好体验和他人一起分享，是最为有效的宣传。所以，要激发人们的旅游动机，必须提高旅游工作人员的服务质量。

4. 加大宣传营销，保证旅游信息畅通

通过宣传，可以把旅游目的地的信息传递到旅游客源地，促使潜在消费者购买。旅游企业要处理好与各种媒体的关系，并且注意采用新型媒体、新型技术进行宣传。综合采用人员销售、公共关系、销售推广等方式进行促销。总之，要针对具体情况，创新营销方法，加大营销力度，建立全方位、多层次、宽领域、高密度的营销网络，让人们及时掌握旅游信息。

本章小结

(1) 旅游需要是指旅游者或潜在旅游者感到某种缺乏而力求获得心理满足而产生的一种心理状态，即对旅游的愿望和要求。

(2) 动机具有内隐性、实践性、一定的强度、更替性等特点。

(3) 旅游动机是指引发、维持旅游者的旅游活动，并使该活动朝向特定目标行动的心理过程或内部动力。

(4) 可以从以下四个方面激发旅游者的旅游动机：第一，保证旅游资源的吸引力；第二，保证旅游设施的供应力；第三，保证旅游服务的质量；第四，加大宣传营销，保证旅游信息畅通。

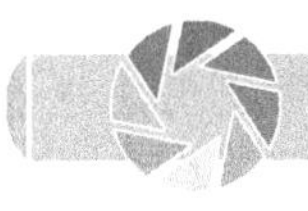

核心关键词

需要(need)
动机(motivation)
旅游需要(tourism need)
旅游动机(tourism motivation)

思考练习

1. 一般消费者的购买动机有哪些？
2. 如何理解需要与动机的关系？旅游动机是为了满足什么需要？
3. 结合实际情况，举例说明如何激发旅游消费者的旅游动机。

案例分析

旅游动机的激发:身临其境还是想象空间?

2014年召开的环球旅讯峰会上展示了几个旅游极客开发大赛的得奖项目,其中一个《让电影带你去旅行》的项目很有意思。年轻的开发者通过开发轻应用软件,实现由电影展示,切换到拍摄地旅游信息介绍,最后引导游客预订相关旅游产品。试图通过激发旅游动机、传播目的地信息和相关产品预订信息链条,使目的地形象营销、信息营销和产品营销一气呵成。

在旅游目的地营销中,激发旅游者的动机和灵感好像一直是一件很"玄乎"的事件,而如何把这种动机、灵感和后续收集的目的地信息及预订旅游产品衔接起来,也是莫衷一是。随着技术的进步和网络时代的到来,我们可以利用各种技术手段,甚至是你想象不到的各种法子和套路实现以上目的。例如最老牌的托马斯·库克旅行社结合虚拟现实技术,在其英国伦敦线下门市,提供系列虚拟现实度假旅游产品体验,用户可以在店内体验由托马斯·库克旅行社推出的基于显示器头盔的360度环景虚拟现实热带天堂产品。实际上这是为虚拟现实电子游戏设计的一种头戴式显示器,能在一定程度上为玩家呈现出虚拟现实般的游戏体验。这不禁使人想起一句成语:身临其境!这种方式是通过技术化的"身临其境"式营销,促使潜在的旅游者在旅行社门市了解更多的旅游信息,进而预订旅游产品。国内也有许多目的地通过许多技术手段,以期让潜在游客"身临其境",达到营销目的地的作用。这种按照"身临其境"式的营销思维方式的众多技术路径都能激发旅游者的动机和灵感吗?

"虚拟旅游"现在是一个很热乎的词,很多科技公司向目的地和景区吆喝这个东西,标准说法就是:让游客"身临其境"!甚至有些公司和目的地以此标榜实现了"智慧旅游"。景区和目的地的营销,无论利用何种手段,要向潜在游客展现目的地的"美感",尤其重要的是这种"美感"要有一定的"想象空间"。很多目的地视频广告片经常使用广视角、大摇臂甚至航拍,表现的景色是美轮美奂的。可实际上绝大多数的游客是不能在拍摄角度观赏到景观的,不可能在半空中瞧瞧孔庙的大屋顶,这好像是"身不能临其境"的感觉,但留下了"想象空间"。很多利用技术手段实现的所谓"虚拟旅游"的营销作用在很多情景中还不如一段精美的视频,甚至不如几幅平面图片,大概是因为"想象空间"起了作用。谷歌的街景地图是一个明显的例子,它的营销作用就不如指南和导向作用大;艺龙网在酒店介绍页面引入酒店街景,它的引导指南作用就大于酒店外观的展示作用;一些景区和目的地做的实景视频直播似乎是对到了景区门前的游客作用更大一些。当然,现在一些公司将虚拟现实技术和电子导览结合起来为游客进行信息服务,这应该是游客进入景区或者目的地以后的事了。

旅游者没行动的时候,通过技术手段激发其灵感和冲动,单纯追求"身临其境",营销效果还真得两说。

(资料来源:http://www.dotour.cn/article/9963.html.)

根据案例分析:

要激发旅游者的动机,要从哪些方面入手?

第六章

门市客户购买决策

学习目标

◆理解决策类型的内涵。
◆理解客户购买的决定因素。
◆理解旅游者购买决策过程、旅游购买决策过程的特点。
◆掌握门市如何影响客户购买。
◆掌握门市应该如何引导客户购买、识别购买信号。

问题导向

当你计划报团旅游时，是如何做出决策的？

导入案例　三条手机短信凸显意外关切

杭州某旅行社是全国百强旅行社，其门市收客量连续多年排名浙江省第一，要问为什么，原因非常简单——不断创新，永远跑在别人前面，做人家没做的事。2004年春节开始，门市经理出了个奇招，要求每个门市服务人员向前来报名参加的旅游者发三条手机短信，实施以来，旅游者反响非常不错。三条手机的短信内容如下。

第一条（出发前一天）：亲爱的游客，您好！欢迎参加××旅行社组织的旅程！您明日的旅游目的地——长沙的天气为多云有小雨，气温8℃—11℃，北风1—2级！请记得携带雨具和保暖衣物！预祝您旅途愉快！××旅行社。

第二条（出发当天）：亲爱的游客，您好！××旅行社祝您旅途愉快！您有问题可致电×××××××，我们就在您身边，我们用心为您服务！××旅行社。

第三条（游程结束，返回后当天或次日）：亲爱的游客，您好！感谢您参加××旅行社的游程！可致电×××××××，真诚欢迎您给我们提出宝贵的意见，并热忱期

待您再次光临！××旅行社。

第一条短信表示欢迎、提醒并祝愿旅游者；第二条短信给旅游者安心、保证；第三条短信感谢并反馈和收集信息。三条短信既实用又温馨，从提供旅游常识信息到客户回访，让客户感觉到门市真真切切的关心。这些极其细小的事情，让旅行社产品在不知不觉中升值，旅游者与门市的关系更加融洽，有助于培养忠诚客户。

第一节　客户购买决策

一、决策

决策是为了达到某一预定目标，对几种可选择的方案进行评价，然后作出合理选择的过程。旅游决策是指旅游者对旅游行为的决策，即人们作出外出旅游的决定。它同旅游动机有着密切的联系，在其他众多影响因素不变的情况下，旅游需要和旅游动机将直接导致人们作出旅游决策，其间有主观内在的因果联系。旅游需要与旅游动机到旅游行为之间还存在着许多客观影响因素，也是旅游决策行为中要考虑的方面，如空间距离、闲暇时间、交通水平、知名度、特色水平、服务质量、文化环境、安全问题、个人偏好等，对不同的旅游者将构成不同的制约，旅游者决策的实质，就是通过旅游活动满足某种需求。

为了实现这一目标，旅游者在购买旅游产品时必须进行评价、选择、判断、决定等活动。如在出发旅游之前，要确定出游的时间、目的地、以什么样的方式出游、交通工具的选择、用于此次出游的资金数量等；在旅游活动过程中，要选择自费项目、购买旅游纪念品等；在旅游活动结束之后，要对此次旅游活动进行评价，看是否值得，为下次购买旅游产品提供决策依据。因此，决策具有一般性和特殊性。决策的一般性指：①决策者面临一个问题或有待解决的冲突情景；②决策者有想要达到的某个或某些目标；③决策者有若干可供选择的方案；④决策者面临某种不确定性。决策的特殊性指：①决策主体单一；②决策范围有限；③决策变量复杂；④决策内容具有情景性。

二、决策的类型

（一）常规决策

旅游者在进行决策时，往往根据自己头脑中已有的知识、经验和观念作出选择，并坚信这种选择是建立在足够多的有关信息基础之上的。旅游者在进行决策时，就不必去收集和吸收更多的信息。因此，他们的旅游决策几乎不受那些能左右他们选择的信息的影响。所以，门市服务员应该把工作做在他们作出决策之前。

（二）瞬时决策

瞬时决策也称为“冲动性决策”，即旅游者在进行决策时几乎在一瞬间即可作出。和常规性决策截然不同，瞬时决策是事先没有考虑过的，尽管任何类型的信息放在有决策意义的位置上，都能诱发冲动型行为，然而，冲动型的旅游决策却通常为广告牌或其他形式的户外广告所激发。例如，某个人在去门市之前计划去某个旅游目的地，去了之后发现一块广告牌上介绍的景点路线很有吸引力，尽管没有计划去，但临时改变计划，决定选择广告宣传的旅游路线。这个观察的决定之所以具有冲动型的特征，是因为它包含着一个没有估计到的选择。这个选择实际上就是由广告牌激发的。

（三）扩展性决策

旅游者在作出决策时，往往觉得他们自己储存的信息不足以使他们作出必须做的决策，特别是在旅游者意识到有作出决定的必要性之后，并在他们觉得有足够的信息作为基础之前。这时，他们可能会接受那些有助于他们作出选择的信息，在这种情况下作出的决策就是扩张性决策。

在作出扩张性决策的过程中，旅游者往往会求助于朋友、同事、门市服务员等。另外，也会接受广告、宣传册和其他一些跟眼前选择有关的、非个人的信息来源的帮助。如果眼下必须作出一个决定，旅游者也许就会想起那些之前由于觉得没用而被忽略了的信息。

三、旅游者决策的过程

旅游决策过程是指旅游者在购买旅游产品或旅游服务过程中所经历的步骤，由于人与人之间的不同，旅游决策可能有所不同，因为旅游决策与决策者的生活环境、旅游环境等密切相关。但是旅游决策的过程是基本一致的：产生旅游需要—搜集旅游信息—比较旅游信息—做出旅游决策—购买并消费旅游产品和服务—购买后满意或不满意的感觉。

当然不是所有的旅游决策都必须经历以上环节，有时候旅游者会略去部分决策环节。在旅游决策过程中，最后一个阶段，即购买后满意或不满意的感觉是非常重要的。因为如果旅游者觉得这次旅游很满意，那么一段时间后就会产生新的旅游动机，产生后继旅游行为；如果不满意，旅游者就可能不会再做出类似的旅游决策，因此，门市服务人员一定要在旅游活动结束后对旅游者进行满意度评价的回访，以便吸引更多的满意顾客甚至忠诚顾客。

（一）个体旅游者的购买过程

大多数专家认为，个体旅游者的购买过程共分为五个明显不同的阶段。

（1）旅游需求意识阶段。

（2）旅游信息搜索阶段。

（3）不同旅游产品评价阶段。

（4）购买旅游产品阶段。

（5）消费后评价旅游产品阶段。

但是，有些旅游者并不一定会严格按照这五个阶段购买，有时可能会跳跃过一个甚至几个阶段。

（二）个体旅游者购买决策的具体内容

旅游者对某个产品的购买决策是一个复杂的过程，形成这种现象的原因之一是由旅游产品本身决定的，旅游产品是一种综合性的产品，涉及多个环节、多个层面，它的消费滞后于购买，在购买过程中很难把握其风险，而它的生产与消费却又同时进行，并且，一旦购买失败，不可能退货或重新选购。因此，旅游者在做出购买某一旅游产品决策时，会从各方面考虑。主要

包括以下几点。

(1) 目的地选择。是选择城市还是乡村作为旅游目的地。

(2) 选择文化型的还是自然型的旅游目的地。是到"大漠孤烟直"的边塞还是"小桥流水"的江南;是到"百里不同俗,十里不同风"的西南少数民族地区还是中华人文始祖的中原等。

(3) 旅游方式的选择。是随团队观光游,还是朋友结伴去度假,或个人独自旅游。

(4) 采不采用中间状态的小包价旅游。

(5) 区间交通工具的选择。是乘坐飞机、火车或轮船、汽车,还是自驾车。

(6) 住宿设施的选择。住高星级宾馆,还是普通旅馆,或者自带帐篷。

(7) 旅游季节的选择。是选择春天还是秋天;是选择夏天还是冬天。

(8) 旅游时间的选择。长线游、度假旅游需要时间较多;短线游、观光旅游则相对耗时较少。

(9) 选择哪一家旅行社,哪一个门市。

同时,大量的因素会影响旅游产品的购买。

第二节 门市对客户购买决策的影响

一、门市对客户购买因素的影响

门市对旅游者购买的影响,属于旅行社营销范畴的因素。门市作为旅游产品的一个主要展示窗口和销售终端,在影响旅游者购买行为的决定因素方面起着至关重要的作用。这种重要性体现在很多方面,但是主要分为积极的影响和消极的影响。

(一) 门市对购买因素的积极影响

第一,如果旅游产品的设计或者门市的介绍、推荐能够从市场需求出发,迎合一些旅游者购买行为的决定因素,如向低收入人群提供经济实惠的产品,向关注教育的旅游者提供让孩子们开阔眼界和知识的旅游目的地等,旅游产品的销路就有可能打开。

第二,如果能够为门市旅游咨询者提供更多的信息,如旅游目的地的各种吸引物、旅游目的地天气数据以及与此相关的健康问题等,旅游咨询者对产品的信任度就会大大增强,对门市服务人员的好感也会因此增强。

(二) 门市对购买因素的消极影响

旅行社门市如果提供不合适的建议给旅游者,不仅会导致旅游者旅游时对购买的旅游产品不满意,而且还会在许多方面决定旅游者今后的消费行为,这有可能使他们:①在今后不再购买这个门市的产品,包括同一家旅行社的旅游产品;②不再购买同一个旅游组织的产品(如预订酒店、购买机票等);③向亲戚和朋友传达他们对这家门市和旅行社的糟糕印象;④向亲戚和朋友传达他们所去的旅游目的地的负面影响。

二、门市对客户购买决策的影响

(一) 引导客户购买

近年来,随着我国国内旅游消费日益兴旺、出境旅游热继续升温,旅游者和旅行社之间也出现了一些新问题，诸如外出旅游要不要找旅行社？找旅行社有什么好处？什么样的旅游产品性价比比较高？如何购买自己的旅游产品？为什么有旅行社敲诈游客等。门市作为旅行社对外招徕，提供咨询、宣传、销售旅游产品的部门，应当对旅游者的购买疑问以及购买决策产生积极的影响。门市服务人员可以从分清旅行社的类别等方面引导顾客购买。

1. 分清旅行社的类别

1）分清旅行社的类别

目前，我国从事旅游业务的旅行社分为两类，即国际旅行社和国内旅行社。国际旅行社是从事组织接待外国人来华和国民出境旅游业务的，也经营国内旅游业务；国内旅行社则指专门组织和接待国民在国内各地旅游的旅行社，但是，国际旅行社经营出境旅游要经国家文化和旅游部批准。批准可以办理出国旅游业务的旅行社又被称为组团社，未经批准而承办出国旅游的均属非法。不过，现阶段有些旅行社受组团社委托，成为经营出国旅游的代理社，这也是事实。但要注意的是，代理必须以组团社的名义，否则属非法。旅游者参加组团社或者以组团社名义招徕的代理社的出国旅游，其利益比参加非法旅行社的出国旅游要更有保障。

2）识别合法的旅行社

(1) 合法的旅行社都具备《旅行社业务经营许可证》和工商局颁发的营业执照。旅行社的经营许可证上，明确写有旅行社的经营范围，按照规定，旅行社应当把许可证和执照一起悬挂在营业场所的明显位置。这是识别旅行社的最直接途径。

(2) 旅游行政管理部门对旅行社实行公告制度，包括开业、变更名称、变更经营范围、停业和吊销许可证等方面的公告。只要旅游者平时留心，同样可以作为挑选旅行社的依据。

(3) 还要注意：按照文化和旅游部的规定，一切外国旅行社在中国的常驻机构，只能从事旅游咨询、联络、宣传活动，不得经营招徕、接待等旅游业务，否则均属非法。

2. 旅游产品并非价格越低越好

目前，顾客在选择旅行社时有一种误区，认为价格越便宜越好，哪家旅行社的价格低便去找哪家，这是不完全正确的。门市服务人员要从以下几个角度影响顾客关注旅游产品的价值而不单单是价格。

1）价格与质量密切相关

价格与质量有着密切的联系，不同旅行社之间的价格有时相差几百元甚至上千元，它们都与旅游商品的内容、质量联系在一起，有的旅游者图便宜，只看表面上少付几百元，殊不知，等上路后才知道，不包含的费用很多，都要追加，一算反而更贵。所以，在横向比较旅行社价格的同时，还要比较其所提供的服务内容，看看质价是否相当，避免因直观上价格过低而上当受骗。

2）价格与成本密切相关

旅行社的销售价格一般由成本税金和利润组成，成本是价格的最低限，旅行社的价格无论怎么低，都不能低于成本，否则旅行社就无法生存，有的旅游者因购买低价旅游而受到损害，大多是因为旅行社之间互相竞争，价格太低，因而只能降低质量，把危机转嫁给旅游者。

3）判断旅游产品价格高低的依据

判断旅行社价格的高低，需要掌握以下信息。

(1) 旅行社之间的横向比较：不但要比较价格，而且要比较服务的内容，搞清价格的具体构成，尤其要了解成本的构成。一般来说，旅行社的组团价，包括综合服务费、房费、城市间交通费用和专项附加费四大项。综合服务费主要包含餐饮费、市内交通费、游览景点门票、文娱

票费用、行李搬运费、组团与接团费、宣传费等；专项附加费包含汽车超公里费、游江游湖费、风味餐费、专业活动费、责任保险费、不可预见费等。以上四大项费用的构成，就是旅行社的经营成本。

(2) 了解所要去的旅游线路以及地区，各种有关消费品的价格常识。比如城市间交通费的价格、景点的门票、所住饭店的标准等，从而了解旅行社的成本构成。

只有把上述两方面的信息加在一起考虑，才能作出相对正确的判断。只要该项旅游产品价格与经营成本的差距合理，就不算太高。

4) 签订规范的合同

目前，旅游者在经验还不丰富的情况下，有一点应该做到，即到旅行社报名时要问清费用所包含的内容，比如入住几星级饭店、游览哪些景点、门票高低、有什么特殊费用等，然后签订规范的旅游合同。这样，旅游就有所保证，一旦事实与承诺不符，旅游者没有享受应有的服务，就可凭此讨个说法或进行必要的赔偿。

3. 要注意旅游服务质量

在挑选旅行社时，衡量旅行社的服务质量比比较价格更难，因为服务质量是无形的，而价格是比较具体的。但仍可以建议旅游者从以下几个角度来分析判断。

(1) 旅行社必须是具备《旅行社业务经营许可证》等证明的合法企业。

(2) 一般来说，经营时间较长或者实力较强，或者声誉较好的旅行社，服务质量相对要好一些。

(3) 目前，某些城市已经出现旅行社门市集中经营的“旅游一条街”，在这条街上经营业务的旅行社、门市固定，有经常性的检查和监督，透明度高，易于旅游者投诉，因而相对来说更加规范。

(4) 注意报刊、电视、网络信息和亲朋好友们口碑的收集。比如旅行社每年都有年检制度，并有公告刊登于报刊，报纸上还经常有对旅行社奖惩的公告，等等。从这些信息中，能反映出某些旅行社在效益、安全、投诉、信誉等方面的情况，可以此作为挑选旅行社的依据。

(5) 在与旅行社的接触中，也可以感受其服务质量的好坏。如服务人员的态度与能力，经营管理透明度的高低(是否明码标价、行程安排是否合理、违约责任是否界定清晰、是否有本社监督投诉电话)，以及售后服务的好坏等。

4. 符合客户的实际情况

挑选旅行社，要根据自己的实际情况，选择自身能接受的旅行社。

1) 旅游价格方面

前面讲旅行社的价格不是越低越好，但也不是越高越好。从游客的角度来看，如果价格在成本之上，自然是越低越好。从这个意义上讲，低价不是价格低于成本，而是要降低成本。降低成本一般来讲有两种途径：一是增加出游批量，批量加大成本自然降低；二是提高经营技能，技能提高将节省成本。所以，经营时间长、操作经验丰富的旅行社，或者经营规模大、实力较强的旅行社，一般来讲其销售成本相对要低。当然，有的旅行社钻国家政策的空子或在市场上进行投机，来降低自己的成本，虽然一时也未损害旅游者利益，但绝不会长久下去。因此，旅游者外出旅游，应选择质价相符，自己又能承受其价格的旅行社。如果在保质的前提下价格较低，这样的旅行社就更可能被挑选上。

2）旅游内容方面

外出旅游要根据旅游者的喜好与需要，不可过于勉强，因此，要注意选择适合或接近旅游者需要的线路与时间，进而去挑选相应的旅游产品。

站在旅游咨询者的角度，引导他们购买，既有助于门市服务人员提高工作业绩和工作效率，提升服务质量和顾客满意度，也有助于门市和旅行社培养忠诚顾客，创造品牌并维护良好的品牌形象。

（二）识别购买信号

简单地说，购买信号是指客户通过语言、行动、表情泄露出来的购买意图。客户常常不会直接说出其产生的购买欲望，而是通过不自觉地表露态度和潜在想法，情不自禁地发出一定的购买信号。成功的销售人员能够敏锐地识别出潜在客户的购买信号并且知道在必要的时候保持沉默可能胜过大声地宣讲。

1. 语言信号

门市服务人员与客户交流时，客户可能通过语言来表达出自己的购买意图，只是有时候这些语言是小声的、细微的，所以门市服务人员关注的应该是客户的细微反应而不是只顾自己滔滔不绝地介绍旅游产品或者旅行社品牌等。

1）询问旅游产品细节

当客户询问该项旅游产品的细节问题，如具体的航班、入住酒店的星级等细节问题时，实际上已经发送出购买的信号。如果客户不想购买，是不会浪费时间询问旅游产品细节的。

2）询问价格

一般情况下，如果客户不想购买，是不会浪费时间询问产品价格的。询问价格分以下两种。

（1）二次询价。一般客户在刚进入门市不久就会询问价格，通常这是一种习惯，刚刚开始的问价不一定是购买信号，但是当客户在与门市服务人员进行了充分的交流后第二次询问价格时，就可能是购买信号了。

（2）讨价还价。讨价还价是较明显的购买信号，讨价还价的客户不一定马上就做购买的决定，但是这个明确的信号告诉门市服务人员，客户已经准备把旅行社的产品纳入他考虑的范围之内。

3）询问导游服务

只有真心要购买旅行社产品的客户，才会关心导游服务。

4）表达对旅游产品的兴趣

有些客户会在门市就打电话给家人或者朋友征求意见，优秀的门市服务人员应该从谈话内容中听出客户的购买诚意到底有多大。

5）表示友好

一般来说，客户不会无缘无故对门市服务人员表示友好，当客户对门市服务人员说“你很专业，对旅游产品很熟悉”或者“你真是个不错的门市服务人员”时，有可能就是客户已决定购买。

6）询问付款的细节

是现金支付还是转账？是全额一次付清还是先付部分，等出团或者旅游回来后再全部付清？当客户这么询问的时候，门市服务人员距离销售成功就不远了。

总之，当客户询问与旅游产品相关方面的一些问题并积极地讨论时，说明他很可能有购买意向，这时门市服务人员一定要特别加以注意。而当客户询问价格、付款方式、导游服务等方面的问题时，有可能就是马上签订合同的最好时机。作为一名门市服务人员，其一定要牢记：客户提出的问题越多，成功的希望也就相应越大。

2. 行动、表情等身体语言信号

研究结果表明，经历过一系列沟通之后，潜在客户在最终做出购买决策时，往往会通过一些非语言的行为信号表现出来，若此时销售人员能及时、准确地识别潜在客户的购买信号，抓住时机提议就能有效促成旅游合同协议的签署，并最终达成交易。大量的人员销售实战案例显示，潜在客户在做出最终的购买决策后通常会发出如下几种明显的信号。

(1) 放松身体。

(2) 点头认可。

(3) 若有所思。

(4) 和谐的沉默。

(5) 微笑着征询购买建议。

(6) 快速地浏览旅游合同订单。

(7) 如果有宣传资料，则可能对资料饶有兴趣地阅读。

以上任何情景出现时，门市服务人员就可以判断客户已经作出了购买决策。

当然，可以理解的是，门市服务人员不是每一次都能恰如其分地把握购买信号，实际上，门市服务人员碰到的否定回答可能要远远多于肯定回答，这是正常的。

本章小结

(1) 决策是为了达到某一预定目标，对几种可选择的方案进行评价，然后作出合理选择的过程。

(2) 旅游决策是个人根据自己的旅游目的、收集和加工有关的旅游信息，提出并选择旅游方案或旅游计划，并最终把选定的旅游方案或旅游计划付诸行动的过程。

(3) 常见的旅游决策类型有：常规决策、瞬时决策和扩展性决策。

(4) 旅游者的购买决策过程是一个相对复杂的过程，但最后一个环节购后评价还是相当重要的一环，决定着旅游者是否还会继续购买该门市产品，因此，门市服务人员一定要在旅游活动结束后对旅游者进行满意度评价的回访，以便吸引更多的满意客户甚至忠诚客户。

(5) 门市对旅游者的购买因素和购买决策会产生积极或消极的影响，门市服务人员要充分了解消极影响，尽可能使其变为积极影响。

核心关键词

决策(make policy)
常规决策(routine decision)
瞬时决策(impulse decision)
扩展性决策(extended decision)
购买(purchase)

思考练习

1. 了解旅游者的旅游决策方式有什么实践意义?
2. 门市对旅游者的购买决策有什么影响?
3. 影响旅游者购买的决定因素包括哪些方面?门市会采取哪些措施或方法来影响这些决定因素?

案例分析

案例1 首支中国自驾车旅行团畅游瑞士

在中国的主要城市,最近这几年,自驾车旅游已经成为非常流行的一种旅游方式。2005年4月30日至5月7日,中国首支自驾车旅行团在瑞士进行了全境游。全程1300多公里的路线,经由德瑞边境山区、瓦莱山区、雷蒙湖区和日内瓦、伯尔尼、卢塞恩、苏黎世等城市,在德国慕尼黑结束。

1. 精心策划的主题旅游

这次自驾车游是由北京华远旅行社和瑞士怡泰旅行社联手推出的。怡泰旅行社是瑞士较早的华人旅行社之一,主管管伟清女士认为中国市场发展前景非常良好。华人应该在了解中国游客喜好和心理上占有优势,因此更应该推出一些精品游项目。这次推出的自驾车游经过好几个月的调查和策划,是非常迎合中国游客出境旅游需求的产品。

北京华远旅行社领队孙琦先生说:"经过考察,我们发现瑞士自驾车游的各方面条件都优于德国。首先,这里的交通条件好;其次,风光优美,景点集中。我相信自驾车游瑞士将会有不错的市场前景。"

2. 游客反映

自驾车瑞士全境游首发团由25名游客组成,都来自北京,他们一共租用了11辆车,大多数都选择了宝马或奔驰等品牌。旅行团中大多是朋友组合,也有夫妻俩带着孩子全家上路的。

旅行团的游客们都是第一次来瑞士，但是大都有过出国游的经历。他们觉得像过去那样一次游览好几个国家的出境游方式已经不再有吸引力，而在一个国家进行一次深度旅游会更有意义。

关于选择自驾车游瑞士的原因，游客们表示是因为自驾车游有自由感，同时线路安排也比较吸引人，除了自然风光之外，还有很多可以体会人文历史的景点，比如在瓦莱地区享受罗马时期的温泉，在雷蒙湖边品酒和参观古堡。

这次行程中，游客们感触最深的是瑞士的美丽景色，优良的交通状况更让大家感到驾车的愉悦。

3. 总结

历时7天的瑞士全境游结束了，两位车队导游都松了口气，因为这几天的压力实在太大了。车队领车导游曾春非常有感触。他介绍说，在策划线路的时候，他已经全程走过一遍，但是到实际操作的时候，还是有很多新的问题出现。首先是中国游客对于欧洲的交通法规和交通习惯不熟悉，虽然瑞士的交通标志非常清晰，但是由于中国游客对外文字母的陌生，交通标志几乎没有作用。其次，高速公路的停车点很少，喜爱拍照的中国游客总是无法把瑞士的美景摄入镜头。还有就是城市车位少，这次11辆车的车队，找车位就成了很艰巨的工作。

完成了自驾车瑞士全境游首发团的导游工作后，瑞士怡泰旅行社和北京华远旅行社的下一步工作是总结经验，他们计划再次调整线路，优化细节，给未来的中国游客提供更好的服务。

（资料来源：徐云松，左红丽. 门市操作实务[M]. 2版. 北京：旅游教育出版社，2008.）

根据案例分析：

1. 最吸引旅游者做出自驾游瑞士的购买决策因素是什么？

2. 通过此案例，门市服务人员能学习到什么？

案例2

案情：旅行社门市服务人员小李通过电话向老客户黄先生推销海滨系列旅游产品。

小李：黄先生，您好！我是小李，您今年4月参加我们旅行社的三清山游，回来后打电话说，我们服务很不错，希望以后参加我们海滨线路旅游。今天我们旅行社海滨系列产品出来了，请允许我向您简单地介绍一下，您看现在您有空闲还是我其他什么时候打电话过去比较方便？

客户：现在吧。

小李：我为您介绍“青岛—威海—大连6日游”“北戴河—北京—承德6日游”“厦门—鼓浪屿—集美5日游”这三条线路。其中“青岛—威海—大连6日游”是能最多感受大海的一条线路；“北戴河—北京—承德6日游”是避暑胜地加首都文化线路；“厦门—鼓浪屿—集美5日游”是南国风情加音乐悠扬的线路，想看您比较中意哪条线路……

客户：“青岛—威海—大连6日游”吧！

小李："青岛—威海—大连6日游"，青岛看……威海玩……大连游……

客户：我们是南方人，青岛的饭菜口味不辣吧？

小李：青岛是海滨城市，口味还是比较鲜、比较接近我们南方的，况且我们的旅游团队餐是根据我们南方人的饮食习惯预订好菜单的，您放心，会非常适合您。

客户：那还不错，价格是多少？

小李：2280元，我们的价格很合理。

客户：我有你们旅行社的会员卡，价格可以优惠吗？

小李：可以，当然可以。我们给像您这样的老顾客优惠100元，即2180元就够了。

客户：有全陪导游吗？

小李：有的，我们只要报名满16人，就一定会有全陪导游，而且青岛、威海、大连的地接旅行社是我们合作多年的旅行社，他们在当地都是信誉、口碑最好的旅行社，导游服务也一定会让您满意的，您可以放心地旅游。

客户：那付款方式是怎样的？

小李：我们旅行社共有两种支付方式：您可以直接到我们门市部来现付；您也可以直接把团款打到我们旅行社的账户上，这两种方式您可以任意选择。

客户：（沉默）。

小李：我们旅行社的产品，不论从线路设计、服务质量还是从价格上来说，目前在市场上都极有优势。

客户：可是我认为你们产品的价格还是有些偏高。

小李很纳闷，为什么自己这么努力，最后还是没有成功。

（资料来源：徐云松，左红丽. 门市操作实务[M]. 2版. 北京：旅游教育出版社，2008.）

根据案例分析：

1. 为什么小李那么努力，还是没有成功？

2. 如何识别客户的购买信号？

第七章

门市客户关系管理

学习目标

◆了解客户关系管理的真正内涵，明确客户关系管理的重要性。
◆了解旅行社的客户结构。
◆了解旅行社客户关系管理的特点、价值和运行模式。
◆掌握旅行社门市客户关系管理的策略。

问题导向

旅游者："我要去远行，请你读懂我的心。"
旅行社："懂你。"
如何才能实现上面的对话。

导入案例

屈臣氏是现阶段亚洲地区较具规模的个人护理用品连锁店，也是目前全球较大的美容产品零售商和香水及化妆品零售商之一。屈臣氏在"个人立体养护和护理用品"领域，不仅聚集了众多世界知名品牌，而且还开发生产了600余种自有品牌。在中国大陆的门店总数已经突破200家了。

屈臣氏纵向截取目标消费群中的一部分优质客户，横向做精、做细、做全目标客户市场，倡导"健康、美态、欢乐"经营理念，锁定18—35岁的年轻女性消费群，专注于个人护理与保养品的经营。屈臣氏认为这个年龄段的女性消费者是最富有挑战精神的。她们喜欢用最好的产品，寻求新奇体验，追求时尚，愿意在朋友面前展示自我。她们更愿意用金钱为自己带来大的变革，愿意进行各种新的尝试。而之所以更关注35岁以下的消费者，是因为年龄更长一些的女性大多早已经有了自己固定的品牌和生活方式了。

深度研究目标消费群体心理与消费趋势，自有品牌产品从品质到包装全方位考虑顾客需求，同时降低了产品开发成本，也创造了价格优势。

靠自有品牌产品掌握了雄厚的上游生产资源，屈臣氏就可以将终端消费市场的信息第一时间反馈给上游生产企业，进而不断调整商品。从商品的原料选择到包装、容量直至定价，每个环节几乎都是从消费者的需求出发，因而所提供的货品就像是为目标顾客量身定制一般。哪怕是一瓶蒸馏水，不论是造型还是颜色，都可以看出屈臣氏与其他产品的不同。

自有品牌在屈臣氏店内是一个独特的类别，消费者光顾屈臣氏不但选购其他品牌的产品，也购买屈臣氏的自有品牌产品。自有品牌产品每次推出都以消费者的需求为导向和根本出发点，不断带给消费者新鲜的理念。通过自有品牌，屈臣氏时刻都在直接与消费者打交道，既能及时、准确地了解消费者对商品的各种需求信息，又能及时分析掌握各类商品的适销状况。在实施自有品牌策略的过程中，由零售商提出新产品的开发设计要求，与制造商相比，具有产品项目开发周期短、产销不易脱节等特征，降低风险的同时降低了产品开发成本，也创造了价格优势。

“买贵退差价”“我敢发誓保证低价”是屈臣氏的一大价格策略，但屈臣氏也通过差异化和个性化来提升品牌价值，一直以来并不是完全走低价路线。屈臣氏还推出了贵宾卡，加强了对顾客的价值管理。凭贵宾卡可以购物积分以及用积分换购店内任意商品，双周贵宾特惠，部分产品享受八折优惠。会员购物每十元获得一个积分奖赏，每个积分相当于 0.1 元的消费额。可以随心兑换，有多种产品供您选择，也可以累积以体验更高价值的换购乐趣。还有额外积分产品、贵宾折扣和贵宾独享等优惠。相信将给顾客带来更多的消费乐趣。

屈臣氏是如何在日益同质化竞争的零售行业中锁定目标客户群的？

（资料来源：https://www.unjs.com/z/255443.html.）

第一节　客户关系管理

客户关系管理起源于西方的市场营销理论，最早产生于美国并得以迅速发展。市场营销作为一门独立的管理学科，其存在已有近百年的历史，它的理论和方法极大地推动了西方国家工商业的发展，深刻地影响着企业的经营观念以及人们的生活方式。信息技术的快速发展为市场营销管理理念的普及和应用奠定了基础，并开辟了更广阔的空间。营销理论中的“关系营销”概念几乎就是客户关系管理的概念。

“关系营销”的概念最早由学者 Berry 于 1983 年提出，他将其界定为“吸引、保持以及加强客户关系”。在 1996 年又给出更为全面的定义，关系营销是为了满足企业和相关利益者的目标而进行的识别、建立、维持、促进同消费者的关系并在必要时终止关系的过程，只有通过交换和承诺才能实现。其实质是在市场营销中与各关系方建立长期稳定的相互依存的营销关系，

以求彼此协调发展。

关系营销的核心是建立和发展同相关个人和组织的兼顾双方利益的长期关系。企业作为一个开放的系统，不仅要关注顾客，还应关注大环境的各种关系：企业与客户的关系，与上游企业的关系，企业内部关系以及与竞争者、社会组织和政府之间的关系。其中，客户关系是关系营销的核心和归宿。

一、客户关系管理

客户关系管理（Customer Relationship Management，CRM）的概念是在 1999 年由 Gartner Group 公司首先提出的。客户关系管理属于管理范畴，重点是协调处理好企业与客户的关系，通过对全面、个性化的客户资料进行分析，强化企业市场营销人员的跟踪服务及信息服务能力，更有效地建立与客户之间的关系，来提高客户满意度和忠诚度，从而增加销售额，提高企业竞争力。

关于客户关系管理的概念，不同的研究机构有不同的定义，表 7-1 列举了具有代表性的几个观点。

表 7-1　客户关系管理概念

研究机构	概　　念
Gartner Group	客户关系管理就是为企业提供全方位的管理视角，赋予企业更完善的客户交流能力，最大化客户的收益率
Hurwitz Group	CRM 的焦点是自动化并改善与销售、市场营销、客户服务和支持等领域的客户关系有关的商业流程。CRM 既是一套原则制度，也是一套软件和技术。它的目标是缩减销售周期和销售成本，增加收入，寻找扩展业务所需的新的市场和渠道以及提高客户的价值、满意度、盈利性和忠实度
IBM	客户关系管理包括企业识别、挑选、获取、发展和保持客户的整个商业过程。IBM 把客户关系管理分为三类：关系管理、流程管理和接入管理
NCR	客户关系管理是企业的一种机制。企业通过与客户不断地互动，提供信息给客户并与其交流，以便了解客户并影响客户的行为，进而留住客户，不断增加企业的利润
美国机械制造技术协会	CRM 是一种以客户为中心的经营策略，它以信息技术为手段，对业务功能进行重新设计，对业务流程进行重组
中国信息化推进联盟客户关系管理专业委员会	客户关系管理是现代管理科学与先进信息技术结合的产物，是企业树立“以客户为中心”的发展战略，并在此基础上开展的包括判断、选择、争取、发展和保持客户所实施的全部商业过程

综上可知，客户关系管理（CRM）具有以下基本特点。

（1）客户关系管理是一种管理理念，是企业为了提高核心竞争力，通过改进自身的服务水平，提高客户的满意度和忠诚度所树立的以客户为中心的经营理念。

（2）客户关系管理是一种管理机制，是通过开展系统化理论研究，优化企业组织体系和业务流程，实施于企业的市场营销、销售、服务、技术支持等与客户相关的领域，旨在改善企业与客户之间关系的新型管理机制。

(3) 客户关系管理是一种综合管理软件和技术的应用系统,企业通过技术投资,建立能搜集、跟踪和分析客户信息的系统,创造并使用先进的信息技术、软硬件,以及优化的管理方法和解决方案的总和。

因此,可以从理念、技术、实施三个层面理解客户关系管理(CRM),其中,理念是 CRM 成功的关键,它是 CRM 实施应用的基础和土壤;信息系统、IT 技术是 CRM 实施的手段和方法;实施是决定 CRM 成功与否、效果如何的直接因素,三者构成 CRM 稳固的"铁三角"。

客户关系管理的核心思想就是:客户是企业的一项重要资产,客户关怀是 CRM 的中心,客户关怀的目的是与所选客户建立长期和有效的业务关系,在与客户的每一个"接触点"上都更加接近客户、了解客户,最大限度地增加利润和利润占有率,主要包含三个内容,即客户价值、关系价值和信息技术,如图 7-1 所示。

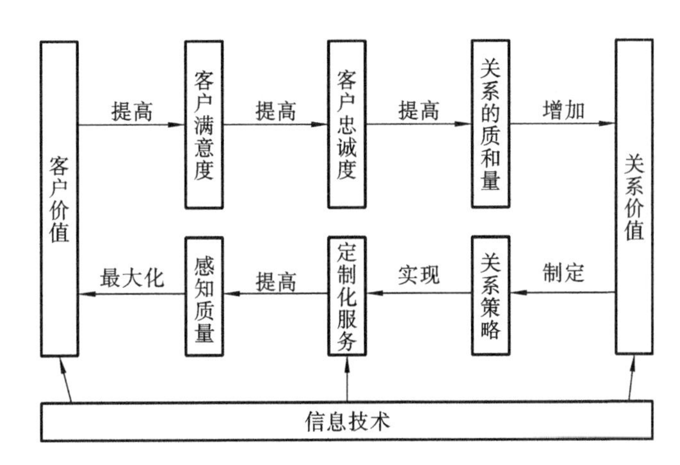

图 7-1　客户关系管理的内涵

二、客户关系管理的重要性

客户关系管理的重要性主要体现在以下四个方面。

(一) 了解客户个性化需求

随着商品经济的发展,市场上同质产品越来越多,消费者日趋成熟,传统的企业管理专注于产品的研发、设计和制造,而对于与客户的互动未有过多的涉及,这种"闭门造车"的方式已陈旧而不可取了。在这种情况下,只有通过客户关系管理的方式,深入了解客户真正所需,根据客户需求来设计、定制产品,提供令消费者"惊喜"的服务,才能赢得客户,留住客户。

(二) 提供针对性服务,与客户实现良性互动

意大利经济和社会学家帕雷托的"二八定律"表明:企业 80%的利润来自 20%的优质客户,这就表明了这些优质客户对企业的重要性。客户关系管理可以通过对客户信息的收集、分析,找出这些优质客户,并提供有针对性的服务。通过客户定制,为客户创造更加贴心的服务。客户关系管理的模式能让"一对一"的服务形式成为可能,真正实现与客户的即时互动,体现以客户为中心的经营理念。

（三）提高客户忠诚度，挖掘客户潜在价值

对于很多企业来说，较大的成本就是吸引新客户，一般吸引一个新客户的成本比保留一个老客户的成本要高出4—6倍。因此，留住老客户，直至客户忠诚的建立，对于企业来讲意义重大。企业通过加强客户关系管理，可以了解他们情感、心理的诉求，帮助客户实现价值最大化。这样，客户会对企业的文化、价值产生认同感，也会形成一种心理依赖，当竞争者想要抢夺客户资源时，客户会考虑转换成本。客户关系管理的目的是从短期交易转变为开发客户终生价值。

（四）降低成本，实现利润最大化

Bryan的一项研究统计发现，客户流失率降低2%就相当于降低了10%的成本，客户忠诚度提高5%，可致企业利润增长25%—85%。实施客户关系管理，能与客户之间形成相互信任的合作伙伴式关系，这样可以大幅减少广告及其他营销费用的支出。同时，良好的消费体验能产生口碑营销的效用，国外的研究数据表明，100个满意的客户会带来24个新客户。

综上来看，客户关系管理可以为企业带来在同行业中的竞争优势，即客户关系管理的竞争壁垒优势，其建设重要性显而易见。

三、客户关系管理的阶段

客户关系管理分为以下几个阶段。

（一）识别客户

（1）将更多的客户名输入数据库中。

（2）采集客户的有关信息。

（3）验证并更新客户信息，删除过时信息。

（二）对客户进行差异分析

（1）识别企业的“金牌”客户。

（2）哪些客户导致了企业成本的发生？

（3）企业本年度最想和哪些企业建立商业关系？选择几个代表性企业。

（4）上年度有哪些大宗客户对企业的产品或服务多次提出了抱怨？列出这些企业。

（5）去年最大的客户是否今年也订了不少的产品？找出这个客户。

（6）是否有些客户从本企业只订购一两种产品，却会从其他地方订购很多种产品？

（7）根据客户对于本企业的价值（如市场花费、销售收入、与本公司有业务交往的年限等），把客户分为A、B、C三类。

（三）与客户保持良性接触

（1）给自己的客户联系部门打电话，看得到问题答案的难易程度如何。

（2）给竞争对手的客户联系部门打电话，比较服务水平的不同。

（3）把客户打来的电话看成是一次销售机会。

（4）测试客户服务中心的自动语音系统的质量。

（5）对企业内记录客户信息的文本或纸张进行跟踪。

（6）哪些客户给企业带来了更高的价值？与他们主动对话。

（7）信息技术的应用让客户与企业做生意更加方便。

(8) 改善对客户抱怨的处理。

(四) 调整产品或服务,以满足每一个客户的需求

(1) 改进客户服务过程中的纸面工作,节省客户时间,节约公司资金。

(2) 给客户发的邮件更具个性化。

(3) 协助客户填写各种表格。

(4) 询问客户,他们希望以怎样的方式、怎样的频率获得企业的信息。

(5) 找出客户真正需要的是什么。

(6) 征求名列前十位的客户的意见,看企业究竟可以向这些客户提供哪些特殊的产品或服务。

(7) 争取企业高层对客户关系管理工作的参与。

四、实施客户关系管理

客户关系管理的实质是对客户及其他利益群体关系的管理,其宗旨是从客户利益出发,努力维持和发展良好的客户关系。因此,客户关系营销的重点就是建立和发展客户关系营销网络、培养客户忠诚、减少客户流失。从营销理论和实践来看,实施客户关系营销的主要途径包括以下几个方面。

(一) 树立以客户为中心的经营理念

客户是企业生存发展的基础,企业的使命就是为客户创造价值,企业应该树立基于企业一客户认识互动过程的企业战略管理观。而且企业要有效地实施客户关系营销策略,要树立"客户就是上帝"的经营理念,企业的一切政策和行为都必须以客户的利益和要求为导向,以客户为导向组织企业的生产和管理,实施和坚持以客户为中心的经营模式和企业文化、以客户为导向的营销策略。

(二) 了解客户的需要,提高客户满意度

了解客户的需要是企业提高客户满意度的前提。客户导向型观念的企业必须从客户的观点出发来定义客户的需要,客户的需要可以分为五种类型:说出来的需要(如客户想要一辆昂贵的汽车);真正的需要(如客户所需要的这辆汽车开起来很省钱,而其最初的价格却不低);没有说出来的需要(如客户想要获得的优质服务);满足后令人高兴的需要(如客户买车时,获得一份道路图);秘密需要(如客户想被他的朋友看成是识货的人)。企业要了解客户的这五种需要,必须进行深入的客户调查,必须有敏感的反应。设计者应该先知道客户的需要与选择,然后设计产品和服务。虽然这看起来有些麻烦,但却可以换取客户的感激之情。专业化市场营销的核心就在于能比竞争者更好地满足客户的需求。因此,企业要提高客户的满意度,主要是在产品销售过程中扩大服务范围,提高服务质量,通过向客户提供超过服务本身价值和超过客户的期望值的"超值服务",从而树立良好的企业形象、塑造知名品牌,以满足客户的感性和感动的消费需求。

(三) 科学地进行客户关系管理,培养客户忠诚度

客户忠诚度是客户对于某一特定产品或服务产生好感,形成偏好而重复购买的一种趋向。客户关系营销的优势在于更注重老客户,注重培养客户忠诚度。维持老客户的成本大大低于吸引新客户的成本,形成示范效应,能够有效增加销售额,因此,通过与客户建立起一种稳固的

合作信任、互惠互利的关系，使各方利益得到满足，培养客户忠诚度，防止客户流失，才能使企业在竞争日益激烈的市场环境下获得持续的发展。

（四）适当增加客户让渡价值

客户让渡价值是客户总价值与客户总成本之间的差额。客户总价值是指客户购买某一产品所获取的总价值或利益，由产品价值、服务价值、人员价值和形象价值构成。客户总成本是指在购买产品过程中所花费的货币成本及时间成本、精神成本和体力成本等非货币成本。客户在选购产品或服务时，往往从价值和成本两个方面进行比较后作出抉择，选出价值最高、成本最低，即客户让渡价值最大的产品作为优先选择对象。企业要想在市场经济中维持原有客户群，就需要提供给客户尽可能多的客户让渡价值。

（五）关系管理

增加客户的转移成本是维系客户的间接手段。对于影响企业未来的主要客户，必须制订直接、有效的关系管理计划。具体措施包括：选择关系营销客户，生产优质的产品，提供完善的服务和及时进行双向信息交流。关系管理工作是企业管理工作中的重要部分，对企业的各项发展起着促进作用，所以重视客户的关系管理，提高客户的满意度和忠诚度，对于提升企业竞争力具有重要作用。

第二节　旅行社门市客户关系管理

20 世纪 90 年代以来，“客户导向”的竞争观念已在全球各行业中广泛普及，越来越多的企业开始重视以客户价值创造为核心的战略导向，企业界普遍认为，增加客户价值是实现利润增加和提高企业总体价值的关键，而优化客户结构是增加客户价值的重要举措。

一、旅行社的客户结构

旅行社的客户结构具有以下几种不同的分类方法。

（一）按照旅游购买决策单位划分

单个旅游者：以个人名义购买旅游产品，目的是旅游，数量小，变数大。

集体旅游者：以组织的名义购买旅游产品，如企业、政府机构和军事机构、行业协会、各种专业协会、社交性俱乐部和会议机构等。目的是自身消费，批量大，价格高，变数小，但决策所需信息多，决策时间长，需要签订购买合同。应注意集体组织中不同成员的作用，尤其是做好决策者的工作。

（二）按照购买的频度划分

初次购买者：接受旅行社促销或别人推荐，首次购买本旅行社产品，一定要高度重视，提供周到的服务。

再次购买者：曾经购买过本社产品，对本社产品认可，又再次购买。

多次购买者：对本社产品评价高，产生信赖感。

根据市场学“二八定律”，客户中只有 20％的消费者购买了其中 80％的产品，等量消费者不能带来等量消费额。在平衡客户要求时，应根据其对企业的利益贡献能力确定等级，区别对待，如对于多次购买者，应提供一定的优惠和特别关照，密切关系。

（三）按照对旅行社的偏好划分

新客户：属于初次购买者，通过旅行社产品的有形部分和附加部分来判断产品核心部分的质量（服务），如旅行社的信誉、等级和规模、附加优惠、线路安排等。

忠诚客户：属于多次购买者，他们已经与旅行社形成情感联系，旅行社也要把重点放在维持与客户的情感关系上，让其感知到对等忠诚，保持一定比例的忠诚客户有利于经营的稳定。

游移客户：根据自身的判断确定性能—价格比最优的产品，他们在旅行社优惠促销活动时购买产品，但同样容易被竞争对手拉走。

二、旅行社客户关系管理概念

旅行社的客户关系管理就是在充分重视客户资源的基础上，以IT技术支持建立的旅游者档案为依据，为不同的客户提供定制化产品，通过完善周到的服务来增加旅游者的旅游体验，最终达到吸引和保留旅游者的目的。其经营核心是重视与旅游者的及时双向的沟通，围绕旅游者开展旅游产品的开发、推广，通过为旅游者提供全程服务来提高客户满意度和忠诚度，为旅行社带来盈利。

三、旅行社客户关系管理的特点

旅行社作为各种旅游服务供应者与旅游服务消费者之间的中介，其客户关系管理具有以下特点。

（一）关注客户个性化体验性需求

旅行社不仅具有中介职能以达到降低消费者交易成本的目的，更多的是以基本的服务为舞台，为消费者创造独特而难忘的体验。因此，旅游业本质上是体验产业，旅游者花费金钱、时间和精力，最终留下的是美好的回忆，得到的是感受，增长的是阅历。旅游活动中的食、住、行、游、购、娱，与日常生活中的这些活动有很大的区别：吃要有风味，住要有特色，行要舒适，游要美妙，娱要新奇，而购物则是一种物化这种体验的手段，是旅游过程中感受的延长。总之，旅游从最基本的动机、过程环节和最终的效应来看，都是以获得体验为指向的。

随着旅游者的消费经验日趋丰富，对旅游产品更加挑剔，旅游者对大众旅游产品感到厌倦，开始追求一种彰显自己个性的旅游产品和服务，非从众心理日益增强使旅游者更加相信自己的感觉。大众旅游产品已不再具有竞争力，这就要求旅行社在提供产品和服务的过程中，必须敏锐地捕捉市场需求，为旅游者“量身打造”个性化的产品，给客户带来与众不同的独特感受。因此，旅行社在对客户关系进行管理时，只有关注客户个性化体验性需求，才能留住客户，使客户资源价值最大化。

知识链接　定制旅游

在旅游业界人士看来，随着休闲性、体验性等现代元素渗入，已有的传统旅游方式跟团游、自驾游等，已经远远不能满足市场需求。于是，定制旅游即“根据自己要求

设计旅游线路”正悄然兴起。

个性化催生定制旅游，以当前澳大利亚的旅游市场为例，跟团旅行和自由行几乎是各自撑起了“半边天”。而对某企业负责人Jack来说，这两种消费方式他都不太喜欢：“跟团旅行，随大流参观‘熟透’的景点，每天劳碌奔波，累；自由行，虽然洒脱随意，但缺少高端旅游专业人士的服务，又缺失旅途亮点，憾。”Jack说，“如果能有一种高档旅游产品在摒弃两者缺陷的同时，又能综合两者的优点，那就太完美了”。

随着全民消费水平的提高，人民对生活质量要求的提升，国内掀起了一股全新的消费潮流——高端定制旅游。高端定制旅游作为一种时尚的高端个性化消费方式应运而生，它能按照高端消费者对旅游苛刻的要求，量身策划设计属于高端旅行者的高端定制旅游产品。相较于传统的定制旅游产品，高端私人定制旅游的差别不仅仅在交通方式、住宿方面，而是它更能符合高端消费者的旅游诉求，使其体验到旅游带来的幸福感。

“特色是旅游之魂，文化是旅游之基，环境是旅游之根，品质是旅游之本。”这句话，其实就是对定制旅游产品核心的高度概括。可见，定制旅游，从消费到经营，都需要破除旧观念。定制旅游，不一定是奢侈，但一定要有主题特色，有人文、历史、自然的独特之处。

（资料来源：https://baike.so.com/doc/6798408-7015196.html.）

（二）与客户建立的关系具有动态性

客户需求在变化，竞争态势在变化，市场地位和占有份额在变化，而且变化的速度也呈现加速度变化，因此旅行社与客户的关系极不稳定。旅行社的客户群体是一个动态变化的客户集合，旅行社通过努力不断争取到新客户的同时，又有一部分客户因为需求变化或竞争者的吸引而流失。首先，客户需求日益多样化，旅行社如果不能提供相应的产品和服务，满足客户的多样化需求，就很容易失去现有客户；其次，客户的选择越来越多，这种选择不仅体现在旅游产品的选择上，还包括对支付方式和购买渠道的选择，客户可以利用互联网点的旅游企业域名来查找目的地景观介绍、接待服务旅行社介绍等旅游相关信息，甚至可以直接在网上预订航空座位、饭店房间、导游服务，从而导致一部分客户的流失；最后，信息技术使客户能够获取充足的信息，通过比较在不同的旅行社之间进行转换，并且这种转换成本往往不高，旅行社客户的忠诚度极低。

旅行社不但需要获取新客户，更重要的是通过客户关系管理使客户从最初的目标客户群，沿着客户忠诚度金字塔向上发展，最终成为忠诚的宣传者，从而实现客户和旅行社价值最大化的“双赢”目标。根据各个阶段客户忠诚的不同，可以得到客户忠诚度金字塔，如图7-2所示。

旅行社的客户关系管理需要持续改进客户关系。具体来说，要改进产品来适应客户喜好的变化；要不断改变工作流程和工作方式以提供更好的服务，正如同质量管理工作永无止境一样，旅行社的客户关系管理也是一个不断用变化适应变化的过程。

四、旅行社门市客户关系管理的价值

实施客户关系管理能为客户提供更方便快捷甚至是量身定制的服务，能有助于找到对旅

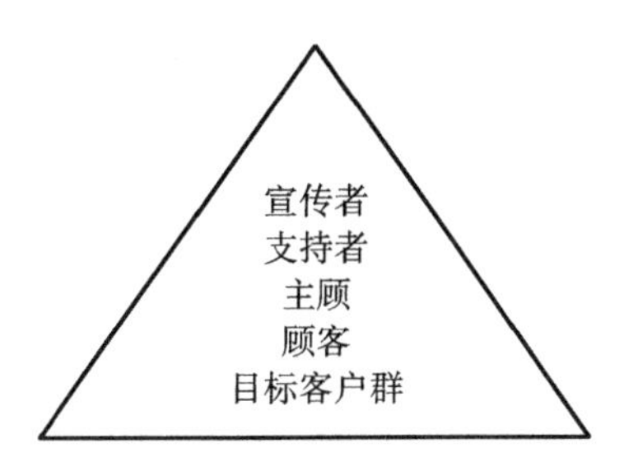

图 7-2　客户忠诚度金字塔

行社贡献度高的客户群，建立相应机制，回访贡献度高的客户，做到有的放矢，提高客户忠诚度。

（一）客户关系管理为旅行社带来经济效益

客户关系管理在旅行社的应用起到了经济效益杠杆的作用，如图 7-3 所示。

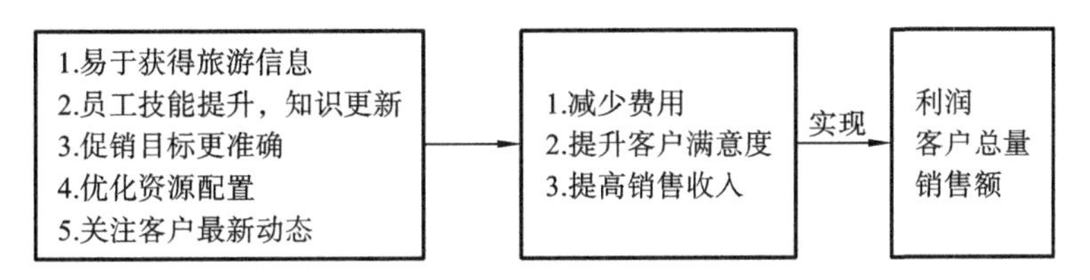

图 7-3　客户关系管理经济效益示意图

（二）客户关系管理有效整合旅行社资源

实施客户关系管理将有效地整合旅行社的内外部资源，从而实现公司利益、客户利益的最佳平衡状态。图 7-4 所示为从公司层面、现场服务、客户服务、销售和营销的层面进行客户关系管理资源整合。

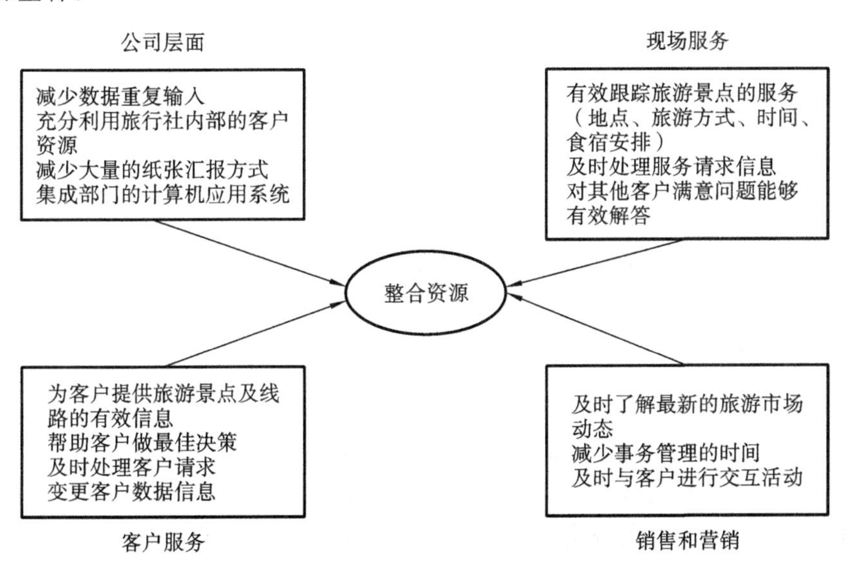

图 7-4　客户关系管理资源整合示意图

（三）客户关系管理是各种新的营销手段发挥作用的基础

新的营销手段是相对于大众营销战略而言的，主要有适位营销、间隔营销、定制营销战略。现在许多旅游者阅历广、经验多、要求高，开始追求个性化和多样化旅游，上述营销战略必须建立在对客户了解的基础之上，为满足客户需求而推出。

（四）客户关系管理是获得客户信任和赢得竞争机会的基础

影响客户决策的信息渠道主要有个人体验、相关群体经验、公共来源渠道和商业渠道，旅游者对以上渠道信息的信任度依次降低，传统的商业促销是客户信任度相对最低的渠道。稳定的客户群和良好的口碑是旅行社获得竞争优势的优良途径。

综上所知，旅行社客户关系管理实际上是一个分析客户价值、创造和传递客户价值、巩固和恢复客户价值的有机统一的价值链系统。客户关系管理的循环价值链保证了旅行社从旅游前的沟通到后续服务都能保证旅游者的满意，通过实施客户关系管理，旅行社在行程开始前可以针对旅游者的需求量身定制适宜的产品和服务，在行程中可以巧妙快捷地处理各种不利变化和突发因素，在行程结束后可以及时获得旅游者的反馈，客户关系管理不仅能够为旅游者提供高质量的行程和客户体验，而且能够巩固已建立的客户关系，最终通过让渡客户价值实现旅行社的价值。

五、旅行社门市客户关系管理运行模式

旅行社门市客户关系管理的运行分为三个阶段，三个阶段的目标主要是目标客户选择、忠诚度的培养、巩固客户关系。

（一）准备阶段——目标客户选择

准备阶段是旅行社客户价值链运行的基础环节，这个阶段的工作包括：客户分析、市场细分、确定目标市场以及有针对性地宣传促销。

旅行社必须基于已有的客户展开分析，根据客户为旅行社带来的价值（以客户的忠诚度为导向）将市场细分为有价值的客户、成长性的客户、需要淘汰的客户，根据不同的客户类型决定投入在不同客户身上的成本。

在确定了目标市场后，旅行社要对有价值的客户和具有成长性的客户进行深入的调查和研究（利用 CRM 提供的客户档案），了解旅游者的消费行为、消费倾向、消费后的感受和意见，以及对旅行社旅游营销方式的接纳程度，并将客户意见及时反馈到旅行社的经营过程中，从而展开有针对性的线路开发和市场营销，达到招徕旅游者的目的。

（二）创造价值阶段——忠诚度的培养

这是旅行社客户关系管理价值链中最关键的环节。旅行社只有在旅游者的旅行中为其提供满意的服务，增强旅游者体验，才能留住旅游者，创造企业价值。

客户满意战略要求旅行社门市的全部经营活动都要以满足旅游者的需要为出发点，把旅游者需求作为门市开发产品的源头。所以门市必须熟悉旅游者、了解旅游者，即要调查他们现实和潜在的需求，科学地顺应旅游者的需求走向。同时，热情、真诚为旅游者着想的服务能够带来旅游者的满意，所以旅行社门市要不断完善服务系统，以便利旅游者为原则，用产品具有的魅力和一切为旅游者着想的体贴去感动旅游者，提升旅游者满意度，培养其忠诚度。

（三）后续阶段——巩固客户关系

客户关系管理的真正目标是客户的长期满意，而不是一次性的交易。因此，旅行社的客户关系管理必须有一个延伸的阶段，以进一步巩固客户关系，恢复出现危机的客户关系。

这次旅行的结束意味着下次旅行的开始，完善的售后服务体系是保持客户和市场不断扩大的重要措施，不仅成本低，而且效果好。售后服务是一个很宽泛的概念，包括对客户的指导培训、对旅游产品和服务的跟踪监测、对投诉的排除、对旅游产品和服务的设计和质量问题的信息反馈等，涵盖了旅游产品和服务售后的各个方面。购买旅游产品和服务不仅是购买旅游产品和服务本身，也包括售出旅游产品前后与此有关的所有的服务，旅行社门市有义务和责任对其售出的旅游产品向客户提供优质的服务。

同时，旅行社可以利用计算机来建立客户档案，以及利用网络加强与客户的联系，进行售后跟踪服务，了解客户的新需求，以便推出更符合潮流的旅游产品。

第三节　旅行社门市客户关系管理策略

客户关系的生命周期是指企业和客户产生关系的不同阶段，强调的是两者之间的发生、发展的过程以及各个过程给企业带来的不同利润。旅行社客户关系的生命周期可以分为建立期、强化期、稳定期、恢复期四个阶段，根据不同的阶段旅行社需要采取不同的客户关系管理策略。

一、客户分级策略

根据客户对旅行社利润的贡献能力可以将客户分为不同的等级，从而给予不同的优惠政策。具体的分级标准为：消费量、消费额、消费频度、消费等级（经济等、标准等、豪华等），以及为旅行社创造的利润总额、利润率、客户所在地区、推荐新客户数量和结果等。根据分级标准可以将客户分为如下四类。

（一）1类客户——易转移的散客旅游者

此类客户很多都是因为价格低才吸引过来的，一般产生一次性交易。往往是咨询、预订，但不及时付款，因此此类客户成本高而盈利低。

针对性措施——旅行社要根据该类客户的特点制定咨询服务内容，目的是降低成本，维持关系。

（1）进行“前期示范性的加温”处理，满足其普遍性的旅游需求而不进行针对性的开发，尽量维持现有的关系。

（2）能够提供自助式服务，比如通过旅行社的网站进行自助查询、结算。

（二）2类客户——购买率较高的散客

这类客户相对分散，但其对旅行社提供的新旅游路线或服务具有较高的购买意愿和兴趣，是具有成长性的客户。但由于这些客户相对分散，旅行社投入的成本可能也比较高。

针对性措施——旅行社要根据本身的资金规模决定对这部分客户提供针对性服务的范围和界限。

(1) 由于此类客户相对分散,旅行社应该采取设置多个门市的方法,分别管理和接受辐射的区域。

(2) 通过对这部分客户的会员管理,以让利、旅程赠送、免费观光、礼品馈赠、旅游热线预约等方式给予其一定优惠。

(3) 及时提供旅行社的新产品信息。

(4) 根据客户资料,在重要节假日送上短信问候。

(5) 通过电话或问卷的形式定期询问此类客户的建议和看法。

(6) 通过提供适应客户需求的产品和超过客户期望的服务,使其向大规模高忠诚度转化,构成企业持续发展的基础。

(三) 3 类客户——老客户及大规模客户

这类客户往往交易额较大,信誉较好,付款很快。此外,此类客户忠诚度高,所需要的平均客户支持小于其他类型的客户,是最具盈利性的客户;大规模客户的示范效果好,对其他类型客户的辐射能力强,可以帮助公司进行免费宣传。

针对性措施——这类旅游者是旅行社目前最需要关注的客户,对该类客户管理的目标是保持他们对本旅行社的忠诚。

(1) 帮客户制订出游计划、提供客户喜欢的产品、为客户提高附加价值。

(2) 经常与此类客户通过电话、电子邮件以及面谈等方式进行沟通,要慎重选择打电话的时间,面谈需提前预约。

(四) 4 类客户——选择比较灵活的潜在散客

这类客户规模大,交易额很少,具有高度的不稳定性,没有对任何一家旅行社产生有意义的忠诚度,是旅行社需要争取的群体。

针对性措施——此类客户的忠诚度虽然较低,但与其建立并保持关系的初期投入并不大,大规模带来了平均管理成本的降低。

(1) 对此类客户,旅行社将对其的服务时间削减一半,但仍与其保持联系。

(2) 对此类客户关系的管理主要采用随机抽样、进行电话交流并发放信息反馈卡,增加此类客户对旅行社的认知。

(3) 通过强化企业品牌和提高服务质量来增加这部分客户对旅行社的信赖,促使其向高忠诚度的客户转变。

(4) 旅行社若没有策略性的促销战略,在人力、物力、财力等限制条件下,可找出有前途的"明日之星",将其培养为 3 类客户。

(5) 及时发现市场大规模需求的转变。

(6) 适当地减少服务时间,但要让他们知道当其需要帮助的时候,旅行社会及时给予援手。

二、维持客户策略

在明确客户分级之后,客户关系管理进入强化期,这一阶段需要分析客户情况,有针对性地提供强化策略。

(一) 定期研究客户消费情况的变化

国外的研究表明,在每 4 次或每 4 位客户的购买中,会存在一次或一位客户不满意的现象。要通过对客户消费情况和满意度的调查，及时了解旅行社的服务、产品差异。

主要方法有：投诉分析、旅游者抽样调查、"客户间谍"侦探等。

（二）分析变化的主客观原因

客户消费情况的变化和消费转移的产生，既有客户自身的原因，如居住地迁移、身体原因，也有客观原因，如消费潮流的变化、其他旅行社的竞争等。

在调查了解到原因之后，应提出相应的解决方案。

（三）对流失客户的分析

一种正在上升的流失率通常表明客户满意率的下降，应该从旅行社自身调查起，如价格高低、服务质量、产品是否适应客户需求变化等。

在进行全面和仔细的分析后，应采取适当的对策，挽留客户，将分析结果记录在案，以便于改进管理。

（四）重要客户培育方法

重要客户是指知名度高的客户，对旅行社有特殊贡献以及多次购买本社产品的回头客等，他们是旅行社宝贵的财富。

(1) 增加客户的财务利益：对经常性的客户或大量购买的客户给予优惠性奖励，如累积优惠和数量优惠。

(2) 增加客户的社交利益：通过了解客户的需求，提供专门化与个性化的产品与服务，以此建立与客户的良好关系。指定一位客户经理，与集体客户定期联系；对于散客采用荣誉客户、奖励积分等方法，或者邀请参加旅行社组织的游客招待会、见面会等活动。

(3) 与客户建立稳定、便利的联系方式：通过提供通信设备、建立联系机构和客户建立稳定的联系，从实体上加强与客户的联系。如与大公司和政府部门建立相对固定的联系，使自己成为代理大公司旅行业务的常设机构；在互联网上建立自己的主页，进行双向促销。

三、客户满意度提升策略

客户满意管理是以客户满意为核心的管理和经营方式，在当今的经济情况和社会环境下，市场竞争的范围和激烈是前所未有的，在销售商和购买方的博弈中，主导权开始转移到客户的手中。不从客户的角度出发考虑问题，不能使客户满意的门市，注定要被淘汰出局。

（一）客户满意的层次

客户满意的三个递进层次：一是物质满意层，即客户对旅游产品的核心层，如产品的功能、质量和设计等所产生的满意；二是精神满意层，即客户对旅游产品的形式层和外延层，如产品的形式、种类和服务等所产生的满意；三是社会满意层，即客户在对旅游产品和服务的消费过程中所体验到的社会利益维护程序的满意，主要指客户整体（全体公众）的社会满意程度。它要求在对旅游产品和服务的消费过程中，要具有维护社会整体利益的道德价值、政治价值和生态价值的功能。

（二）探求客户的期望

在旅行社门市服务中，首先，店长必须站在客户的立场上，使用最直接深入客户内心的方法，找出客户对旅游产品或服务及员工的期望。尽可能地把客户的"不满意"从旅游产品本身

(包括设计、研发和供应过程)上去除,并顺应客户的需求趋势,预先在旅游产品本身上创造客户的满意。不断完善服务系统,包括提高服务速度、质量等方面。重视客户的意见,对客户的需求和意见具有快速的反应机制,养成鼓励创新的组织氛围,组织内部保持上下沟通的顺畅。

有效的探求要靠3个因素:①焦点放在最重要的客户身上;②找出和客户对服务定义的差异;③利用重质胜于重量的研究方法,找出客户真正的期望。

其次,要消除旅行社门市与客户之间信息的不对称性。有许多经营者总是抱怨,客户越来越挑剔,但从客户角度看,客户觉得自己得不到旅行社门市的尊重,这种企业与客户之间信息不对称的一个重要根源在于企业者是站在自身的立场来看问题,而缺乏"换位"思考。

(三) 开发令客户满意的产品和服务

客户满意战略要求旅行社门市的全部经营活动都要以满足客户的需要为出发点,把客户需求作为门市开发产品的源头。所以门市必须熟悉客户、了解客户,即要调查他们现实和潜在的要求,分析他们购买的动机、行为、能力和水平,研究他们的消费传统、习惯、兴趣和爱好。只有这样,门市才能科学地顺应客户的需求走向,确定产品的开发方向和生产数量,准确地选择服务的具体内容和重点对象。

热情、真诚地为客户着想的服务能带来客户的满意,所以旅行社门市要不断完善服务系统,以便利客户为原则,用产品具有的魅力和一切为客户着想的体贴去感动客户。谁能提供令客户满意的服务,谁就会加快销售步伐。

四、客户投诉处理策略

客户关系管理进入恢复期时,客户对旅行社的服务和产品满意度下降,产生回落期,此时必须强化旅行社的客户投诉机制,实施有效的投诉处理策略。

(一) 接近客户

接近客户时,首先,要注意衣着适当。其次,别忘了表现一定的亲和力。面对客户时,保持微笑,使客户感觉到门市是诚心诚意为自己服务的。最后,在面对客户时,一定要注视对方,使客户产生信赖感。

(二) 倾听客户的投诉

倾听客户的投诉主要是指让客户说,自己听——使用"放风筝原理"。

知识链接　放风筝原理

风筝飞多远,飞到什么高度,这些都是由放风筝的人控制的,而这种控制并不影响风筝的飞翔。

(资料来源:梁雪松,胡蝶,王伟,等.现代旅行社门店管理实务[M].2版.北京:北京大学出版社,2016.)

倾听可以表现出店员对客户的尊重以及店员的善解人意。使客户对其产生信赖感而倾诉自己的不满，店员应尽可能让客户倾诉、发泄，从而了解客户的问题，以便改进自己的服务。

倾听可以弄清楚客户所要表达的内容，这是处理投诉的前提。其实客户也是普通人，在产生不满时总会不可避免地夹杂个人感情，在激动时还会有过分的态度或举动，店员则不能以同样"感性"的方式去思考和行动。店员要先冷静地听完对方的陈述，尽力去了解其中原委，这样做不但能够避免冲突，还为最终达成妥善的解决方案奠定了良好的基础。

（三）真诚地与客户进行沟通

旅行社门市要与客户维持良好的关系，一定要诚心诚意地与客户沟通，不要怕麻烦和花时间。在现实生活中，客户之所以产生投诉，通常是觉得服务不够好或所买的旅游产品或服务不够理想而引起的。

要想降低客户的不满情绪，就必须站在客户的立场来思考。当然有一些客户可能会是那种故意小题大做的人，如果店员在解释或交谈中没有笑容或失去耐心的话，则客户的不满情绪不仅不会降低，反而可能会更加严重，因为他们又找到了新的投诉目标。

因此，要求店长或店员在处理客户投诉时，首先，要冷静地接受投诉，把握住投诉的重点，弄清楚客户的要求是什么。其次，通过交谈探究其原因，把握客户的心理，诚恳地向客户道歉，找出令客户满意的解决方法，并采取措施防止同样的错误再次发生。最后，根据客户的投诉来发现门市的问题，改善门市经营方式。恢复门市在客户心目中的信赖和期望水平，除了补偿客户精神上和物质上的一切损失外，还要做好一切善后工作，以树立门市在客户心目中的完美形象。

所以说，处理客户投诉的重点在于找到问题的症结，然后按照客户可以接受的方式加以弥补，以此来恢复客户对门市的信赖感。客户产生投诉的原因是旅行社门市经营存在问题，因此当客户投诉时，不仅要针对投诉给予解决，还应该改善经营，争取不再发生类似的问题。

（四）诚恳对待客户

当客户抱怨时，店员应态度诚恳并表示关心，尽可能站在客户的立场上寻求解决问题的方法。如果客户大发牢骚，要有耐心，尽量让其去发泄，不要表露出厌烦情绪，否则可能会引起客户更大的不满。听完客户意见之后平静地向客户做出解释，拿出可行的解决方案，客户才会消除心中的抱怨。

（五）为客户着想

在处理客户投诉时，要为客户着想。在处理投诉的时候，店员一定要把想法转变为"如果自己是客户的话……"这样才更便于问题的解决。另外，在表达自己的意见时要说："如果我是您的话，大概也会这么生气，这件事真的给您造成困扰了。"想反驳时可以说："如果我是您，一定也会这么想，您生气是理所当然的，我们对此感到非常抱歉。但是，我们在向您道歉的同时，也希望您能听听我们的意见。"店员在告诉客户已经接受他们的意见之后，再将自己的意见陈述出来，从而找到有效的方法来解决问题。

（六）处理投诉时的禁忌

在处理客户的投诉时，店长或店员应切记以下事项，以便顺利地平息客户的不满。

（1）不要立刻与客户讲道理。

（2）不要急于得出结论。

（3）不要盲目地一味道歉。

（4）不要与客户说"这是常有的事""少见多怪"等。

(5) 不要言行不一致。

(6) 不要鸡蛋里挑骨头、无中生有,责难客户。

(7) 不要转移视线,推卸责任。

本章小结

(1) 客户关系管理是指通过对全面、个性化的客户资料进行分析,强化企业市场营销人员的跟踪服务及信息服务能力,更有效地建立与客户之间的关系,来提高客户满意度和忠诚度,从而增加销售额,提高企业竞争力。

(2) 客户关系管理的核心包括三个内容,即客户价值、关系价值和信息技术。

(3) 客户关系管理的重要性主要体现在:了解客户个性化需求;提供针对性服务,与客户实现良性互动;提高客户忠诚度,挖掘客户潜在价值;降低成本,实现利润最大化。

(4) 客户关系管理包括识别客户、对客户进行差异分析、与客户保持良性接触、调整产品或服务以满足每一个客户的需求四个阶段。

(5) 实施客户关系营销的主要途径包括树立以客户为中心的经营理念;了解客户的需要,提高客户满意度;科学地进行客户关系管理,培养客户忠诚;适当增加客户让渡价值;关系管理。

(6) 旅行社的客户关系管理是指在充分重视客户资源的基础上,以IT技术支持建立的客户档案为依据,为不同的客户提供定制化产品,通过完善周到的服务来增加客户的旅游体验,最终达到吸引和保留客户的目的。

(7) 旅行社客户关系管理的特点:关注客户个性化体验性需求;与客户建立的关系具有动态性。

(8) 旅行社门市客户关系管理的价值:为旅行社带来经济效益;有效整合旅行社资源;各种新的营销手段发挥作用的基础;是获得客户信任和赢得竞争机会的基础。

(9) 旅行社门市客户关系管理运行模式:准备阶段——目标客户选择期;创造价值阶段——忠诚度的培养;后续阶段——巩固客户关系。

(10) 旅行社门市客户关系管理策略:客户分级策略、维持客户策略、客户满意度提升策略、客户投诉处理策略。

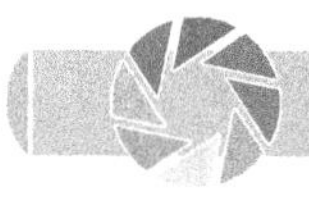

核心关键词

客户关系管理(customer relationship management)

客户结构(customer structure)

客户价值(customer value)

客户忠诚度(customer loyalty)

客户满意度(customer satisfaction)

思考练习

1. 什么是客户关系管理？如何全面理解客户关系管理的真正内涵？
2. 结合实际谈谈旅行社进行客户关系管理的重要性。
3. 旅行社如何正确处理客户投诉，赢得客户信赖？
4. 旅行社如何实施客户关系管理？

案例分析

案例1 万科的客户关系管理

在地产界存在这样一个现象：每逢万科新楼盘开盘，老业主都会前来捧场，并且老业主的推荐成交率一直居高不下，部分楼盘甚至能达到50%。据悉，万科在深、沪、京、津等地的销售，其中有30%—50%的客户是由已经入住的业主介绍的；在深圳，万科地产每开发一个新楼盘，就有不少客户跟进买入。金色家园和四季花城超过40%的新业主是老业主介绍的。而据万客会的调查显示：万科地产现有业主中，万客会会员重复购买率达65.3%，56.9%的业主会员会再次购买万科，48.5%的会员会向亲朋推荐万科地产。这在业主重复购买率一直比较低的房地产行业，是一个奇迹。

（一）万科的第五专业

在设计、工程、营销、物管的基础上，万科经过多年的实践和反思，提出了“房地产第五专业”的理念，即客户关系管理，企业也从原来的项目导向转为客户价值导向。为适应企业对客户关系管理的更高诉求，万科主动引入了信息技术，探索实现了客户关系管理的信息化。他们建立了客户中心网站和CRM等信息系统，从多个视角、工作环节和渠道，系统性收集客户的意见建议，及时做出研究和响应，这些意见和建议，还为企业战略战术开发提供了指引。万科的第五专业，成为引领企业持续发展、不断续写传奇的重要动力。

（二）关注客户体验

万科素以注重现场包装和展示而闻名，同类的项目，每平方米总要比别人贵几百甚至上千元，有人不理解：我没看出万科楼盘有什么惊人之处，技术也好，材料也好，设计也好，都是和别人差不多的？其实，只要客户仔细到万科的项目上看看，基本上会被那里浓郁的、具有艺术品位的、温馨的居家氛围和某些细节打动。他们会发现那里才是理想中的家园，于是就愿意为此多掏很多钱，愿意为瞬间的美好感受、未来的美好遐想而冲动落定。万科以其产品为道具、以服务为舞台，营造了一个让人融入其中的产生美好想象和审美愉悦的空间环境与人文环境，万科出售的不再仅仅是“商品”和“服务”，万科出售的是客户体验——客户在其精心营造的审美环境中，通过自身的感悟和想象，得到了一种精神上的愉悦。

（三）万科独有的“6＋2”服务法

万科有一个称为“6＋2”的服务法则，主要是从客户的角度分成以下几步。

第一步：温馨牵手。强调温馨牵手过程中发展商信息透明，阳光购楼。万科要求所有的项目，在销售过程中，既要宣传有利于客户（销售）的内容，也要公示不利于客户（销售）的内容，其中包括一公里以内的不利因素。

第二步：喜结连理。在合同条款中，要尽量多地告诉客户签约的注意事项，降低客户的无助感，告诉客户跟万科沟通的渠道与方式。

第三步：亲密接触。万科与客户保持亲密接触，从签约结束到拿到住房这一段时间里，万科会定期发送短信、邮件，组织客户参观楼盘，了解楼盘建设进展情况，及时将其进展情况告诉客户。

第四步：乔迁。客户入住时，万科要举行入住仪式，表达对客户的敬意与祝福。

第五步：嘘寒问暖。客户入住以后，万科要嘘寒问暖，建立客户经理制，跟踪到底，通过沟通平台及时发现、研究、解决出现的问题。

第六步：承担责任。问题总会发生，当问题出现时，特别是伤及客户利益时，万科不会推卸责任。

随后是“一路同行”。万科建立了忠诚度维修基金，所需资金来自公司每年的利润及客户出资。

最后是“四年之约”。每过四年，万科会全面走访一遍客户，看看有什么需要改善的。

（四）多渠道关注客户问题

倾听是企业客户关系管理中的重要一环，万科专门设立了一个职能部门——万科客户关系中心。客户关系中心的主要职责除了处理投诉外，还肩负客户满意度调查、员工满意度调查、各种风险评估、客户回访、投诉信息收集和处理等工作。具体的渠道如下。

(1) 协调处理客户投诉：各地客户关系中心得到公司的充分授权，遵循集团投诉处理原则，负责与客户进行交流，并对相关决定的结果负责。

(2) 监控管理投诉论坛：“投诉万科”论坛由集团客户关系中心统一实施监控。规定业主和准业主们在论坛上发表的投诉，必须 24 小时内给予答复。

(3) 组织客户满意度调查：由万科聘请第三方公司进行，旨在通过全方位地了解客户对万科产品服务的评价和需求，为客户提供更符合生活需求的产品和服务。

(4) 解答咨询：围绕万科和服务的所有咨询或意见，集团客户关系中心都可以代为解答或为客户指引便捷的沟通渠道。

（五）精心打造企业与客户的互动形式

随着企业的发展，万科对客户的理解也在不断提升。在万科人的眼里，客户已经不只是房子的买主，客户与企业的关系也不再是“一锤子买卖”。于是在 1998 年，万科创立了万客会，通过积分奖励、购房优惠等措施，为购房者提供系统性的细致服务。万客会理念不断提升和丰富，从单向施予的服务，到双向沟通与互动，再到更高层次的共同分享，万客会与会员间的关系越来越亲密，从最初的开发商与客户、产品提供方与购买方、服务者与使用者，转变为亲人般的相互信任，朋友般的相互关照。

万科没有刻意强调客户关系管理，而是将客户的利益，包括诉求真正放在心上、捧在手里、落实到了行动。万科深知，对客户利益的关照需要每个子公司、每名员工的贯彻落实，而公司对子公司及员工的考核，是检验公司对客户真实看法的试金石，是引导下属企业及员工言行的指挥棒。

目前，面对市场竞争的压力，已经有许多房企开始意识到具有优质的服务才能占领或保住市场，如绿地、保利等品牌房企均倡导以服务为主题。业内专家表示，从以产品营造为中心到以客户服务为中心，这将是房地产发展的必然途径，与此同时，服务营销的观念也将推动房地产市场更加成熟和理性。

根据案例分析：

万科通过采取哪些具体措施来实施客户关系营销？

（资料来源：https://wenku.baidu.com/view/0bd35a2b59fb770bf78a6529647d27284b7337fc.html.）

案例 2

用完早餐后，地陪小胡带领旅游团准备等车外出游览。一个客人过来与小胡商量，说他在当地有两个朋友，能否让他的朋友今天一起随团活动。小胡怕影响全团的活动就没有答应。那位客人解释说，他与那两位好朋友已经好多年没有见面了，昨晚他们才联系上，现在他的朋友已来到了宾馆，最好能同意让其随团参观，所发生的一切费用由他承担。小胡还是没有答应，那个客人很生气，认为小胡不通人情，不为客人着想。最后客人只好暂时离开团队与他的朋友单独活动。几天后，旅行社收到了一封小胡的投诉信，经理对此事情进行了调查后，就批评了小胡。小胡感到很委屈，认为自己是为了全团的利益考虑才拒绝客人的朋友随团活动的。

根据案例分析：

正确的处理方法是什么？

（资料来源：https://www.renrendoc.com/p-33393730.html.）

第八章

门市营销创新

学习目标

◆了解旅行社实体门市的优势、重要性。
◆掌握体验营销的概念、特点和主要策略。
◆了解旅行社体验营销的服务理念和运营模式。
◆了解旅行社智慧营销的特点与运行策略。
◆掌握旅行社门市营销的升级策略。

问题导向

出游时，你还会选择旅行社的线下门市吗？

导入案例

2018年很多化妆品实体店都在叫苦，电商冲击，大品牌打压，很多顾客都不进店，甚至以前常进店的老顾客也被电商搜刮而去。的确，电商商品丰富、购买便捷又没有店面租金压力，这些优势都是化妆品实体店难以抗衡的。近几年电商几乎进入鼎盛时期，化妆品店更是迈向了垂危阶段。但如果纵观全局，即从整体上来看，化妆品店其实并没有走下坡路，反而是在走上坡路，业绩困难的实体店往往只是那些跟不上时代的店，它们埋怨大环境、甩锅电商，根本没有注意到实体店的新动向。

在电商"肆虐"化妆品市场的几年里，很多顽强的化妆品实体店不但没有自怨自艾，反而寻找到了化妆品实体店独有的出路，它们觉得，电商的兴起，在一定程度上是给了实体店新的机会，而关键在于，实体店必须认清自身独有的优势，并放大这些优势。

(1) 即买即得的优势。网购毕竟还要等，而实体店则能当即给消费者送上产品，特别是那些消费者急着想要的限定版或新品，“95后”就特别需要这样的服务。那如何放大这个优势呢？开社区零售店。

(2) 实体店更容易让人放心。相比线上看得见摸不着的产品来说，实体店实实在在的陈列会让消费者更放心，所以实体店完全可以在产品的品质保证上下功夫。

(3) 实体店有场景化体验。这一点事实上是第二点的延伸或者放大，通过场景化的体验，让消费者对产品产生进一步的认知，也让她们更加了解自己适合哪一种产品。这是电商无论如何都很难企及的。

实体店最厉害的还不是放大以上的三点优势，而是正面迎击电商时代，结合“新零售”模式，运用线上线下的互相引流来提升实体店的业绩。线上社群营销，就是一个具体的方法。

那实体店该如何做线上社群营销呢？

一、用活动吸引种子顾客进群

化妆品店首先要有属于自己门店的微信个人号，这种个人号最好有多个，然后把它们分发给员工管理。这些其实都属于化妆品店的独有“财产”。有了这些“财产”，化妆品店就要开始培养它们，添加更多顾客好友。当然，直接让顾客添加，未免会让顾客反感，最好的方法是通过一些活动，引导顾客添加微信。

比如说，有些化妆品店，在3.8节日将近的时候就推出活动，在店内添加店员微信的顾客，都将在3.8这一天享受一些优惠，或者到这一天就可以到店领赠品。优惠、赠品、变现等等，这些东西始终都是能吸引消费者眼球的。除了节日活动，化妆品店还可以通过推出某些游戏或者比赛，来引导顾客添加门店的微信。而在平时，门店也应该支持员工使用手机，让她们积极添加顾客的微信，特别是已经购买了产品的顾客。种子顾客大概有50到100个的时候，社群营销的前期工作就算是比较成功的了。

二、社群一定要有主题

很多人都遇到过这种情况，莫名其妙地被拉进一个群，然后根本不知道是干什么的，结果几天后群里突然就冒出许多广告。多数人遇到这样的事情，都会愤然退群。所以，化妆品店的社群就更应该有一个鲜明的主题，让消费者一进群就知道这个群是干什么的。比如说，护肤品店的群，可以每天或者隔两天就分享一些美肤知识；彩妆店的群，则可以分享化妆技术，甚至可以娱乐八卦。

关于群内的管理员，也就是门店的员工，则可以进行分工，每个人扮演一个角色。比如说，店长就是专门派发福利的，某位店员则是美肤达人，另一位店员则是化妆达人等等，这些职位都可以通过群昵称表现出来。

三、线下活动与转化裂变要到位

创建社群，最终目标是把消费者引流到门店里来，线下活动就显得特别重要。普通的产品推荐是很难吸引顾客去店里的，只有活动才可以。

那么，线下活动该怎么选择呢？

一般的促销活动是很难吸引顾客去店里的，特别是对“95后”消费者和一些高消费力人群来说。“95后”消费者个性突出，吸引她们眼球的往往不是价格。面对这样的消费人群，化妆品店可以通过新品首发活动、神秘礼物赠送活动和游戏活动来吸引

她们。

线下活动也通常与转化裂变结合在一起，有很多门店的裂变技巧很单一，那就是邀请好友就能获得些优惠。这样的方法也的确能取得一些效果，但是久而久之，消费者就懒得为那一点优惠买账了。因此，活动式的裂变才是最有效的。比如说，化妆品店可以在店铺里布置好场景，然后在社群里邀请消费者携闺蜜或者男朋友到店内拍照或者拍视频，只要凭此照片，双方都可以享受到长期的优惠，或者获得一些小礼品。这样的裂变方式，显然更吸引年轻消费者。

总而言之，化妆品实体店的社群营销，应该遵循以下步骤：活动吸粉、管理运营微信群、线下活动裂变。

根据案例分析：

你认为在社群营销中最核心的是什么？

（资料来源：https://www.360kuai.com/pc/9368b927b7c0c1dff? cota=3&kuai_so=1&sign=360_57c3bbd1&refer_scene=so_1.）

第一节　实体店的发展优势

随着技术经济的发展，网络营销的盛行，传统的旅行社门市营销还有优势吗？未来如何发展才能创造最大效益？这些都是需要我们进一步关注和思考的问题。

一、电商平台先天不足

旅行社电子商务是指一整套的基于互联网技术的且有着规范的业务流程的在线旅游中介服务。一般来看，由专业从事旅行中介服务的企业组织建立并实施一整套基于规范业务流程的在线旅行服务模式体系，这种在线服务模式具有一定优势的同时也有其先天的不足。

（一）缺少人性化服务

旅行社从事的是一种人性化服务。随着社会经济的发展，人们对于人性的呼唤、对感情的渴望越来越强烈，人人都有渴望被人尊重理解的需求，而人的感情是电子化、信息化所代替不了的。首先，人们外出旅游在一定程度上就是享受被服务、被尊重的过程，只有真正的人为的服务才能满足人们这种与生俱来的虚荣心。其次，人们做出旅游决定的时候无不与人所处的环境、气氛有关系，甚至人的语气、语调等都可以影响人们的决策，比如旅游接待人员的一个微笑就可以把游客的满腔怒气化解为无形。最后，对待如老人、儿童等特殊的消费人群时——这类消费者大多对网络一知半解，他们在旅游过程中也需要更多的照料，电子商务显然没有办法满足他们的旅游需求。所以，特殊的旅游消费人群更需要人性化的服务。

（二）存在“信用危机”

旅游活动有供应链条长、转换次数多、参与人数多等特点，仅仅依靠网上交流，不免会造成“企业”与“顾客”之间的陌生和“距离”，很难在陌生的主体之间建立相互信任的关系。当我们思考为什么许多旅游电子商务网站的浏览量很大而成交量却很小时，就不难发现主要是因为人们到旅游网站的目的仅仅是了解咨询旅游信息，而到了真正交易的时候，旅游者还是习惯于实体交易。旅游消费者的个人信誉和旅游企业的信誉在网络上都没有办法有效地建立起来。而且，当前的在线交易手段单一，并且面临欺骗、保密性等交易风险，造成了旅游者对于在线交易没有信心。可见，诚信体系的建立不论是对于实体交易还是网络交易都同等重要。

知识链接　旅行社电子商务模式类型

第一种是和携程、途牛、同程这种在线的OTA或者一些团购平台签约合作，成为它们的产品提供商，这个模式的好处是投入成本低，关联业务，能够快速部署。但缺点是没有品牌展示机会、利润较低、竞争大、资金周转压力大，而且这其实是一种伪电子商务，因为落实电子商务的主体，并不是我们旅行社本身，而是这些合作平台。

第二种模式，就是选择成熟旅游平台开网店，比如说淘宝旅行和欣欣旅游网，这种模式的好处是开发周期短，而且投入低、流量高、快速享受平台红利，较容易赢得消费者的信任，转化情况比较理想。缺点是品牌独立性不强，用户需与全平台共享，而且有各种平台的进入门槛和规则限制，这种模式其实也只能算是电子商务的简单入门，也不能算是真正的电子商务。

第三种模式，自建网站＋渠道推广，这个模式的好处是可以自创品牌或者延续品牌，并且可以展开自有用户积累；缺点是需大量资金注入和人力投入、开发周期长，并且可能还要忍受前期流量低、转化低的开局情况。但即使如此，这种模式目前看来还是比较靠谱的旅行社电子商务形式。

（资料来源：https://wenku.baidu.com/view/bd479336cc175527072208ee.html.）

二、实体门市不可替代

在网络营销迅速发展的今天，实体门市依然是旅行社业重点发展的营销方式，其优势包括以下几点。

（一）增加信赖感

首先，旅游产品是一种无形的服务体验。门市旅游顾问通过与旅游者面对面的沟通方式，不仅能够更直接、有效地传达产品的相关信息，同时也能更加实时便捷地了解旅游者的实际需求。与此同时，旅游者来到门市，经过和销售人员面对面的沟通，不仅能更加了解旅游目的地和产品特色，现场签约、交付款也能增加旅游者对抽象产品的实际体验感，从而更加安心。

其次，有些旅游产品的签证手续和所需材料繁琐，旅游顾问面对面地详细解说能使旅游者的了解更为清晰，相关的证明文件当面交付也更为慎重。尤其是旅游者更会从实体店面的考察和体验来判断旅行社的实力，也更加注重直接接触所能带来的信赖感。

（二）增强品牌认知

若在数量和选址上具有优势，旅行社门市将能够深化旅游者对品牌的印象，有效拓展品牌的认知度。

（三）门市形象统一

在旅行社行业市场还没有规范的当前，品牌是服务质量的基本保障，而统一的装潢和形象就是这个品牌最直观的体现。

旅行社门市的装修质量和装潢方式都是一致的，并且都以醒目的颜色为代表色，让旅游者一目了然。门市有统一的形象，能让旅游者对旅行社的服务和产品有一定的心理预期，并更加放心地购买产品。

（四）专业服务到位

旅行社门市的顾问在入职后都有系统的培训，如案例分析、服务礼仪、沟通技巧等，旅游顾问专业的服务不仅能让初次进店的消费者产生购买欲，更能巩固回头客的忠诚度。此外，一般规范的旅行社门市每周举办的相关产品培训和经验分享及业务交流活动，都有助于实现促销。

三、实体店的体验制胜

作为一种全新的体验模式，旅游体验店在全国范围内快速蔓延，旅游体验店最大的优势是能够促销特定目的地、季节或航线等产品。在旅游体验店中，超越了只依靠口头和文字向客户单项输出的常规模式，努力将时尚感、体验感注入店内的每一个服务细节中。

一般而言，体验店的主题更加明确，主题布置明确不仅能立体地向目标市场展现目的地形象，而且能够有效增加该类型产品的区分度，进而提高其销量。

知识链接　凯撒旅游体验店 体验创新品质的旅游服务

凯撒旅游体验店（见图 8-1）以洞悉消费者需求，引导旅游消费新主张为宗旨，为爱好旅游的消费者打造一个集旅游产品展示咨询、最新旅游咨询发布、旅游趣味周边衍生品售卖、各类视觉艺术分享于一身的趣味性、艺术性综合型旅游互动平台。凯撒旅游已拥有覆盖全球 120 多个国家和地区，超过 20000 种服务于不同人群的高端特

图 8-1　凯撒旅游体验店

色旅游产品。同时,面对消费升级时代的到来,凯撒旅游推出新、奇、特、高系列产品,强化定制旅游服务,持续加大在度假、体育、户外、滑雪、游学、签证等子品牌上的投入力度,力求为垂直细分市场的客户提供个性化的产品和服务。

(资料来源:http://www.caissa.com.cn/z/expstore2013/.)

第二节 体验营销

线下实体店与网络电商平台各具优劣势,然而实体店的体验是网络平台无法满足的。因此,实体店为了更好地发展,就要从自身优势出发,创新营销方式,抓住消费者的心理,刺激消费。总体来看,营销的最高境界就是体验营销,这也是电商平台无法超越的优势。

一、体验营销的概念

所谓体验营销就是通过看、听、用、参与的手段,充分刺激和调动消费者的感官、情感、思考、行动、联想等感性因素和理性因素,进而重新定义、设计的一种思考方式的营销方法。这种思考方式突破传统上"理性消费者"的假设,认为消费者消费时是理性与感性兼具的,消费者在消费前、消费中和消费后的体验才是购买行为与品牌经营的关键。

二、体验营销的产生

体验营销是1998年美国战略地平线LLP公司的两位创始人派恩二世和吉尔摩提出的。他们对体验营销的定义是:"从消费者的感官、情感、思考、行动、关联五个方面重新定义,设计营销理念。"为什么体验营销在我国的传播会如此之快呢?这与我国体验消费趋势有关,而并非偶然,原因归纳有以下几点。

(一)物质文明进步和消费者生活水平提高

伴随着物质文明的进步,人们的生活水平和消费需求也在不断升级。一般来看,在农业社会人们追求的是温饱的基本满足,而在工业社会中生活水准由物质产品数量来衡量,后工业社会中人们更加关心生活的质量,关心自己在心理上和精神上获得的满足程度。可以说,体验正是代表这种满足程度的经济提供物。可见,人们的消费需求从实用层次转向体验层次是社会发展的结果。

(二)产品和服务的同质化趋向

所谓"同质化"是指同一大类中不同品牌的商品在性能、外观甚至营销手段上相互模仿,以致逐渐趋同的现象,激烈的市场竞争使技术传播速度加快,使得旅游行业内提供的商品和服务越来越趋同。正是因为商品和服务的趋同抹杀了商品和服务给人们带来的个性化、独特性的感受和体验,体验才显得如此珍贵。进一步加强旅游定制服务,渗入体验经济概念,推动企业产品和服务体验的升级。

(三)科学技术的飞速发展

现代人们接触到的许多体验,如互联游戏、网上聊天、虚拟社区等都是由于现代科学技术的飞速发展而满足人们体验需求的。网络空间与生俱来就是一个提供体验的好地方，相信在未来几年里，信息技术和电信及生物技术的不断融合，提供给人们体验的空间将更加广阔。基于科学技术的迅速发展，人们对体验的需求和欲望会更多，因此体验也显得更加重要。

（四）先进企业对人们消费观念的引导和示范

许多体验性消费是由少数先进企业首先引导和示范的。例如，在索尼公司推出随身听之前，消费者并没有想到收听音乐会如此方便；在苹果公司制造出个人电脑和智能手机之前，消费者不曾期望自己能够用上如此神奇的机器。先进企业是如此深挖人们心中没有表达出来的潜在需求，以至于消费者对于他们生产出来的新产品非常偏好。

三、体验营销的特点

在信息产业快速发展的时代，人们的消费观念和消费形态发生了明显变化，更加注重产品和服务带来的心理上的满足，因而精神需求成为消费者的主导需求。体验营销正是满足消费者精神需求的一种营销模式，其特点如下。

（一）顾客参与

区别于传统营销，体验营销中消费者成为参与主体，亲自体验每一个消费细节，并在这一过程中加深了对产品或服务的认识，培养了与企业的感情，逐渐形成了客户忠诚。可以说，消费者的主动参与是体验营销最显著的特征。受文化传统根深蒂固的影响，顾客只有亲身体验了才能获得更大、更真实的感受，正所谓“眼见为实，耳听为虚”。

（二）体验需求

体验作为消费者内部化的一种感受，是企业摸不着、看不见的无形的东西，企业很难知道消费者对产品和服务的真实需求和感受。因此，在体验营销时，企业需要尽力与消费者进行沟通，及时了解消费者的想法、感受，并做出相应调整，这样才能保证更好地满足消费者的体验需求。

（三）个性化

传统营销活动中企业更多的是满足消费者的标准化需求，提供给消费者的也是标准化的产品。体验营销区别于传统营销的一个重要方面，就是体验营销更关注消费者的差异化需求。体验是个人独一无二的感受，个人对同一产品、同一刺激产生的体验不尽相同，这就要求企业应站在顾客体验的角度，审视自己的产品和服务，了解消费者内心的真实感受，提供个性化的产品。

（四）主题化

体验营销一般主题明确，有品牌作为保障，装修质量和装潢方式都会体现主题性。实体店会以产品风格做有特色的装潢、统一的元素、特色的小饰品和主题布置，强化产品的主题化宣传。主题化的布置能够吸引本来没有购买意向的路人入店了解，有利于提高客人对产品的兴趣和接受度，实现促销的目的。

（五）无形性

体验是无形的，是消费者对产品和服务的一种身临其境的感受，是一种被感知的效果，而这种感知是除了消费者本人外，其他人无法拥有的，它是指旅游服务提供者与消费者之间一种抽象化的互动关系。在旅游活动中，旅游服务提供者的服务态度与服务质量，直接与旅游者的消费体验挂钩，而这种体验从开始到结束都没有具体的形态，但是又无处不在。

四、体验营销的主要策略

体验营销的主要策略包括感官式营销、情感式营销、思考式营销、行动式营销和关联式营销。

（一）感官式营销

感官式营销是通过视觉、听觉、触觉与嗅觉建立感官上的体验。它的主要目的是创造知觉体验的体验。感官式营销可以区分公司和产品，引发消费者购买动机和增加产品的附加值等。

例如，以宝洁公司的汰渍洗衣粉为例，其广告突出"山野清新"的感觉：新型山泉汰渍带给你野外的清爽幽香。公司为创造这种清新的感觉做了大量工作，后来获得了很好的效果。

（二）情感式营销

情感式营销是在营销过程中，要触动消费者的内心情感，创造情感体验，其范围可以是一个温和、柔情的正面心情，如欢乐、自豪，甚至是强烈的激动情绪。情感式营销需要真正了解什么刺激可以引起某种情绪，以及能使消费者自然地受到感染并融入这种情景中。

例如，在"水晶之恋"果冻广告中，我们可以看到一位清纯、可爱、脸上写满幸福的女孩，依靠在男朋友的肩膀上，品尝着他送给她的"水晶之恋"果冻，就连旁观者也会感觉到这种"甜蜜爱情"的体验。

（三）思考式营销

思考式营销是启发人们的智力，创造性地让消费者获得认识和解决问题的体验。它运用惊奇、计谋和诱惑，引发消费者产生统一或各异的想法。

例如，在高科技产品宣传中，思考式营销被广泛使用。1998 年苹果电脑的 IMAC 计算机上市仅六个星期，就销售了 27.8 万台，被《商业周刊》评为 1998 年最佳产品。IMAC 的成功很大程度上得益于一个思考式营销方案。该方案将"与众不同的思考"的标语，结合许多不同领域的"创意天才"，包括爱因斯坦、甘地和拳王阿里等人的黑白照片。在各种大型广告路牌、墙体广告和公交车身上，随处可见该方案的平面广告。当这个广告刺激消费者去思考苹果电脑的与众不同时，也促使他们思考自己的与众不同，以及通过使用苹果电脑而使他们感觉自己成为创意天才。

（四）行动式营销

行动式营销是通过偶像、角色如影视歌星或著名运动明星来激发消费者，使其生活形态予以改变，从而实现产品的销售。

例如，在这一方面耐克可谓经典。该公司成功的主要原因之一是有出色的"JUST DO IT"的广告，经常性地描述运动中的著名篮球运动员迈克尔乔丹，从而升华身体运动的体验。

（五）关联式营销

关联式营销是感官、情感、思考和行动或营销的综合。关联式营销战略特别适用于化妆品、日常生活用品、私人交通工具等领域。

例如，美国市场上的"哈雷牌"摩托车，车主们经常把它的标志纹在自己的胳膊上乃至全

身。他们每个周末去全国参加各种竞赛，可见哈雷品牌的影响力不凡。

第三节 体验创造门市新价值

与传统旅行社门市相比，旅游体验门市在服务理念和运营模式都有着明显的区别。

一、突破传统门市经营模式

在体验店中，超越了只依靠口头和文字向客户单向输出的传统模式，努力将时尚感、体验感注入店内的每一个服务细节中。要突破传统门市的经营模式，首先要逐步向传递品牌价值、旅游文化的概念店方向转变，其次就是要为旅游供应商提供综合展示和销售的平台，进而为消费者提供更为多元化和专业化的旅游服务。

旅行社门市通过设立体验区，一是可以举办更多旅游节事活动，各文化和旅游局、景区景点、酒店、航空公司可以更好地展示旅游形象和最新旅游资讯，这种宣传方式方便且有效；二是拉近与客户的距离，旅行社门市实现"一站式专业服务"，通过工作人员耐心解答客户疑问等方式，为客户提供优质的沟通体验；三是打造细节制胜的服务，可以在多功能休息等候区提供饮品、上网、看旅游电视节目等服务，提升客户好感，增强客户黏性。

通过视觉与听觉的直观感受，让客户对旅游景观有一个超前的体验，做到真正的"身未动，心已远"，畅想"诗与远方"，让旅游线路以最直观的视角呈现在客户面前，为满足客户的需要做到最优。

知识链接 "旅游店名城"突破了旅行社的传统经营模式

走进"广之旅旅游店名城"，可以看到身穿日本、韩国、泰国和奥地利等 10 个国家传统特色服装的营业员，让人眼前一亮。"广之旅旅游头等舱"的服务理念是让市民获得更专业化和个性化的服务，使市民感受除了产品以外更多的价值、文化和理念。店中有多个各具特色的旅游专区，包括旅游咨询区、世界旅游风情展示区、多功能休息等候区等。

（资料来源：梁雪松，胡蝶，王伟，等. 现代旅行社门店管理实务[M]. 2 版. 北京：北京大学出版社，2016.）

二、强调体验与分享

门市的体验强调"旅游体验"与"体验分享"，属于深耕旅游服务的一种。一般规范化的旅行社门市均为直营，并建立了严格的标准化服务流程，实行统一标准、统一管理，通过提供具有个性化的服务与产品，为客户带来一体化的优质体验。当下的旅游市场，既面临着政策利好带来的刺激作用，同时，资本介入、旅游电商兴起，又加速了旅游市场的竞争。

与传统门市相比，旅游体验店在体验功能上更突出旅游文化的体验，为旅游行业的发展注入了新的理念。然而，体验店不是简单地取代传统功能单一的销售门店，而是全新的升级，这种升级不仅体现在硬件上，也体现在集销售、服务、品牌塑造于一身的销售策略的升级上。

旅游是一个注重分享的产品，需要有经验的人进行面对面的解说，门市正是展示旅行社服务的重要一环。传统意义上，旅行社的服务是从组团出发时开始，但实际上现代旅游企业提供给消费者的服务可以无限延伸和提前，旅游咨询、旅游文化分享、与旅游相关的生活服务都是旅行社服务的范畴。与传统门市相比，旅游体验店进驻都市核心商业区域，功能上更加突出旅游文化的体验，为旅游行业的发展注入了新的理念，更引发了旅行社门市服务的全新升级。

知识链接

山西商务国旅定期会邀请新老顾客对新开发的旅游线路、特色旅游线路进行面谈会，批发商组织现场线路讲解，并提供优惠政策，加强客户的体验感，推动旅行社门市产品的开发与销售。

（资料来源：晋中学院旅游与公共管理学院2016级山西国旅实习生反馈信息.）

三、提高门市的消费体验

目前许多旅行社正在尝试在门市里用高科技做各种情景式的展示，让客户能像在世博一样看到世界各地的风景，使门市成为“永不落幕的旅游展”。

首先，高科技体验能吸引到更高端的客户，利于旅行社门市售出更多单价和利润都更高的旅游产品。其次，这能让客户在实地踏上旅程之前，在门市就开始享受包括消费在内的旅游过程。

通过在旅游出发地开设体验店，在目的地开设驿站，进行休闲旅游的O2O战略布局，是旅行社利用新技术、提高客户消费体验的重要一步。

知识链接　门市接待、留住客人的一些基本做法

✣首先是你的门市开在哪里？是繁华的闹市区，还是人口密集的居民区，周围是写字楼、办公区还是生活区，这样在不同的环境招徕的客人其实是有区别的。

随着互联网的发展，进入门市的客人越来越少，更多的客人会通过网络、微信、电话等方式咨询联络。许多门市会通过发宣传页的方式收客，招揽客人进店，这种方法在部分地区还有效果，但在大部分地区其效果已经微乎其微。

✣对于难得进入门市的客人该如何接待？如何提高下单成功率？

精准定位客户，例如客人是开车来的、走路来的，还是骑车来的，这标志着客人与

门市的远近距离，标志着客人有没有时间和你深谈。

开车来的客人，一般不喜欢啰嗦，开门见山，同时所需产品一般为远途的产品，短线的周边游对他们来说可能没有兴趣。这样的客人要推荐一些品质高的国内线路或者出境产品，要以品质为突破，不要纠缠在价格上，多介绍体验。

对于步行或者骑车来的客人，一般来说都会在附近居住，有空闲时间和你聊，这时不要着急推荐产品，先稳住客人，唠唠家常，探探旅游需要，把来客的真实需要搞清楚，再根据情况推荐产品。

❖旅游是一个需要闲钱和闲时的活动，对于有空闲时间的银发族和紧张工作的上班族来说，同样的目的地产品设计是有区别的。

对于上班族来说，下班后出发，这个时段的选择可以为客人赢得时间，因此选择下午或晚上出行，是比较受欢迎的，而如果是一早出行，很容易就浪费大半天甚至一天的时间游玩。

而对于银发一族，他们的时间比较充裕，甚至可以来一次说走就走的旅行，这样的客人，既可以避开旅游高峰期(价格高)，还可以有机会选到尾单(价格低)，用这样的思路帮助客人选择产品，客人会更加信任你。

❖当客人来到你面前，或者是通过电话、微信联系了你，那你就要从点滴的细节中去分析客人的出游心理，从年龄、职业、可支配旅游支出预算、家庭情况、曾经出游的情况、旅游经验等方面对客人进行一个预估。

有许多客人其实来咨询之前，并没有一个明确的旅游目的地，只是想去旅游，如果天南地北一通介绍，把客人介绍晕了，他们就更拿不准主意了，此时你作为旅游顾问身份出现，帮助客人做出合理选择，是成交的关键。此时的你不是卖产品，而是帮助客人选择产品，是站在客人角度去看产品，而不是站在销售的角度去推销你的产品。

面对客人需要问到的几个问题：

1. 您之前去过哪些地方旅游？喜欢哪些地方？对哪些方面不满意？

这个可以帮助你了解客人的喜好，介绍产品更精准。可以避免你推荐了被客人抵触的目的地和行程。

2. 出行假期安排在什么时间？往返时间一共是多久？

这个问题关系到行程的价格，淡季、旺季的差异很大，有时甚至随着时间变化，机票、酒店价格会大幅变化，这直接影响了产品价格。

3. 以什么样的结构出行？

根据现在外出旅游的结构，一般有家庭游、亲友游、团队游等，家庭游还会分成携老游、亲子游、全聚游等等，不同结构出行，会有不同的产品特征，了解客人的出行结构，有利于帮助客人选择好产品。

4. 旅游预算是多少？

这是一个既隐秘又公开的话题，说隐秘是许多客人不愿意直接说出自己的预算计划，这里有多种原因，既不想炫耀，也不想寒酸，但是又不得不说明，所以，这个问题的问法需要一定的技巧，不能过于唐突。

要通过前面的分析，包括曾经去旅游目的地的价格等反射出客人的消费心理，恰当地推荐产品。

（资料来源：https://www.360kuai.com/pc/9d9b213bcd5a84c8a?cota=4&tj_url=so_rec&sign=360_57c3bbd1&refer_scene=so_1.）

第四节 门市智慧营销

随着人民生活水平的提高以及整个社会消费个性化时代的到来，越来越多的消费者已经不再满足于传统的组团旅游，个性化、多样化的旅游形式正广泛地被消费者接受。传统的旅行社组团旅游，虽然可以让旅游者免去为交通、住宿等诸多琐事而操心，但一路上走马观花式地参观，旅游者看到的几乎都是相同的东西，谈起来的感受几乎千篇一律，个人的需求难以得到满足。在个性化旅游的大趋势下，旅游者对信息服务的依赖程度越来越高。

一、旅游电子商务

电子商务（Electronic Commerce，EC）的内涵包含两个方面：一是电子方式，二是商贸活动。旅游电子商务是指以网络为主体，以旅游业务信息库、电子化商务银行为基础，利用最先进的电子手段运作旅游业及分销系统的一种新式交易体系。具有营运成本低、用户范围广、无时空限制以及能同用户直接交流等特点，对顾客提供了更个性、人性化的服务。旅游电子商务一般包括网络信息传播、网络议价、下订单、付款、客服等网上销售活动。

旅游是人的流动，旅游电子商务较少涉及复杂、费力的物流配送问题，对企业的物流配送系统要求不高。因此，旅游电子商务在技术上最具有可行性，利用网络可以迅速整合各种资源，这非常适合开发散客和小团体旅游市场。旅游电子商务客户可以通过网上结算的方式直接付款，免去旅游者携款到旅行社办理各种手续的麻烦，并且可以使旅游产品走向世界。

在线旅游给传统旅游业带来的改变主要体现在两个方面：一是针对旅游者主体，移动互联网技术的成熟让旅游者的出行变得更加方便、快捷，查询、预订、支付以及分享都可以随时随地完成，大大提高了旅游者的旅游出行体验。二是在线旅游的发展带动了地方旅游产业的发展。各类专业的在线旅游客户端的上线，在为旅游者们的出行带来方便的同时，更为地方旅游景点搭建了市场营销宣传的平台，突破了时空限制的信息传播与广告宣传，大大提升了地方旅游景点的知名度。

二、旅游智慧营销特点

智慧营销是以互联网为媒体，以新的方式、新的理念来实施旅游产品的营销。互联网有五个重要特性，即互动性、虚拟性、私人性、全球性、永恒发展性。旅游智慧营销创造性地继承了互联网的五大特性，表现出以下特点。

（一）跨时空性

营销的最终目的是以合适的方式引导目标客户对组织产品的消费。由于互联网络具有超越时间约束和空间限制进行信息交换的特点，因此使得脱离时空限制达成交易成为可能，旅行社借助互联网能有更多时间和更大空间进行营销，可随时随地提供全球性营销服务。同时，旅游者只需根据自己的喜好或需要去选择相应的信息（如旅行社、旅游线路等）并加以比较，做出购买的决策，这种轻松自在的选择不受时间、空间的限制，非常灵活、快捷和方便。

（二）互动性

当前，顾客导向型营销已成为主流，因此正确掌握目标游客的需求、及时提出可行的个性化服务至关重要。互联网作为一个平台，让旅游者与旅游企业之间进行实时沟通成为可能，旅行社时刻了解旅游者需求，为其长期可持续发展提供基础。互联网提供了旅行社与旅游者双向交流的通道，旅行社可以通过互联网络展示旅游产品目录，利用资料库提供有关旅游产品信息的查询，制作调查表来收集旅游者的意见，还可以让旅游者参与旅游产品的设计、开发，真正做到以旅游者为中心，设计出更符合旅游者需要的产品和服务。旅行社还可以在进行从市场调研、产品设计到最终服务的一系列程序时和旅游者保持密切的联系，和旅游者共同创造新的市场需求。

（三）高效性

借助网络，旅行社可储存、分析大量的市场信息，向旅游者传送信息的精确度也远超过其他媒体，并能迅速更新产品或调整价格，因而旅行社能及时、有效地了解并满足旅游者的需求。此外，网络信息传输速度快，即便是跨国交易，在网络上也只需几分钟甚至几秒钟即可成交。

（四）综合性

智慧营销由市场调研、广告宣传、实际销售、售后服务等环节构成，是一种全程的营销渠道。旅行社可借助网络对不同的营销活动进行统一规划和协调实施，将旅游者与各利益相关者通过网络整合到营销系统中，通过内联网、专用网及互联网，与分销商、代理商通过供应链管理信息系统建立动态联盟，实现营销渠道的整合。

三、传统旅行社积极拓展智慧营销服务

目前有部分中小旅行社门市依托微信、网站等线上平台，线下打造主题游、定制游旅游产品，提供人性化及个性化的服务，也能够获得利润。旅行社门市可以转型成为旅游顾问，根据旅游者的特定需求，从路线、方式和服务着手为旅游者量身打造具有浓郁个人专属风格的旅行。它提供的是一种个性化、专属化的服务，有别于传统的标准化的、千篇一律的旅游线路服务，能极大地满足旅游者多样化的需求，也能够帮助旅行社得以应对散客化发展的旅游趋势。

在当今移动互联网时代，国、中、青旅等大型传统旅行社实际上很希望通过信息化打通管理系统，但实践起来却是很复杂的事情，很多时候旅行社总部会因为难度大、耗费资金等原因而没有动力去整合全国几千家门市。在这样的市场环境下，创业者们看到了机会。

行业内诞生了一批像飞猪、途牛等的第三方旅游平台，它们专注于门市和旅行社、组团社和地接社之间的生意。随着第三方平台的介入，旅行社逐渐意识到互联网＋时代转型升级的重要性，纷纷发力布局自建系统，打通所有链接。与此同时，线上线下融合已经成为旅游行业的整体发展趋势，不论是携程、途牛、同程等在线旅游企业积极布局线下门市，还是众信、凯撒等传统旅游企业向线上拓展，都是为了适应行业融合发展的大趋势。

第五节　门市营销升级策略

传统旅游业在过去数十年的时间里，资源集中度低、业务半径小、信息交互不对称、管理落后等问题依然存在。在旅游业急需转型的时期，专注于“智慧旅游”技术和应用研发的O2O智慧旅游游客信息服务云系统的出现，为中国旅游产业提供了“规划设计＋软件开发＋运营维护＋系统集成”的一体化信息解决方案，也给传统模式下的旅游业带来了一场革命。

一、数字化体验升级

在当今移动互联网时代，传统旅游业迎来前所未有的发展契机，线上线下融合已经成为旅游行业的整体发展趋势。传统旅行社试水O2O体验店，目的是改变以往单纯注重销售的门市模式，通过加入时尚元素、体验功能、声光电科技和网络环境，提升旅游者在店内的体验，提升品牌好感及商品销售率。功能完整、环境优雅的O2O体验店将有可能取代只有单一销售功能的旅行社门市，成为旅行社门市的主流。

（一）打通上下线

从目前旅游O2O的整合方式看，大致可以分为三大类，第一类是线下资源＋线上平台，第二类是线下综合资源＋线上平台，第三类则是线上渠道＋线下渠道的模式。

线下资源＋线上平台型的O2O实践，线下多为资源主管单位或资源拥有方，比如文化和旅游局、风景区、目的地或掌握目的地资源方与线上OTA平台对接，线上OTA多以接近或掌控线下目的地资源为目的地，双方进行O2O尝试或融合，线上不仅仅是渠道，也是目的地营销的线上补充平台。

线下综合资源＋线上平台的类型则较为复杂，线下方虽不是景区、目的地等直接资源方，但多为大型集团或上市公司，旅游是多元化的业务单元，大多直接或间接掌控了大量资源，如海航的酒店、航空公司，万达的酒店、休闲度假区，探路者在户外领域的资源等。

线上渠道＋线下渠道的模式则属于早期的旅游O2O，以携程为代表，有线上下单、线下体验，或者线下发卡、线上预订再返回线下体验几种模式。商家的关注点在销售环节，线上线下渠道互为导流入口或销售起点，对接方式多为销售驱动，旅行社通过与互联网渠道的对接实现更大的分销能力是第一诉求。

在旅游市场上，交通、美食、门票、演出、购物和住宿作为主要的六大要素，在这六大细分市场上，都已经基本形成了不同的O2O项目，从解决出行交通问题的滴滴打车到移动旅游分享应用的面包旅行，到周末去哪儿，再到国内以小猪短租为代表的分享经济的崛起，旅游O2O发展全面开花，在各个细分市场上开始深耕。

（二）线上线下融合

由于旅游O2O的出现，旅游者在效率、服务和体验三个环节的感受都大大提升。通过互联网旅游者可以比价、线上支付，决策更透明、方便，整体效率大大提升；而在服务方面，以往产品的提供、组织和售卖三者是割裂的，例如旅游者在门市购买产品，地接社提供接待，最终入住的是酒店，去的是景区，服务质量无法保证，而旅游O2O可以将三者进行一定的连接，提供更深度的服务；此外，互联网的出现使得旅游的服务更容易受到监督，旅游者可以点评和吐槽，极大地避免了宰客现象的发生。

但是要实现线上和线下的融合并不是一件容易的事情。线下资源是非常分散的，从景区资源到酒店、目的地消费，需要大量的地接团队、商务团队去谈判，需要团队对不同店面位置、码头进行实地考察，这个对接过程比较复杂；此外，线上的标准化产品如何与线下的接待匹配也是一个问题，线上的销售能力如果与线下的接待不匹配，就会带来旅游服务问题。

知识链接　中青旅的O2O模式

中青旅的O2O模式，即将遨游网、连锁店、呼叫中心三个渠道进行协同，线上和线下结合共同服务于中青旅的广大旅游用户，简而言之，消费者可以在遨游网查询筛选产品，前往就近连锁店进行线下签约，现金或刷卡支付；也可以在连锁店咨询旅游产品的详细信息，在家通过遨游网进行在线签约、在线支付。通过这种O2O模式，中青旅将线上的便捷和线下的服务结合，给消费者良好的购买体验。

（资料来源：http://www.yntour123.com/gl/443.html.）

二、产品体验升级

面对在线旅游对传统旅游模式的强劲冲击，旅游消费市场结构正在发生明显变化，旅行社的产品也应随之转型升级，更加重视品牌化和定制化旅游产品的推广，进一步扩大服务范围。

（一）品牌化

品牌是企业树立自身形象，与其他企业展开市场竞争的一种凭证。品牌能给消费者以较强的信任感，在众多大同小异的旅游商品面前，消费者总会将品牌视为安全、可靠与优质的保证，是一种质量的承诺。因此，品牌不仅是旅游产品的名称标志，而且也是旅游企业整个产品策略的重要组成部分，合理、成功地创造和使用品牌都要有科学的品牌策略。

1. 品牌的标记策略

品牌标记是指品牌中非文字或数字表述的部分，通常是图案或标记。旅游产品的品牌要易读、易记、易听、易写，这就要求品牌的名字要简洁且有意义，同时，要求避免通俗化，具有鲜明的个性，能迅速、直观地反映出旅游产品的规格和质量。例如，中旅的品牌由“China Travel Service”的首写字母“CTS”及“中旅”组成，“C”字画出椭圆形，象征地球，“T”和“S”组成一只鸿雁，寓意中旅是友好的使者。中旅的品牌标记个性鲜明，能够形成一种品牌标识。

2. 品牌的质量策略

据美国的一项研究表明，企业的投资收益率会随着品牌质量水平的提高而提高，但不会直线上升。一般情况下，高质量和优质量获利能力差别不大，而低质量获利能力明显低下，因此企业应当提供高质量品牌。对于旅游企业而言，提高旅游产品质量是企业树立形象的一种重要途径，旅行社需要借助商标树立企业服务质量好的市场形象。通过品牌质量策略扩大影响，提高市场竞争力。

3. 品牌扩展策略

当某一旅游产品成为王牌产品之后，应充分利用这种品牌效应，及时维护名牌商标的信誉。如果品牌旅游产品开发出系列产品，不论优劣，沿用一个品牌，必然有损品牌信誉，因而，对主品牌进行适当改革，再推出系列产品，如“三峡”与“小三峡”，“西湖”与“瘦西湖”。

品牌化虽然会使企业增加成本费用，但品牌作为企业及其产品的形象标志，在营销活动中发挥着重要的作用。品牌是企业开展宣传的基础，有助于树立良好的企业及其产品形象，有助于企业细分市场，有助于建立较为巩固的顾客群，是购买者获得商品信息的重要来源，是保护企业及其产品信誉的重要武器。因此，运用品牌策略对产品营销具有重要意义。

（二）定制化

旅游者面对传统旅行社的既成线路，通常只能被动选择，定制旅游则实现了主动性倒置。基本做法是 O2O 下的 C2B 模式：客户提出需求，根据实际情况来做行程定制与路书。

最典型的定制旅游模式：私人定制旅游现在是国外非常流行的旅游方式，根据旅游者提出的个性化需求，以旅游者为主导进行旅游活动流程的设计，即高端旅行策划机构根据客户的特定需求，从路线、方式和服务质量重新再造流程，着手为客户量身打造的具有浓郁个人专属风格的旅行，它提供的是一种个性化、专属化、“一对一”式的高品质服务，以便让旅游者体验“有服务的自由行”。那如何做好定制旅游呢？

首先，要详细了解客户的具体需求，如可接受价位、旅游群体、出游主题等内容；其次，由经验丰富的旅游规划师设计线路；最后，还应拥有强大的地接资源。

定制旅游的优点是既顺应市场需求，也是旅游产品升级的一种途径。另外定制旅游产品与普通产品相比，其利润更高，因为它不仅是吃、住、行、游、购、娱的整合，还融入了更多旅游者的个性化需求。定制游的缺陷在于，当下的定制旅游产品的设计和销售不容乐观，产品设计人才缺乏，目标群体消费观念不成熟。

因此，应该从以下方面进行突破：首先，精准定位目标人群，根据人群、兴趣、需求等要素进行细分；其次，对跨行业资源进行整合及配置，包括旅行供应商、跨行业资源的合作伙伴等；最后，对定制旅游产品的营销推广。尤其要注意的是，要有效引导定制旅游消费观念，以此拓展定制旅游市场。

知识链接　明智优选——定制旅游平台

定制游市场目前已经完成了从“野蛮生长”到理性冷静的过渡，凯撒旅游经过二十多年的稳健发展，跻身中国百强旅行社的行列，如今抓住旅游市场变革的趋势，以旗下品牌“明智优选定制平台”开拓定制游市场，创立了以信息对称、独树一帜、知识付费为特征的定制模式标准和定制规范。明智优选主打“一人出行、四人服务”，更是以定制师服务为核心，专注私人定制旅游市场。

（资料来源：https://www.sohu.com/a/332605809_168067.）

三、服务体验升级

什么是好的服务？就是让客户满意。什么是更好的服务？就是让客户感动。好的味道、好的理念、好的产品，这些都是企业技术或者能力的反映，而好的服务则代表着一种尊重的态度。在市场竞争日益激烈的今天，越来越多的企业把关注点放在了服务上，希望实现服务的精益求精，让客户的好感度升级。这种升级的过程具体表现为：以较少的人力、较少的设备、较短的时间和较小的场地创造出尽可能多的价值；同时越来越接近客户，为他们提供真正想要的东西。

体验式门市对接待服务、售后服务等都有更高的要求，需要将各项服务指标化，如客户从进门到接待需要多长时间，向客户介绍产品需要多长时间，并把关注微信和下载 App 等也加入考核指标中。同时，还要认真收集接待过程中的客户反馈，如最近哪个目的地的客户咨询量大，哪些产品还不够丰富，并分析客户没有下单的原因，把简单的销售转变为营销。除此之外，在旅游产品售卖完成之后，对出现的纠纷或者旅途以外等相关情况进行快速、及时、妥善处理。

而且，旅行社门市服务的全新升级，打破了传统店铺中旅游顾问与客户隔着桌子的面对面交流方式，让旅游顾问为客户提供较无距离感的咨询服务，进而为客户提供具有针对性的服务。

四、功能体验升级

如今，休闲、聚会等功能明显的旅行社门市体验服务更加深入人心，成为传统旅行社发展的方向。

知识链接　众信旅游首家旅行生活概念咖啡店开业

“U Coffee(悠咖啡)”集休闲、交友、体验、销售、货币兑换等多种功能为一体，兼具传统旅游门市的产品销售及旅游体验店的目的地体验功能，同时也为旅游爱好者提供了休闲和互相交流的平台。作为一家咖啡店，“U Coffee(悠咖啡)”为顾客提供了口味不同的咖啡及各地特色饮品；作为一家升级的旅游门市，消费者可在店内购买旅游产品；通过店内大屏幕，消费者可以边喝咖啡边观赏世界美景；店内设置的“货币兑换处”，免去了繁琐的程序，更可快捷地满足消费者的货币兑换需求。

“U Coffee(悠咖啡)”作为首家旅游行业从业者自主经营的开放、专业、休闲的沟通平台，正式开启了旅游门市的 3.0 时代。

除众信旅游外，在杭州建国北路体育场路口，你能发现一家奇特的门市，招牌上写着“款待懂咖啡爱旅行的你”，还有一些关键词如“现磨咖啡”“旅行咨询”等。这是凯撒旅游与卡瓦尼咖啡达成了战略合作协议。在卡瓦尼咖啡馆里，设有智能电脑桌，客人可以一边喝咖啡一边下旅游订单，制订旅行计划以及定制私人旅游线路等。这不是一家咖啡馆，而是一家旅行社。店内有色彩缤纷的各类旅游宣传册子、琳琅满目的书架、贴满各地风景美图的照片墙、舒适柔软的沙发、醇厚浓郁的咖啡香气……

爱喝咖啡和爱旅行的群体有重合，旅行社看好这一新模式。

很多旅行社都开始摸索新的路子寻求转型，不是在产品上进行创新，就是在服务上进行提升。来店里定制旅游的客人都会待上很长时间，要先了解客户大致的旅游需求再一步步提供方案。有了咖啡馆以后，客人在店里喝喝咖啡、看看电影就不会觉得无聊了，"旅行社＋咖啡馆"模式，不仅增强了客户的黏性，对业绩销售也有促进作用。

目前仅有一些规模较大的旅行社在积极开展新业态来提高品牌竞争力。旅行社和咖啡馆结合在一起，是传统旅行社利用互联网思维进行营销的一大突破。按照互联网思维，就是以消费者为中心，把旅行社打造成咖啡馆的环境，客户逗留的时间会拉长，因此也更有可能下决定购买旅游产品。

传统旅行社应该把眼光放得更远一点，线下门市应该让客户有种回家的感觉，而不是定好线路、签好合同就走。

（资料来源：http://travel.163.com/15/0520/17/AQ2UQRRD00064M2L.html.）

本章小结

（1）旅行社实体门市的优势：增加信赖感；增强品牌认知；门市形象统一；专业服务到位。

（2）体验营销是指通过看、听、用、参与的手段，充分刺激和调动消费者的感官、情感、思考、行动、联想等感性因素和理性因素，重新定义、设计的一种思考方式的营销方法。

（3）体验营销的特点：顾客参与、体验需求、个性化、主题化、无形性。

（4）体验营销的主要策略：感官式营销、情感式营销、思考式营销、行动式营销、关联式营销。

（5）旅游电子商务是指以网络为主体，以旅游业务信息库、电子化商务银行为基础，利用最先进的电子手段运作旅游业及分销系统的一种新式交易体系。

（6）旅游智慧营销特点：跨时空性、互动性、高效性、综合性。

（7）门市营销升级策略：数字化体验升级、产品体验升级、服务体验升级、功能体验升级。

（8）品牌是企业树立自身形象，与其他企业展开市场竞争的一种凭证。品牌能给消费者以较强的信任感，在众多大同小异的旅游商品面前，消费者总会将品牌视为安全、可靠与优质的保证，是一种质量的承诺。

核心关键词

门市营销(retail marketing)
体验营销(experience marketing)
顾客参与(customer participation)
旅游电子商务(tourism electronic commerce)
智慧营销(intelligent marketing)

思考练习

1. 旅游实体门市营销的优势体现在哪些方面?
2. 体验营销的特点有哪些?
3. 请结合实际说明旅行社体验营销的主要策略。
4. 旅行社门市体验升级体现在哪些方面?

案例分析

案例1　从宜家看体验营销

宜家家居(IKEA)自1943年成立以来,经过多年的发展,已成为全球较具影响力的家居用品零售商,占据着不可撼动的市场地位,其独特的营销策略——体验式营销,是其成功的关键因素。

1. 视觉影响法

视觉影响法即利用场景。宜家的营销从你踏进店面那一刻就开始,简洁醒目的Logo,具有艺术气息的装潢,整齐罗列的商品,通过打造出最佳的视觉效果来刺激消费者的眼球神经,激发消费者的购买欲。

就拿宜家的商品布置来说,你会发现宜家是将产品的使用环境模拟出来,通过设计师的布置来创建一个小房间。在这里,你能感觉到产品的使用效果,可以考虑选择什么样的产品进行搭配。此外,宜家的样板间随着新品和季节不断变化,让消费者可以迅速了解到家具应该如何布置,从而吸引大批消费者前来购买商品。

2. 听觉影响法

听觉影响法即利用口碑。在大部分情况下,设计精美的家具是为贵族服务的,而宜家却不同,它的目标群体是中等收入的家庭。宜家的出现使人们不必支付昂贵的价格就可以得到精美的产品。在这一点上,宜家打造出口口相传的好口碑,赢得了消费者的持续关注,因此市场更加有保证。

3. 感受影响法

感受影响法即利用体验，是宜家最大的特点。国内其他品牌的部分厂家会在沙发、床垫等产品上标上“损坏赔偿”“样品勿坐”等警告标志。而宜家则是让消费者可以随心所欲地浏览和感受自己感兴趣的商品，能够触碰所有商品，并且，不会有导购员不停推荐，他们通常都是安静地站在一边，除非有消费者需要询问才会上前提供服务。

宜家这种让消费者尽情体验的方式极大地增强了其与消费者之间的互动、体验。目的是让消费者感觉到这里的产品不错，产生对品牌的信任感。久而久之，消费者可能会产生宜家卖的不是产品，而是一种文化、一种生活态度的念想。宜家在潜移默化中树立了良好的口碑形象，消费者自然会毫不犹豫地选择购买。

宜家产品凭借自身的特点，打造出线上所不具备的体验感，这种体验式营销不仅为自己创造一个良好的营业额，也以其独特之处受到消费者的赞扬，是许多品牌值得借鉴的地方！

根据案例分析：

宜家如何通过体验营销增强与消费者之间的互动？

（资料来源：https://www.360kuai.com/pc/9e1b23816584c4ca8?cota=4&tj_url=so_rec&sign=360_57c3bbd1&refer_scene=so_1.）

案例2 盒马鲜生的数字、产品、场景、情感体验设计

1. 数字体验

盒马鲜生的数字体验旨在让消费者在决策过程中实现线上线下自由切换。

盒马鲜生的数字产品布局走在了传统商超的前面。从接触点分析中可以看到，虽然盒马鲜生在不同的线上渠道均有所布局，但却让App作为数字体验的核心，全渠道为App做导流。盒马鲜生的App功能全面、操作灵活，消费者在线上可以网购和反馈，在线下也可以扫码和付款，会员体系与运营活动也一应俱全。然而，如果只是停留在一个全功能的App，它仍不能成为消费流程的必经之路。盒马鲜生的魄力在于对支付的特意引导。在线下购买盒马鲜生商品，必须用App注册、登录和绑定支付，有了这一使用流程的引导，消费者在首次消费时便认知并实践了这样的流程。然而教育用户的过程并不轻松，运营初期使用App支付的高门槛收到了市场不同的反馈，服务员拒收人民币一度成为争论的焦点。不过，消费者过了成功支付的门槛后，便可体验到这个工具带来的便捷。

数字产品介入线下，必定需要让消费者付出一定的学习成本。让消费者频繁掏出手机来操作并不奏效，但是如果能够从改善消费流程上的痛点出发，找到合适的线下接触点，为消费过程持续带来更便捷的体验甚至乐趣，消费者自然会意识到数字产品的价值。通过这样的服务设计，盒马鲜生成功实现了将线下顾客变成线上注册用户的目标。

2. 产品体验

盒马鲜生精心筛选产品品类，重新组合，扩大了消费体验边界。

新鲜度的新体验：生鲜产品对时效性要求非常高。消费者亲自打捞，拎着水产品送到厨房的流程，很好地可视化了“鲜活”一词，消费者的参与性被放大。在蔬菜区，所有包装都贴了包装时间，从信息透明度上建立了信任感。线上购物只从线下门店出货，30分钟送到，满足了消费者对新鲜的追求。

丰富度的新体验：一些生鲜品类之所以少见或者花费不菲，主要受限于保鲜问题和运输成本。盒马鲜生引入昂贵的物流运输设备加之信息化管理，克服了这些问题。盒马鲜生将一些不常见品类引入门店，例如活体帝王蟹，不仅让消费者得到了全新的饮食体验，还制造了话题吸引眼球，提升了体验的传播属性。此外，盒马鲜生还利用数字产品触及小众差异化需求，用线上预约的方式按需进货和调配，这样通过 App 便可以购买到在普通商超缺失的小众产品，价格也更为合理。

灵活度的新体验：在快节奏的都市生活里，人们享受着都市服务的便利，对烧饭做菜不再习以为常，更加注重取悦身心，剩饭剩菜也几乎不再留到第二餐。基于这种现象，盒马鲜生抛弃低价大量批发的策略，将包装做小，保证一餐吃完的份量，并按加工程度进行分类，各取所需，满足人们不同程度的尝鲜期望，增加烹饪的乐趣，且免去繁杂的准备工作。

3. 场景体验

场景设计上，盒马鲜生为消费者提供多种类型的消费场景，让内容的组织服务于不同的消费主题。

空间布局上，盒马鲜生借鉴了集市大街的元素，动线(注：指人在场景中移动点连接的集合)更为统一，分为主干道和分支，入口和出口分散于两侧，类似于宜家。消费者不会如在大卖场仓库式的货品堆里晕头转向。相对于盒马鲜生而言，为合理引导人流，主题区域的顺序变得可以设计，宣传广告的出场也变得可以安排。

产品组织上，盒马鲜生的各种产品不局限于按产品类型分区，反而是采用场景分类。在体验区可以看到各种产品的摆放充分为该片区的主题服务。例如，消费者在水产餐饮区，不仅可以吃到活海鲜，一旁还有烧烤区和啤酒专柜，这些都是由“吃海鲜”这个主题组织起来的。这样随取随吃或者餐中再点，都不会打断消费者的用餐体验。

4. 情感体验

购物不仅是理性决策，盒马鲜生始终传递给消费者轻松、舒适和有趣的形象，营造一种安全与信任感。

盒马鲜生深谙互联网的玩法，将品牌人格化。可爱憨厚的河马形象散布于线上和线下。进入门店，可爱的吉祥物正与人们互动，统一黄蓝视觉系统让店内看起来鲜亮活泼，盒马鲜生把服务员称作“小蜜蜂”。有了这样亲切的品牌 IP，小朋友喜爱，也唤起了大朋友的儿时情节。盒马鲜生也把欢乐气氛注入推广活动，入口区域的有奖套圈活动深受消费者欢迎。此外，盒马鲜生作为一个新生事物，还在各方面强调新和酷：随处摆放着各种新颖的自动售卖机，小杯购买葡萄酒贩卖机；不到几十米就有一个自助结账机，告别了排队等待，即便操作有困难，“小蜜蜂”会为你解决。

兼具商超和餐饮，盒马鲜生在功能上的定义已经被模糊化了，但精心打造的 IP 反而能更有效地体现“看到盒马鲜生就联想到高品质的生鲜产品和温暖服务”这样的连接，以此吸引追求高品质的消费群体。

根据案例分析：

试着由盒马鲜生的四维体验设计，分析旅行社门市营销的体验升级策略。

(资料来源：http://www.91experience.com/5118.html.)

第九章

门市接待服务

学习目标

◆了解入店客人的各种需求。
◆掌握接待前的准备工作。
◆掌握散客和团队的报价及报价后的销售追踪。
◆掌握旅游合同的签订。

问题导向

如何成为一名优秀的门市接待人员？

导入案例

在旅行社门市实习的大学生往往充满了工作的热情，但也有很多困惑。门市周围商业区、居民区林立，地段很好，每天上门咨询的客人也很多，每次一有客人进店，都马上笑脸相迎，积极引导，但到了月底业绩考核时，发现虽然自己付出了很多，但自己接待的客人实际的签单率并不是很高，所以常常很郁闷，不知道问题出在哪里。

门市每天迎来送往很多客人，但每位客人进店的需求是不同的，所以应该察言观色，针对客人的需求提供不同的接待服务，才会事半功倍。事前的充分准备，以及运用好各种销售技巧都是制胜的关键。门市接待是旅行社门市工作中重要的一个环节，从每一位客人步入店中开始，接待服务的专业性影响着双方能否最终达成交易，影响着门市销售的业绩，决定着旅游服务质量的优劣。

第一节　辨别入店客人的需求

进入旅行社门市的客人可能是抱着各种各样的心态而来，门市的接待人员首先要做的是辨别入店客人的需求，提供有针对性的旅游咨询服务。

一、随意浏览者

这类客人也许是小区散步的居民，也许是附近利用接孩子间隙闲逛的家长，也许是因大雨被困进来躲雨的路人。这类进店者本没有明确的旅游消费需求，只是进来随意地浏览一下近期的旅游产品，这类客人进店后一般不会主动和店员搭讪，往往会避开门市接待人员问候的目光，或者说“我随便看看啊”，自行浏览墙上的海报或者桌上的旅游产品册。对于这类客人，店员不要表示出过度的热情，否则会让客人因尴尬而迅速离开；也不要面露鄙夷之色，因为这些客人或许是潜在的消费者，店员可以推荐一下近期的特价或热卖旅游线路，为客人递上产品册，微笑说：“您先看看我们的线路产品，有问题您可以咨询我哦！”给客人自由浏览的时间，这样也许会有“无心插柳柳成荫”的效果。本是一次无意的门市驻足，却因为特价线路吸引而成为消费者，即使这次没有成交，客人也会因为店员的友善和礼貌的素质而对门市产生好感，成为门市未来潜在的消费者。

二、没有特定目标的旅游咨询者

这类进店的客人是有旅游消费需求的，但旅游目的地不明确，时间也不确定，进店的目的往往是希望门市接待人员给予专业的解答和引导。这些客人进店往往会以这样的提问开始“最近去哪些地方比较好呢?”对于这类客人，店员可以先根据季节为客人提供一些应季的旅游线路以及一些特价旅游产品，同时要询问客人出游人员的年龄构成，这个是在推荐线路时应该重点考虑的问题，如果是有老人和儿童出行的，在推荐线路时就应该避免线路中乘车时间过长、需要登高的山地、安全性较差的景区等这些情况。另外客人的假期时间也是店员应该首要了解的，否则你滔滔不绝地介绍了一大堆国外的线路，最后客人却告知他只有三天的时间可以安排旅游，这样就事倍功半了。所以了解了客人的年龄构成、假期时间就可以精准营销，高效地推出一些适合客人的线路供客人选择，而客人也会觉得店员能从客人的需求入手，给予合理的建议，会觉得这家门市的接待人员比较专业，增加对店员和门市的信赖感。

接下来，在以上推荐给客人的线路中再剔除客人已经去过的一些地方，选择的范围会逐渐缩小，客人在旅行社门市里短时间内获取了对自己有用的信息，消费需求逐渐清晰，但这时客人可能还不能一下子做出决定最后去哪条线路，会说“我考虑考虑吧”，此时店员不能操之过急，不能因为花费了时间去销售而客人购买意愿不确定就显得不耐烦，这种情绪如果让客人察觉，那之前付出的辛苦很可能就前功尽弃了，此时店员应该保持微笑，为客人递上自己的名片，对客人说：“这是我的名片，上面有我们门市的电话，也有我的联系方式，您回去如果有问题可以随时向我咨询。”同时提醒客人如果是国内线路也应该提前一周预订，如遇旺季更要把预订时间留得宽裕一些，如果是国外线路，要提醒客人把办理护照、签证的时间留得充足一些，不要出现等客人定了线路，但时间来不及了的情况。

面对专业的解答、温馨的提醒、微笑的服务，相信此时客人已经对旅行社门市产生了好感和信任，增加了客人如果未来出行选择门市的可能性。当然客人离去时，最好让客人留下联系方式，供门市接待人员跟踪销售。

三、有特定目标的旅游咨询者

这类客人一般已经有明确的出行时间、线路，入店后往往会以“请帮我看下××天××线路的价格”，同时他们很可能已在其他旅行社咨询过相关线路价格，是抱着比价的目的前来咨询的。如果已在其他旅行社那里咨询过，这类客人往往对选定线路的细节都了解得较清楚，提问也非常专业具体，诸如“住宿是几星的标准、含了几顿正餐、航班时间是几点”等等。对于这类有特定目标的咨询者，店员回答的专业性往往是最能打动他们的，会让客人产生信赖感和安全感。客人所咨询的旅行社中，各家游览的景点和提供的接待标准也许大体相同，这时店员的热情服务和专业解答会让客人在同等价格的前提下做出优先选择；即使价格比别家略高一些，消费者在选择时也宁愿选择服务好、值得信赖的旅行社门市。

对于这类进店比价的消费者，店员不能因为客人已经在别家咨询过而显得不耐烦，而应该给予客人正确的引导，和客人讲明，选择线路不能只单纯地看报价，还要注意选择的航班时间、提供住宿的标准、含餐的标准、是否带全陪导游、包含的景点等都会影响报价的因素。店员甚至可以明确地和客人表示：“我知道您已经在别的旅行社咨询过，您可以把别人的线路拿出来和我们的线路放到一起，我给您做个分析比较。”这种明明白白的消费同样是体现了旅行社门市和店员的专业性，让客人产生信赖感和安全感，增加签约成功的可能性。

第二节　门市接待工作流程

一、接待前的准备工作

新的一天工作伊始，门市店员在开门营业后应快速将下列物品准备齐全，这样对从容应对一天忙碌的接待工作是很有益处的。

（一）游客接待记录表

对每天入店客人的接待情况进行及时记录，这样会让忙碌的工作变得有条理。记录表上列明接待日期、客人姓名、联系方式、咨询事项、特殊要求、回访记录、备注等事项，对每一位入店或电话咨询客人的详细情况进行随手记录，一方面对于需要落实后才能答复客人的问题可及时记录，随后回复，不会因忙碌而漏掉；另一方面对于后面的销售跟踪回访也非常有帮助。

（二）工作日志

工作日志是针对自己每天工作的内容，一方面列出工作的详细计划、解决问题的思路和方法，使工作有序进行；另一方面利用工作日志所列内容，对于当天不能解决的事项在以后可起到提醒、督促的作用。养成每天记录、查看工作日志，对于职场人来说是一种非常好的时间管理方法，可使工作高效有序地进行。

（三）旅行社总部通讯录

店员手头应常备一份旅行社总部各部门的工作电话、各部门负责人的联系方式。门市作为旅行社总部的销售窗口，在向客人提供咨询的过程中，经常需要与总部计调确认机位、价格、行程等各个环节，虽然现在微信、QQ等网络联系方式非常发达，但在旺季咨询中，与总部网络咨询的方式常常得不到及时的回复，还需要及时打电话与总部计调沟通，这时一份完备的总部各部门通讯录将在沟通环节上节省很多宝贵的时间。

（四）旅游合同

与客人签订旅游合同是门市接待中重要的一个环节，店员需要填写相关事项，向客人讲解合同相关内容，并指导客人填写必须由其填写的部分内容，这个过程往往比较费时间，尤其遇到一些比较认真的客人，会对合同细节提出很多问题，在旺季接待中，常常会因为与客人签约而无暇接待其他进店咨询的客人，或无法抽空回复来自电话和网络的旅游咨询。

为应对第二天高峰时的访客接待，店员应把合同中一些常规项目，类似于旅行社的名称、地址、注意事项等提前在合同空白处填好，预先准备一份旅游温馨提示，这些准备工作都会为高峰时段的旅游接待节省下宝贵的时间。

（五）旅游产品册、各类文具

一般每个旅行社门市在开店时旅游产品册是必备的，但由于翻看的客人较多，可能散落在文件堆中，店员每天上班前应提前把产品册放置在接待桌上，备好计算器、工作用笔（最好准备一支红笔，标注一些特别事项提醒自己注意）、订书机等各类工具。

二、门市接待工作程序

（一）提前到店

店员需提前二十分钟到达门市，做好清扫保洁，准备好开水，连接好网络，用整洁的工作环境、美好的心情开始一天的工作。

（二）晨会

早上一般是旅行社门市访客比较少的时刻，利用晨会时间，店长可做一些产品的培训或工作的检查，如检查昨天工作计划的执行情况，同时迅速列出今天需要处理的事项，并趁早上访客不多时抓紧时间处理各项事宜。

（三）提供旅游咨询

客人咨询的方式有很多，比如进店现场咨询，或通过电话、网络的方式进行咨询，无论是哪种方式，接待人员都应认真填写游客接待记录表，把客人的要求进行详细的记录，包括接待的时间、接待方式、姓名、电话、咨询线路、人数、出行要求等；详细的记录是为了以后的回访更有效率，提高销售的成功率，回访的同时也相应地对回访的频次、回访的时间、客人的反馈等方面进行详细的记录。

（四）手续办理

客人确定出行后，接待人员应尽快协助客人完成旅游合同的签订。现在签约的方式比较灵活，客人可以选择现场签约或网签。客人对于合同中条款提出疑问的，接待人员应及时地做出解答；对于一些重要条款和注意事项，在签约过程中接待人员应反复强调，引起客人的重视；需要安排行前说明会的也要提醒客人按时参加，并向客人说明行前说明会的重要性，为保证旅游行程顺利进行，请客人务必亲自参加或委托人员参会。接待人员应在签约的同时完成款项的收取，应尽可能提供多种收款方式供客人选择，以方便款项的收付。

（五）售后服务

提供良好的售后服务，也是门市接待工作的重要一环，在每天完成新的访客接待的同时，还应密切关注正在旅行中的散客或团队的运行情况，可利用早上访客较少或门市没有客人咨询的间隙，通过电话或短信的方式向游客了解散客或团队旅游接待的情况，发现问题及时解决，尽量不要让客人把问题带回来，出现投诉等问题，售后处理会更加棘手。

（六）档案的整理

每天工作结束时，店员应对客户信息进行归类整理，认真做好客户档案的整理，为以后的销售、统计等做好基础工作。

第三节　散客和团队的报价

在旅游接待中，同一旅游产品散客与团队的报价是有差异的，在此之前，先来了解一下旅游产品的价格构成和旅游产品的类型。

一、旅游产品的价格构成

众所周知，旅游出行的六要素有“食、住、行、游、购、娱”，旅游产品要满足旅游者以上六个方面的需求，旅游产品的价格必然是旅游活动中食、住、行、游、购、娱价格的综合表现，或者是这些单个要素价格的总体显示。

（一）食

食是旅游过程中旅游者的基本需求之一，也是旅游产品价格构成的一个基本要素。在旅行社的旅游报价中一般要标明全程含餐（几早几正），早餐用餐标准×元/人，正餐用餐标准×元/人，根据行程中用到的早餐和正餐数量及提供的用餐标准就可以计算出行程中餐饮的成本价格。对于儿童用餐，餐费通常按照成人餐费的一半收取。另外，要注意餐饮报价中的一些细节问题，比如正餐要注明提供几菜几汤，一般情况下是 10 人一桌 8 菜 1 汤，这样一方面让客人在签约时对用餐标准有一个详细的了解，另一方面也方便全陪和地陪导游在用餐时监督餐厅的上菜数量，餐厅按照约定的菜品数量上菜，如客人需加菜，超出费用由客人自理，但餐厅对主食的提供应该是不限量的。如果客人一桌人数不到 10 人则酌情减少菜品数量。行程中如有安排当地风味特色餐饮，则需按照当地接待标准单独报价。

（二）住

住宿通常以×元/天/间或×元/天/床的形式报价，如所住宿的酒店免费提供第二天的早餐，在报价后要注明“含早餐”字样。行程中对住宿的报价应标明所提供住宿的标准，在描述入住酒店时，旅行社不得使用“准×星级”“相当于×星级”等模糊用语。我国旅游饭店星级评定实行星级制，分为五个等级，星级越高，表示旅游饭店的档次越高。同时，还设立预备星级制，如开业不足一年的饭店可以申请预备星级，有效期为一年，其等级与星级相同。所有饭店星级（含预备星级）均由全国星评机构和省区市星评机构进行评定，所谓“准星级”并非官方提法。如果提供的是民俗客栈、农家乐、民宿之类的无星级住宿，旅行社在报价时要同时注明住宿几

人间、是否有独卫独浴、是否有空调彩电等服务内容。

需要注意的是，目前旅行社的接待标准为部分住宿地提供双人间，如果客人参团人数是单数时，该如何处理呢？通常，如果住宿地有三人间提供且征得客人同意的情况下可安排一个三人间解决参团单数问题，一般住宿地提供的三人间房间设施标准和双人间一样，只是房间空间多出一张床，价格也是在双人间价格基础上多一张床位费，这样客人参团费用没有额外的增加；但一般来说，住宿地的三人间往往房型有限，如遇旺季有时很难定到，或有的住宿地根本没有三人间的房型提供，这时只能由参团单数的那位客人补一个床位费，享受双人间的住宿了，这样会造成客人参团费用额外的增加，所以旅行社在报价时要提醒客人，以免在出行时因为额外发生的费用而造成不必要的麻烦。

（三）行

出行的交通工具包括往返的大交通如飞机、火车、高铁、轮船等，也包括在旅游目的地所使用的旅游大巴，以及在景区所使用的环保电瓶车、缆车等区间小交通等。旅行社在报价中应注明大交通抵离的时间，由于航班的时间往往会影响到机票的价格，旅行社在报价时不能一味迎合客人报价低的要求而不顾航班时间的选择，要多和客人沟通，根据客人参团年龄、职业等的综合情况为客人提供合适的航班时间。

另外，对于旅途中所乘坐的旅游大巴，有一点必须和客人说明，凡带儿童出团旅游的游客，不管多大的小孩必须占座位，并交纳大巴的车位费，所以报价时旅行社要询问客人是否有小孩跟随，说明费用，并避免如有客人隐瞒出发时造成超载而引来更大的麻烦。

对于环保电瓶车、缆车等区间小交通，旅行社在报价时也要标明这部分费用，并注明此费用是包含在全包价旅游费用中还是在旅游接待地支付给当地的导游。

（四）游

行程中游览的景点项目是旅游活动的主要内容，旅行社在产品报价中要注明行程中所列的景点项目是包含景点首道大门票，还是包含景点通票，还是只是车游或远观等，这些除了影响到旅游报价的高低，还使一线导游在执行旅游行程计划时对景点的时间等把握更明确。部分景点对老年人、儿童以及持有军官证、残疾证等特殊人群有门票的优惠政策，这些也会影响旅游产品的报价，要提前和客人说明，并提醒客人提前准备好上述有效证件。

（五）购和娱

旅途中购物与娱乐的内容可以丰富旅游的行程，游客在当地买一些特产、工艺品，或是观看当地富有民俗风情的演艺活动是旅游活动的重要补充内容。根据《中华人民共和国旅游法》（以下简称《旅游法》）第三十五条的规定："旅行社不得以不合理的低价组织旅游活动，诱骗旅游者，并通过安排购物或者另行付费旅游项目获取回扣等不正当利益。旅行社组织、接待旅游者，不得指定具体购物场所，不得安排另行付费旅游项目。但是，经双方协商一致或者旅游者要求，且不影响其他旅游者行程安排的除外。发生违反前两款规定情形的，旅游者有权在旅游行程结束后三十日内，要求旅行社为其办理退货并先行垫付退货货款，或者退还另行付费旅游项目的费用。"旅游产品报价中如果涉及上述情况应提前与参团游客进行充分的沟通，并严格按照《旅游法》的规定执行。

除了上述六个报价的基本要素之外，一份完整的旅游产品报价还应包含导游服务费、保险费和签证费。

（六）导游服务费

为游客提供导游服务是旅行社服务的一项重要内容，所以导游服务费应该在旅游产品报价中体现，一般按×元/团/天的形式进行报价。对于出境旅游产品中涉及的导游和司机的小费一般不包含在产品报价中，通常由游客在境外直接支付，但支付的标准应在报价中有所说明，提前让游客知晓。

（七）保险费

通常旅游产品报价中涉及的保险类型是旅游人身意外险。《旅游法》第五章第六十一条规定："旅行社应当提示参加团队旅游的旅游者按照规定投保人身意外伤害保险。"

（八）签证费

对于出境旅游产品，旅行社需为游客办理各出境旅游目的地的旅游签证，对于签证所需准备的资料及产生的签证费，都需提前向游客说明。

综合以上各要素和各项目的成本再加上目标利润就产生了一份全包价的旅游产品报价，一般来说，对于团队旅游报价可按全包价的形式报给客人，也可以分解如上各项目报价给客人；对于散客旅游报价一般按全包价形式，不再分解单项报价。

二、旅游产品的类型

旅行社旅游产品的类型有很多种，按照旅游目的地的不同分为周边游、国内游、出境游旅游产品；按照接待标准的不同分为经济型、标准型、豪华型旅游产品；按照出游组织形式的不同分为散客旅游产品、团队旅游产品、自由行旅游产品。

（一）周边游、国内游、出境游旅游产品

周边游旅游产品，一定意义上可概括为是以大城市或省会城市为中心，覆盖其周边及邻近省份城市的旅游市场活动，行程主要以1—3天为主，周六周日为主要时间点，价位在200—500元，时间短，价格适中，适合上班族周末休闲选择。

国内游旅游产品，一般是指以国内各省市为旅游目的地的旅游线路产品，行程以4—8天为主。

出境游旅游产品，通常指到自己国家以外的国家或地区旅游度假，是领略异国风情文明的最直接的方式。出境游行程时间一般较长，价位较高，且涉及证件办理等各种手续，比较繁琐，所以一般来说预订时间要提前。

（二）经济型、标准型、豪华型旅游产品

经济型旅游产品价位比较大众化，费用比较低廉，住宿通常为二星级或以下标准的酒店或同级的旅舍，用餐一般是当地最低餐标的接待标准，交通方式常采取汽车、火车或普通轮船等。

标准型旅游产品旅游费用适中，住宿通常为二星、三星级酒店或同级的旅舍，用餐一般是当地标准团餐，交通方式常采取火车、游轮、单飞单卧或双飞等。

豪华型旅游产品旅游费用较高，住宿通常为四星、五星级酒店，用餐一般包含当地特色风味餐，欣赏高水准的娱乐节目，享受中高级导游服务，交通方式常采取豪华游轮、飞机往返等。

（三）散客旅游产品、团队旅游产品、自由行旅游产品

1. 散客旅游产品

散客旅游产品是针对大众散客推出的，是以散客拼团方式组织出游的旅游产品。为方便

散客出行，旅行社常提前选定出团日期，以全包价旅游产品的形式推出各旅游目的地的不同接待档次的散客拼团产品供散客选择，采用这种方式可把零星的散客出游按照相对集中的团期拼凑成团队出行。

散客旅游产品在市面上销售时一般采用各家旅行社联合收客的方式，因为只靠一家旅行社的力量短时间不一定能收到足够数量的游客，如果各家旅行社同时销售，尤其发挥各家旅行社门市遍布的优势，基本可以保证在选定的团期收到理想的出行人数。这样一方面旅行社可发挥团队采购的规模效应，从而降低采购成本，降低产品报价，对散客产生吸引力；另一方面散客拼团一起出行的人数较多，增加了游客出行的安全感，同时有经济型、标准型、豪华型不同档次的旅游产品供选择，也大大提高了散客旅游服务的质量。

2. 团队旅游产品

团队旅游产品是事先约定的旅游人群单独成团出行，旅行社根据游客的出行要求设计行程并单独报价的旅游产品。

案例分析

下面通过一个案例结合旅游产品价格的构成来分析同一旅游产品散客与团队报价产生的价格差异。

某公司大约19人想周六去五台山二日游，散客报价是220元/人，但顾客说一共有十几个人，人数比较多，不想和其他散客拼团，想独立成团，这样玩得自在些。门市接待人员很快根据客人要求做出了报价，如果独立成团价格大约在300元/人左右。顾客听了有些诧异，怎么独立成团比散客的价格还要高呢，还以为人数多在价格上更有优势。

表9-1所示为接待人员做出的报价单。

表9-1　五台山二日游报价

时间：周六出发

项　　目	独立成团报价	散客拼团报价	费用差异
人数	19人	一般拼团人数达30人或以上	独立成团报价高
用餐	1早3正	1早3正	无差异
住宿	酒店无3人间 （产生单房差）	参团人数多，与其他散客拼房 （成功概率高）	独立成团报价高
大巴	适用车型30座 （空座多，每人分摊高速费多）	基本满座无空座 （每人分摊高速费少）	独立成团报价高
景点	享受团队折扣价	享受团队折扣价	无差异
导服	每人分摊费用多	每人分摊费用少	独立成团报价高
保险	旅游人身意外险	旅游人身意外险	无差异

综合以上各项目成本再加目标利润就有了一份全包价的五台山二日游产品报价，可以看出，综合下来，独立成团报价要比散客拼团报价高。产品在市面上以全包价形式销售，如案例中顾客要求独立成团报价的可以报给客人全包价，也可以给客人分解各个单项报价，根据客人要求灵活处理。当然如果顾客觉得散客拼团价格划算，征得其他参团客人的同意也可以走散客拼团享受优惠价格。

3. 自由行旅游产品

自由行是一种新兴的旅游方式，由旅行社安排住宿与交通，但自由行没有导游随行，饮食也由旅客自行安排。产品以机票＋酒店＋签证为核心，为游客打造系列套餐产品。自由行为游客提供了很大的自由性，旅游者可根据时间、兴趣和经济情况自由选择希望游览的景点、入住的酒店以及出行的日期，在价格上一般要高于旅行社的跟团产品，但要比完全自己出行的散客的价格优惠许多。

第四节 报价后的销售跟踪

先来看一组生动的统计数据：1%的销售是在电话中完成的，2%的销售是在第一次接洽后完成的，3%的销售是在第一次跟踪后完成的，5%的销售是在第二次跟踪后完成的，10%的销售是在第三次跟踪后完成的，80%的销售是在第4至11次跟踪后完成的。

在日常的工作中，我们发现，80%的销售人员在跟踪一次后，不再进行第二次、第三次跟踪。少于2%的销售人员会坚持到第四次跟踪。

跟踪的最终目的是形成销售，但形式上绝不是我们经常听到的“您考虑得怎么样？”

知识链接 销售跟踪的意义何在？

做销售的人大多会有所了解，很多订单并不是我们第一次接触客户的时候就可以成功签订的，需要我们多次跟踪和回访。有时候甚至需要十几次或者是几十次的接触，才能签订成功。所以，销售跟踪很重要。

1. 销售跟踪是一种跟进

对于下属来说，一件事情如果没有上司或其他同事的跟进，动力自然会减半，销售员都是需要各种形式的跟踪的。记得IBM前总裁说过一句经典的话：

下属不会做你希望做的事情，他们只会做你监督和检查的事情。

很多老板以为自己的话是圣旨，说过之后，以为下属就会卖力地去完成，其实大错特错。如果这件事不是KPI考核内容，没有秘书帮你跟进，你说的话，大家听听就完了，你问起来也只会敷衍你。所以好的秘书会及时跟进老板的计划。

2. 销售跟踪是一种确认

你们是不是有过这种经历，助理给下属发邮件布置一项工作后，月末很可能有人说没有收到邮件，不知道这件事怎么办？当然可以搬出当时的邮件来问责，但是事情没有完成却是无法弥补的，后果很严重，领导很生气！所以重要的事情多次确认是必须的。

3. 销售跟踪是一种提醒

布置完工作计划后，适当、适时的提醒是必要的，让对方知道自己的计划。同时也可以提醒对方销售需要强化或改进的地方，用数据说话。有些公司会安排专人来

做“提醒”的事情，让助理来做提醒也是可以的。当然提醒最好要有计划，绝对不可以想起一出是一出。

4. 销售跟踪是过程控制

很多销售管理者很善于跟踪，因为好的跟踪才能使销售按照自己设计的路径前行。路径中的每个节点都需要进行跟踪，只有这样才能让过程可控。所以每一个销售事件，例如促销，在做计划的时候就需要把每个跟踪的时间节点标注出来。

5. 销售跟踪是一种职责

做销售管理，销售跟踪就是自己职业范畴内的事情，是一种职责。有些跟踪必须自己来做，有些可以交给下属、助理或者系统软件来做。

6. 销售跟踪是结果把控

没有好的过程控制，就不会有结果把控，销售跟踪是结果把控的体现形式。有些管理者总是习惯在月中才开始销售跟踪，给下属拧发条，这种情况一般不会有好的结果。

7. 销售跟踪是职业素养

跟踪是做销售人的职业素养，身体里面流动的都是时刻准备着跟踪下属、客户的血液。放手让下属去干并不是什么也不管了，风筝飞得再高，你仍然是拿线的那个人！

所以旅行社门市销售人员在接受客户咨询并报价后一定要及时地跟进追踪，才能促进最终交易的达成和合同的签订。跟踪的环节也叫谨追踪，就是追踪一定要谨慎，销售跟踪要注意正确的策略和方法，采用什么样的跟踪方式，什么时候打电话，什么时候发短信，跟踪时间的间隔频率等都是销售人员要注意的，使用不当反而会引起客户的反感，事与愿违。具体来说主要把握以下一些要点。

一、留下客人完备的联系资料

这是销售跟踪的基础，也是非常重要的一步。在接待前的物品准备中提到的游客接待记录表，里面应尽可能详尽地记录客人的电话、手机、QQ、邮箱、微信等常用联系方式，方便以后做销售跟踪时根据情况选用适宜的方式和客户联系。

二、主动联系客户

很多门市销售人员在客户进店或电话网络咨询后，就开始采取“守株待兔”的方式等客户的反馈，希望客户会主动联系他们，这种被动的方式是不可取的，销售跟踪应遵循的原则是发挥主动性，积极主动地与客户沟通，询问客户对推荐的行程是否满意，还有些什么疑问或者需求，需要旅行社做哪些工作。

这种主动性一方面表达了旅行社服务的诚意，尊重和重视客户；另一方面也便于旅行社随时根据客户的需求及时做出报价调整，做到有条不紊，避免因同行旅行社介入而丢失了合作的最佳时机。此外，一些通过邮件等方式发给客户的行程报价有时可能发送了但没有送达，从而造成信息不对称影响双方合作，及时主动的销售跟踪也能很好地避免类似情况的发生。

三、选择合适的方式进行跟踪

现代社会与客户交流沟通的方法很多，但要注意选择适宜的方式进行跟踪回访。一般情况下如果客户留有 QQ 或微信，建议先通过这种方式进行第一次客户回访，即使客户留有电话，也不要贸然拨打，因为初次接触还不熟悉，以免打扰客户的工作和生活，引起客户的反感；如果客户只留有手机，那也建议还是先发短信给客户为好。初次回访，可以通过 QQ、微信或短信做如下留言：

“您好，请问上次那条行程线路您考虑得怎样了，还有什么问题吗？”

“您好，上次给您的行程报价您觉得满意吗？”

“您好，给您发送的邮件收到了吗，推荐的线路符合您的要求吗？”

“您好，线路行程符合您的要求吗，还有需要修改的地方吗？”

当客户有出游计划时，可以确定他（她）一定会货比三家，不止咨询你一家旅行社，第一次回访通过 QQ、微信或短信礼貌而热情地发给客户回访信息，目的是强化客户对你的印象，加强信任感，拉近和客户之间的情感距离，为以后销售跟踪打下良好的基础。之后随着回访频率的增加，与客户渐渐熟悉，可灵活选择多种方式进行沟通。对于后期跟踪销售采用的回访方式特别要注意沟通的效率问题，随着销售跟进，客户提出的旅游出行要求会越来越具体，细节的东西会越来越多，这时如果仅采取 QQ、微信、短信等方式可能有些问题彼此不能很好地表达，而且费时间，这时一些必要的电话沟通就显得非常重要了。当然销售人员在选择打电话的时间时，除非紧急情况，一般要避开客户工作高峰或休息的时间。要特别强调的是，旅行社销售人员与客户对一些会影响合同履行的重要事项进行沟通时，最好要有双方的通信记录，这时 QQ、微信这些能留下通信记录的沟通方式就是比较好的方式了。

另外在采用 QQ、微信、短信、邮件等非电话沟通的方式对客户进行回访时，信息必须逐个发送给客户，绝对不能群发，否则还不如不发；发送的信息，严禁出现错别字，或者是明显的标点符号错误；发送的信息，最后要署名“××旅行社××（姓名）”，以免一些客户不知道是谁给他发的信息。所谓细节决定成败，也恰恰是这些小细节会影响销售的最终结果。

四、跟踪回访的时间和频率

一般来说，如果客户是上午咨询的，第一次回访的时间应在当天下午 5:00 左右完成；如果客户是下午咨询的，第一次回访的时间应在第二天上午 11:00 左右完成。为何选这两个时间段呢？因为要避开客户处理工作的高峰时间，工作处理差不多了，才有一个放松的心情接受你的回访信息。之后进行多次回访时，一般都可选择上述两个时间段进行，同时一定注意避开客户中午用餐和午休时间，晚上和周末等私人休息时间也尽量不要去打扰客户，当然除非与客户事先约好或有需要立即沟通的事项除外。

旅行社门市销售人员要注意跟踪回访客户的时间间隔，过于频繁会使客户厌烦，但隔得时间长了客户会淡忘。客户初次咨询后的回访频率一般可保持一天一次，此时的客户可能正处于向多家旅行社询价比较的阶段，频率高些加深客户对销售人员的印象，而且销售人员的主动热情也会打动客户；后期随着业务洽谈逐渐深入，与客户也熟悉起来，销售人员可灵活把握与客户联系的频率，这期间要注意每次沟通的效率问题，不能频繁联系客户但每次解决不了实质性问题，所以门市销售人员在这一阶段应注意对客户的需求快速响应，强化执行力，这样才能

让客户感觉到销售跟踪的频率恰当而高效，赢得客户的信任和最后的签约。

要做到销售跟踪频率的恰当和高效，体现在强调执行力，强调时间观念上。当客户提出旅游需求时，要用最快时间给予对方一个明确答复。比如客户要求旅行社做一条行程线路报价，应仔细询问客户的具体要求，在全面了解客户需求的基础上，评估这个报价大概需要多长时间，然后告诉客户"我们会在××时间内给您发送过去"，之后销售人员应在承诺的时间内准确地做出报价并发给客户；对于当下没有办法给予客户明确答复的，比如："您提的这个问题，我需要咨询一下我们计调部门，我会在明天上午之前给您一个明确的答复！"虽然给不了明确的时间，但承诺一个解决问题的时间范围，而且在规定的时限内给予问题的解决方案，这种执行力强的时间观念会赢得客户的信任，感觉到这家旅行社、这个业务员值得信赖，从而促成最后合作的成功。

五、销售跟踪中常遇问题的应对

(1) 客户："我看了你们家的线路报价，好像比别的旅行社价格要高啊。"

销售人员："您真是个细心的客人，出行花费不少，确实应该货比三家。其实单看线路的报价高低是不能说明问题的，价格的差别要从用餐的标准、住宿酒店的档次、航班选择的时间、游览景点的选择以及线路的设计和售后服务各个方面综合来看；我推荐给您的这条线路，酒店地理位置好，靠近市中心，航班时间没有夜航班，不会影响休息，线路设计不走回头路，性价比是很高的。如果不考虑这些因素价格自然会便宜些，但出游没有好心情才是最大的浪费，您说是吗？"

(2) 客户："你们这个旅行社，我以前好像没有听说过啊。"

销售人员："很高兴今天能有这个机会向您介绍一下我们旅行社，我们旅行社成立于××××年，业务特色主要在国内和出境游方面，业务人员都有丰富的业务操作经验，接待过很多大型的包机专列，也策划和组织过国内和国外一些大型的旅游活动，我们的导游队伍素质高、服务好，这次很有幸向您推荐我们的这条旅游线路，我觉得非常适合您的出行需求，希望这次能和您合作成功，以后也希望您多多关照！下面我主要给您介绍一下这条线路的特色(转向专业的线路介绍，用专业性和热情的服务打动客户)。"

(3) 客户："你推荐的线路我很满意，但我的朋友以前跟过你们的团，感觉不太好，所以我有些犹豫。"

销售人员："哦，请问您朋友上次走的什么团，是因为哪些方面的原因导致的呢？"(客户此时会大致反映一些朋友的情况，可简单分析一下问题产生的原因，打消客户的顾虑)"您说的这些情况不会再出现类似问题了，我们旅行社非常重视售后服务，对游客反映的问题我们也在不断改进，不断进步。这次我给您推荐的是品质团，游客的回访反映一直不错，希望这次您再给我们一次合作的机会。"

(4) 客户："不好意思，我们已经和别的旅行社订了。"

销售人员："听到这句话我觉得好遗憾，不过能耽搁您一分钟的时间吗？我想了解下您最终没有选择我们旅行社的原因是什么？"(虽然这单没有成，但听听客户的真实反馈，到底我们的产品是在价格、服务、质量等哪个环节输给了竞争对手，我们必须总结，从而使我们的产品和服务更加完善。)"祝您这次旅途愉快，非常期待以后能有机会和您合作！"

(5) 客户："你推荐的线路我在网上搜索了一下，有家网站的秒杀价格真是太给力了。"

销售人员:“现在很多网站上的确有让人很心动的秒杀价,但旅游产品向来是一分价钱一分服务,国家文化和旅游部一直在重拳打击不合理低价,如果价格过低,服务和安全这两个方面是最让人担忧的。我们旅行社向来重视服务的品质和售后,我想这是让您选择我们的最大优势。”

(6) 客户:“这条线路安排的行程和价格我都很满意,但我想再和我的爱人商量一下。”

销售人员:“真是羡慕您的家人,他(她)要是知道您这么贴心地为他(她)选择了这条线路一定会非常开心。不过您尽量在今天下午或明早定下来,因为这条线路最近热卖,好多门店同时都在收客,机位已经不多了,我怕您到时候订了但是机位收满就遗憾了。这样吧,如果您今天下午能定的话,我再额外赠送您一个出行的小礼物,您看好吗?”(客人很满意但要询问家人意见,有时关联人的一句话都可能会让销售人员几天的辛苦付诸东流,为防止夜长梦多,销售人员要给客户一种紧迫感,线路热卖门市抢位,让客人争取在最短时间内做出决定。同时再给一些小诱惑,比如一些小礼品,来增加销售的成功率。)

请记住:80%的销售是在第 4 次至第 11 次跟踪后完成!

知识链接 如何做好销售之客户跟踪三大技巧

俗话说:“客户不跟踪,销售一场空。”想要做好销售,客户跟踪是必备修炼技能,如何才能高效地跟踪客户,今天来分享三大技巧。

技巧一:不同的客户要设置不同的跟踪内容及频率。

举个例子,我发现了一个客户,我打算销售一套办公软件给他,现在是 8 月初,客户告诉我,他要国庆之后才会考虑,那么这个客户应该设置怎么样的跟踪内容和频率呢?

普通销售的做法,就是到了国庆之后才去联系这个客户,但是聪明的销售肯定不是这样的,聪明的销售会利用 8 到 10 月这三个月的空白期去培养客户的忠诚度,然后在 10 月让客户主动提出认购需求。那么跟踪内容及频率设置即为:8 到 10 月关注客户朋友圈,每周对不同的话题评论一次,和客户情感互动一次,其中 8 月以情感建立为主,9 月以办公软件专业知识+产品选型方案为主,10 月暗示客户购买软件。

技巧二:沟通中随时分析客户伪需求和真实需求,认识清楚之后再做反馈,切不可盲从。

很多销售人员在与客户沟通中,往往会出现事不对路的情况,即客户上午才和你说了:“好的,我会看看你们的产品的。”下午再联系,客户就说:“不好意思,我们已经定了其他家的,钱都给了。”遇到这个情况,我们的销售人员大部分都会自我安慰说:“好吧,都已经买了别人家的了,我也没有办法了,反正我努力了!”这无疑是一次失败的销售,你可想过为什么会这样,这其实就是你没有随时分析客户的伪需求和真实需求而造成的。

技巧三:客户跟踪是永不结束的,一定要给你的客户关系找出路!

常规的客户沟通是从客户资料开发到成单。成功的销售要做到客户跟踪永不完结,一定要给你的客户关系找出路。客户跟踪维护,过程中维护的是关系,关系是可以叠加的，现在很多社交软件就是采用这样的叠加方式。如果要拓展你的客脉，你就需要学会借助你客户的关系，想要良好的借助客户关系发展客户，你就必须设计一套可持续发展的客户拓展黄金法则，让你的客源源源不断。

知识链接 销售要跟踪多少次才能成交？

第五节 旅游服务合同的签订

在经过辛苦的报价和销售跟踪之后，门市销售人员终于与客户达成了签约意向，并约定时间签订书面的旅游服务合同。旅游服务合同确立了旅行社和旅游者双方服务与被服务的权利与义务，是维护旅行社和旅游者合法权益的基本保证。正确规范地签订旅游服务合同是旅行社门市接待中非常重要的一个环节。

要正确规范地签订旅游服务合同，就要先了解《旅游法》中对旅游服务合同的相关规定，《旅游法》对旅游服务合同的订立、转让和解除都做出了较为详细的要求。

第五章 旅游服务合同

第五十七条 旅行社组织和安排旅游活动，应当与旅游者订立合同。

第五十八条 包价旅游合同应当采用书面形式，包括下列内容：

（一）旅行社、旅游者的基本信息；

（二）旅游行程安排；

（三）旅游团成团的最低人数；

（四）交通、住宿、餐饮等旅游服务安排和标准；

（五）游览、娱乐等项目的具体内容和时间；

（六）自由活动时间安排；

（七）旅游费用及其交纳的期限和方式；

（八）违约责任和解决纠纷的方式；

（九）法律、法规规定和双方约定的其他事项。

订立包价旅游合同时，旅行社应当向旅游者详细说明前款第二项至第八项所载内容。

第五十九条 旅行社应当在旅游行程开始前向旅游者提供旅游行程单。旅游行程单是包价旅游合同的组成部分。

第六十条 旅行社委托其他旅行社代理销售包价旅游产品并与旅游者订立包价旅游合同的，应当在包价旅游合同中载明委托社和代理社的基本信息。

旅行社依照本法规定将包价旅游合同中的接待业务委托给地接社履行的，应当在包价旅游合同中载明地接社的基本信息。

安排导游为旅游者提供服务的，应当在包价旅游合同中载明导游服务费用。

第六十一条 旅行社应当提示参加团队旅游的旅游者按照规定投保人身意外伤害保险。

第六十二条 订立包价旅游合同时，旅行社应当向旅游者告知下列事项：

（一）旅游者不适合参加旅游活动的情形；

（二）旅游活动中的安全注意事项；

（三）旅行社依法可以减免责任的信息；

（四）旅游者应当注意旅游目的地相关法律、法规和风俗习惯、宗教禁忌，了解依照中国法律不宜参加的活动等；

（五）法律、法规规定的其他应当告知的事项。

在包价旅游合同履行中，遇有前款规定事项的，旅行社也应当告知旅游者。

第六十三条 旅行社招徕旅游者组团旅游，因未达到约定人数不能出团的，组团社可以解除合同。但是，境内旅游应当至少提前七日通知旅游者，出境旅游应当至少提前三十日通知旅游者。

因未达到约定人数不能出团的，组团社经征得旅游者书面同意，可以委托其他旅行社履行合同。组团社对旅游者承担责任，受委托的旅行社对组团社承担责任。旅游者不同意的，可以解除合同。

因未达到约定的成团人数解除合同的，组团社应当向旅游者退还已收取的全部费用。

第六十四条 旅游行程开始前，旅游者可以将包价旅游合同中自身的权利义务转让给第三人，旅行社没有正当理由的不得拒绝，因此增加的费用由旅游者和第三人承担。

第六十五条 旅游行程结束前，旅游者解除合同的，组团社应当在扣除必要的费用后，将余款退还旅游者。

第六十六条 旅游者有下列情形之一的，旅行社可以解除合同：

（一）患有传染病等疾病，可能危害其他旅游者健康和安全的；

（二）携带危害公共安全的物品且不同意交有关部门处理的；

（三）从事违法或者违反社会公德的活动的；

（四）从事严重影响其他旅游者权益的活动，且不听劝阻、不能制止的；

（五）法律规定的其他情形。

因前款规定情形解除合同的，组团社应当在扣除必要的费用后，将余款退还旅游者；给旅行社造成损失的，旅游者应当依法承担赔偿责任。

第六十七条 因不可抗力或者旅行社、履行辅助人已尽合理注意义务仍不能避免的事件，影响旅游行程的，按照下列情形处理：

（一）合同不能继续履行的，旅行社和旅游者均可以解除合同。合同不能完全履行的，旅行社经向旅游者作出说明，可以在合理范围内变更合同；旅游者不同意变更的，可以解除合同；

（二）合同解除的，组团社应当在扣除已向地接社或者履行辅助人支付且不可退还的费用后，将余款退还旅游者；合同变更的，因此增加的费用由旅游者承担，减少的费用退还旅游者；

（三）危及旅游者人身、财产安全的，旅行社应当采取相应的安全措施，因此支出的费用，由旅行社与旅游者分担；

（四）造成旅游者滞留的，旅行社应当采取相应的安置措施。因此增加的食宿费用，由旅游者承担；增加的返程费用，由旅行社与旅游者分担。

第六十八条 旅游行程中解除合同的，旅行社应当协助旅游者返回出发地或者旅游者指定的合理地点。由于旅行社或者履行辅助人的原因导致合同解除的，返程费用由旅行社承担。

第六十九条 旅行社应当按照包价旅游合同的约定履行义务，不得擅自变更旅游行程安排。

经旅游者同意，旅行社将包价旅游合同中的接待业务委托给其他具有相应资质的地接社履行的，应当与地接社订立书面委托合同，约定双方的权利和义务，向地接社提供与旅游者订立的包价旅游合同的副本，并向地接社支付不低于接待和服务成本的费用。地接社应当按照包价旅游合同和委托合同提供服务。

第七十条 旅行社不履行包价旅游合同义务或者履行合同义务不符合约定的，应当依法承担继续履行、采取补救措施或者赔偿损失等违约责任；造成旅游者人身损害、财产损失的，应当依法承担赔偿责任。旅行社具备履行条件，经旅游者要求仍拒绝履行合同，造成旅游者人身损害、滞留等严重后果的，旅游者还可以要求旅行社支付旅游费用 1 倍以上 3 倍以下的赔偿金。

由于旅游者自身原因导致包价旅游合同不能履行或者不能按照约定履行，或者造成旅游者人身损害、财产损失的，旅行社不承担责任。

在旅游者自行安排活动期间，旅行社未尽到安全提示、救助义务的，应当对旅游者的人身损害、财产损失承担相应责任。

第七十一条 由于地接社、履行辅助人的原因导致违约的，由组团社承担责任；组团社承担责任后可以向地接社、履行辅助人追偿。

由于地接社、履行辅助人的原因造成旅游者人身损害、财产损失的，旅游者可以要求地接社、履行辅助人承担赔偿责任，也可以要求组团社承担赔偿责任；组团社承担责任后可以向地接社、履行辅助人追偿。但是，由于公共交通经营者的原因造成旅游者人身损害、财产损失的，由公共交通经营者依法承担赔偿责任，旅行社应当协助旅游者向公共交通经营者索赔。

第七十二条 旅游者在旅游活动中或者在解决纠纷时，损害旅行社、履行辅助人、旅游从业人员或者其他旅游者的合法权益的，依法承担赔偿责任。

第七十三条 旅行社根据旅游者的具体要求安排旅游行程，与旅游者订立包价旅游合同的，旅游者请求变更旅游行程安排，因此增加的费用由旅游者承担，减少的费用退还旅游者。

第七十四条 旅行社接受旅游者的委托，为其代订交通、住宿、餐饮、游览、娱乐等旅游服务，收取代办费用的，应当亲自处理委托事务。因旅行社的过错给旅游者造成损失的，旅行社应当承担赔偿责任。

旅行社接受旅游者的委托，为其提供旅游行程设计、旅游信息咨询等服务的，应当保证设计合理、可行，信息及时、准确。

第七十五条 住宿经营者应当按照旅游服务合同的约定为团队旅游者提供住宿服务。住宿经营者未能按照旅游服务合同提供服务的，应当为旅游者提供不低于原定标准的住宿服务，因此增加的费用由住宿经营者承担；但由于不可抗力、政府因公共利益需要采取措施造成不能提供服务的，住宿经营者应当协助安排旅游者住宿。

知识链接

GF-2014-2401　　合同编号：________

团队境内旅游合同

旅　游　者：____________

组团旅行社：____________

国　家　旅　游　局　制定
国家工商行政管理总局

（注：合同中国家旅游局现为文化和旅游部，国家工商行政管理总局现为国家市场监督管理总局。）

使 用 说 明

1. 本合同为示范文本，供中华人民共和国境内（不含港、澳、台地区）旅行社与旅游者之间签订团队境内包价旅游合同时使用（不含赴港、澳、台地区旅游及边境游）。

2. 双方当事人应当结合具体情况选择本合同协议条款中所提供的选择项，空格处应当以文字形式填写完整。

3. 双方当事人可以书面形式对本示范文本内容予以变更或者补充，但变更或者补充的内容，不得减轻或者免除应当由旅行社承担的责任。

4. 本示范文本由国家旅游局和国家工商行政管理总局共同制定、解释，在全国范围内推行使用。

5. 本简化版本省略内容（第一章至第六章）以《团队境内旅游合同（示范文本）》（GF-2014-2401）为准，与其具有相同效力。

合同编号：__________

团队境内旅游合同

旅游者：__________等______人(名单可附页，需旅行社和旅游者代表签字盖章确认)；

旅行社：____________________________________；

旅行社业务经营许可证编号：______________________。

我已通过__________(旅游局官网、旅行社店堂张挂、纸质完全版本旅游合同等)方式阅读了国家旅游局、国家工商行政管理总局制定的《团队境内旅游合同》(GF-2014-2401)第一章到第六章的内容，同意遵守并将其列为本合同组成部分。

旅游者签名__________

年　　月　　日

第七章　协议条款

第二十条　线路行程时间

出发时间______年____月____日____时，结束时间____年____月____日__时；共__天，饭店住宿____夜。

第二十一条　旅游费用及支付(以人民币为计算单位)

成人：________元/人，儿童(不满14岁)：______元/人；其中导游服务费______元/人。

旅游费用合计：____________________元。

旅游费用支付方式：________________。

旅游费用支付时间：________________。

第二十二条　人身意外伤害保险

1. 旅行社提示旅游者购买人身意外伤害保险；

2. 旅游者可以做以下选择：

□委托旅行社购买(旅行社不具有保险兼业代理资格的，不得勾选此项)：

保险产品名称__________(投保的相关信息以实际保单为准)；

□自行购买；

□放弃购买。

第二十三条　成团人数与不成团的约定

成团的最低人数：________人。

如不能成团，旅游者是否同意按下列方式解决：

1. ________(同意或者不同意，打钩无效)旅行社委托

________________________________旅行社履行合同；

2. ________(同意或者不同意，打钩无效)延期出团；

3. ________(同意或者不同意，打钩无效)改变其他线路出团；

4. ________(同意或者不同意，打钩无效)解除合同。

第二十四条　拼团约定

旅游者________(同意或者不同意，打钩无效)采用拼团方式拼至____________

旅行社成团。

第二十五条　自愿购物和参加另行付费旅游项目约定

1. 旅游者可以自主决定是否参加旅行社安排的购物活动、另行付费旅游项目；

2. 旅行社可以在不以不合理的低价组织旅游活动、不诱骗旅游者、不获取回扣等不正当利益，且不影响其他旅游者行程安排的前提下，按照平等自愿、诚实信用的原则，与旅游者协商一致达成购物活动、另行付费旅游项目协议；

3. 购物活动、另行付费旅游项目安排应不与《行程单》冲突；

4. 地接社及其从业人员在行程中安排购物活动、另行付费旅游项目的，责任由订立本合同的旅行社承担；

5. 购物活动、另行付费旅游项目具体约定见《自愿购物活动补充协议》《自愿参加另行付费旅游项目补充协议》。

第二十六条　争议的解决方式

本合同履行过程中发生争议，由双方协商解决；亦可向合同签订地的旅游质监执法机构、消费者协会、有关的调解组织等有关部门或者机构申请调解。协商或者调解不成的，按下列第________种方式解决：

1. 提交______________仲裁委员会仲裁；

2. 依法向人民法院起诉。

第二十七条　其他约定事项

未尽事宜，经旅游者和旅行社双方协商一致，可以列入补充条款。（如合同空间不够，可以另附纸张，由双方签字或者盖章确认。）

____

____

第二十八条　合同效力

本合同一式____份，双方各持____份，具有同等法律效力，自双方当事人签字或者盖章之日起生效。

旅游者代表签字（盖章）：______________	旅行社盖章：______________
证件号码：______________	签约代表签字（盖章）：________
住　　址：______________	营业地址：______________
联系电话：______________	联系电话：______________
传　　真：______________	传　　真：______________
邮　　编：______________	邮　　编：______________
电子信箱：______________	电子信箱：______________
签约日期：______年____月____日	签约日期：______年____月____日

签约地点：____

旅行社监督、投诉电话：____________

附件1：旅游报名表

旅游线路及编号________________ 旅游者出团时间意向________________

姓名		性别		民族		出生日期	
身份证号码				联系电话			
身体状况	（需注明是否有身体残疾、精神疾病、高血压、心脏病等健康受损病症、病史，是否为妊娠期妇女。）						

旅游者全部同行人名单及分房要求（所列同行人均视为旅游者要求必须同时安排出团）：________与________同住，________与________同住，________与________同住，________与________同住，________与________同住，________与________同住，________为单男/单女需要安排与他人同住，________不占床位，________全程要求入住单间（应当补交房费差额）。

其他补充约定：

旅游者确认签名（盖章）：　　　　　　年　　月　　日

备注	（年龄低于18周岁，需要提交家长书面同意出行书）		
以下各栏由旅行社工作人员填写			
服务网点名称		旅行社经办人	

附件 2:带团号的《旅游行程单》

旅游者:(代表人签字)

旅行社:(盖章)

经办人:(签字)

年　　月　　日

附件3:授权委托书

委托人:________________ 证件号:__________________________

受托人:________________ 证件号:__________________________

委托人:________________ 证件号:__________________________

受托人:________________ 证件号:__________________________

委托人:________________ 证件号:__________________________

受托人:________________ 证件号:__________________________

兹委托受托人:_________为我的代理人,全权代表我办理旅游合同的签订事宜,由此在法律上产生的权利、义务均由委托人享有和承担。

委托人:(签字)

年 月 日

附件 4:特别提示

中国公民国内旅游文明行为公约

营造文明、和谐的旅游环境，关系到每位游客的切身利益。做文明游客是我们大家的义务，请遵守以下公约：

1. 维护环境卫生

不随地吐痰和口香糖，不乱扔废弃物，不在禁烟场所吸烟。

2. 遵守公共秩序

不喧哗吵闹，排队遵守秩序，不并行挡道，不在公众场所高声交谈。

3. 保护生态环境

不踩踏绿地，不摘折花木和果实，不追捉、投打、乱喂动物。

4. 保护文物古迹

不在文物古迹上涂刻，不攀爬触摸文物，拍照摄像遵守规定。

5. 爱惜公共设施

不污损客房用品，不损坏公用设施，不贪占小便宜，节约用水用电，用餐不浪费。

6. 尊重别人权利

不强行和外宾合影，不对着别人打喷嚏，不长期占用公共设施，尊重服务人员的劳动，尊重各民族宗教习俗。

7. 讲究以礼待人

衣着整洁得体，不在公共场所袒胸赤膊；礼让老幼病残，礼让女士；不讲粗话。

8. 提倡健康快乐

抵制封建迷信活动，拒绝黄、赌、毒。

安全旅游——旅游的生命线

一、证件安全

1. 护照、身份证、信用卡、车船票及文件等身份证明和凭证，必须随身携带，妥善保管。

2. 出境旅游时最好将上述证件复印，一份留在家中，一份连同几张护照相片随身携带并记下所持护照号码，以备急用。

3. 遇到有人检查证件时，不要轻易应允，而应报告导游或领队处理。如导游或领队不在现场，要有礼貌地请对方出示其身份或工作证件，否则拒绝接受检查。

4. 证件一旦遗失或被偷被抢，要立即报告领队并向警方报案，同时请警方出具书面遗失证明。出国或出境游客要向目的地相关机构申请补发签证，向我使(领)馆等机构申请补办旅行证件。

二、财务安全

1. 一定要保管好自己的证件和贵重物品，不要把现金和贵重物品放在托运行李、外衣口袋或易被割破的手提包中。

2. 不把现金和贵重物品放在宾馆房间或旅游车中。

3. 在转机、转车人多拥挤时，要注意清点行李物品，防止遗失。

4. 不要让也不要帮不相识的人看管或托运行李。

5. 发现财物丢失或被偷盗，要立即报告导游或领队并报警。

三、人身安全

1. 远离毒品，不接受陌生人的搭讪，防止人身受侵害。

2. 参加旅游活动时，尊重所在国或地区，特别是有特殊宗教习俗国家或地区的风俗习惯，避免因言行举止不当引发纠纷。

3. 注意防盗、防骗、防诈、防抢、防打，出门时尽量不要携带贵重物品。

4. 遇到地震、台风、火灾、洪水等自然灾害或政治动乱、战乱、突发恐怖事件或意外伤害时，要冷静处理并尽快撤离危险地区。

5.人身安全受到威胁和伤害时，应立即向当地警方报案，要求警方提供保护，并取得警方的书面证明。

四、交通安全

1. 乘坐飞机时，注意飞行安全，系好安全带，不带危险或易燃品，全程关闭手机，起飞和降落时不使用其他电子设备。

2. 乘坐船、快艇等水上交通工具时，要穿好救生衣或套好救生圈。

3. 在国外乘坐旅游车时，不乘坐第一排工作人员专座，此专座只有工作人员保险，游客乘坐发生意外得不到赔偿。

4. 发生交通事故时不要惊慌，要采取自救和互救措施，保护事故现场，并迅速向领队、导游及警方报告。

五、饮食安全

1. 在指定或下榻宾馆餐厅用餐，不购买和饮用无证照小商贩或地摊提供的饮料食品。

2. 坚持饭前便后洗手的习惯，不吃过期或不洁净的饭菜瓜果，尽量不自带食品，特别是出国旅游往往不能通过海关检疫。

3. 牢记自己的饮食禁忌，不盲从尝鲜、贪吃、乱吃。

六、住宿安全

1. 进出宾馆房间随时关门锁门，离开宾馆时把钥匙交给总台。

2. 不要让陌生人进入房间，不明电话立即挂断。

3. 正确使用房间电器等设施，不要在灯罩上烘烤衣物，注意卫生间防滑。

4. 不要在床上吸烟。

5. 要熟悉宾馆安全通道和紧急出口，遇到火灾时不要搭乘电梯。

6. 离开宾馆时，要携带一张记有该宾馆地理位置和联系电话的卡片，以便迷路后可安全返回。

7. 在宾馆的健身房和游泳池锻炼时，要注意自我保护。

8. 退房时，要检查所携带行李物品，特别注意证件和首饰等贵重物品及眼镜、充电器等小型物品。

七、游览观光安全

1. 游览观光时，服从领队和导游的安排，紧跟团队，不要擅自脱团。

2. 记下领队和导游的手机号码，以备万一掉队后联系。

3. 记住旅游车车牌号和所在停车场位置，以便走失后找到。

4. 在拍照、摄像时注意往来车辆和是否有禁拍标志，不要在设有危险警示的地方停留。

5. 慎重参加带有刺激性、危险性的活动项目，量力而行，提高自我保护意识，服从安全人员的指挥。

6. 夜间自由活动结伴而行，并告知领队大致活动范围，不要乘坐无标志的车辆，不要围观交通事故、街头纠纷，不要晚归。

八、购物安全

1. 购物时要保管好随身携带的物品，不到人多、拥挤的地方购物。

2. 在试衣试鞋时，最好请同团好友陪同和看管物品。

3. 购物时不要当众清点钱包里的钞票。

游客(游客委托代表人)签名：__________

时间：__________

知识链接 相关法律

《中华人民共和国旅游法》

《旅行社条例》

知识链接 门市接待常见问题汇总

本章小结

(1) 作为门市的接待人员，首先要做的是辨别入店客人的需求，提供有针对性的旅游咨询服务，这是门市销售成功的关键。

(2) 门市店员提前将工作所需物品准备齐全，对提高工作效率、从容应对忙碌的接待工作是很有益处的。

(3) 在旅游接待中，同一旅游产品对于散客与团队的报价是有差异的，门市接待人员准确而快速地报价反映出工作的专业性，对赢得客户的信任非常有帮助。

(4) 旅行社门市销售人员在接受客户咨询并报价后一定要及时地跟进追踪，并掌握一定的技巧，才能促进最终交易的达成和合同的签订。

(5) 门市接待中规范地签订合同，并熟悉各种政策法规，是旅行社门市稳定发展的前提。

核心关键词

物品准备(item preparation)
散客与团队报价(individual customer and team quotation)
销售跟踪(sales tracking)
政策法规(policy)

思考练习

1. 分成两组同学模拟旅行社门市的场景，一组同学扮演不同类型的入店客人，一组同学扮演门市的接待人员，通过情景模拟辨别客人的入店需求，并提供有针对性的接待服务。

2. 浏览国内知名的旅游网站——携程网，分析其网站旅游产品分类陈列的特点。

3. 同学间分组，选择一条自己较为熟悉的旅游线路，试着模拟不同团队的要求进行报价练习。

4. 同学分小组，一位同学模拟旅行社销售人员对客户进行销售跟踪，另一位同学模拟客户，每组有两位同学分别负责记录两人的谈话过程，之后小组对谈话情景进行分析，指出销售人员应对的正确和不足之处，并提出改进意见，各小组形成书面资料上交。

案例分析

努力跟踪，用心服务

某天晚上8点多，一位先生到展厅看史密斯热水器。看完后就说网上价格更实惠。销售人员和顾客说："店里是最新款，网上不如店里更新快。"由于顾客在网上看的是4000—5000元的价格，说明顾客有一定的消费能力。于是销售人员便和顾客聊天，询问到小区信息时，顾客说他是蓝堡湾的，销售人员说："您小区用这款零冷水燃气机特别多，开机即热，热水不用等待，没有冷水段产生，特别适合您这样卫生间与厨房距离远的户型。"说着销售人员还把顾客档案本拿给那位先生看。平时其顾客档案本都会将每个小区的用户分开记录，这样方便查阅。看顾客感兴趣，紧接着把这款产品的主要核心卖点一一讲给他听。

顾客现在住的房子，用的便是史密斯热水器，他说他在很多年前买的一个德国牌子的热水器，维修了三次都没有修好，最后给退了全款，但用了史密斯热水器后一直很不错，没有出过故障而且使用感很好，他对产品很认可！这也给销售人员讲解产品提升了很大的信心。

由于顾客正处于新房装修，也有购买其他家电的需求。于是销售人员带着顾客看了西门子的冰箱与洗衣机。顾客被销售人员的热情打动，给其留了电话，并且互加了微信。后来才得知，这位顾客今天来卖场不是要买电器，而是来接在附近写字楼上班的爱人。不过销售人员不气馁，隔了一天，微信联系顾客说近期活动合适，他没有反感，直接打电话进行了预订。功夫不负有心人，通过销售人员的努力这位顾客如约而至。销售人员顺利售出了一台一万多的零冷水热水器，除此之外，其和西门子也联单成功。

销售总结：1. 一定要用心对待每个进厅的顾客。今天的耕耘就会有明天的收获。

2. 一定要做好意向顾客跟踪。

第十章

门市商务礼仪

学习目标

◆了解店员行为的举止礼仪。
◆掌握门市服务人员的礼仪常识。
◆掌握门市服务人员的形象礼仪。

问题导向

在商务活动中应该注意什么?

导入案例　生命的化妆

林清玄(我国台湾著名作家)问一名化妆师:"你研究化妆这么多年,到底什么样的人才算会化妆?化妆的最高境界到底是什么?"

对于这样的问题,这位化妆师露出一个深深的微笑,她说:"化妆的最高境界可以用两个字形容,就是'自然'。最高明的化妆术,是经过非常考究的化妆,让人家看起来好像没有化过妆一样,并且化出来的妆与主人的身份匹配,能自然表现那个人的个性与气质。次级的化妆是把人凸显出来,让她醒目,引起众人的注意。拙劣的化妆是一站出来别人就发现她化了很浓的妆,而这层妆是为了掩盖自己的缺点或年龄的。最差的一种化妆,是化过妆以后扭曲了自己的个性,又失去了五官的协调,例如小眼睛的人竟化了浓眉,大脸蛋的人竟化了白脸,阔嘴的人竟化了红唇……"

没想到,化妆的最高境界竟是无妆,竟是自然,这让林清玄对化妆刮目相看了。同时感慨:"到底做化妆的人只是在表皮上做工夫!"

"不对",化妆师说,"化妆只是最末的一个枝节,它能改变的事实很少。深一层的化妆是改变体质,让一个人改变生活方式。保证睡眠充足,注意运动与营养,这样能

改善她的皮肤，让她精神充足，比化妆有效得多。再深一层的化妆是改变气质，多读书、多欣赏艺术、多思考、对生活乐观、对生命有信心、心地善良、关怀别人、自爱而有尊严，这样的人就是不化妆也丑不到哪里去，脸上的化妆只是化妆的最后一件小事，我用三句简单的话来说明，三流的化妆是脸上的化妆，二流的化妆是精神的化妆，一流的化妆是生命的化妆”。

商务礼仪是在商务活动中体现相互尊重的行为准则，是商务活动中对人的仪容仪表和言谈举止的普遍要求。商务礼仪的核心是一种行为的准则，用来约束人们日常商务活动的方方面面。商务礼仪的核心作用是为了体现人与人之间的相互尊重。

国家旅游局(现文化和旅游部)颁布的《旅行社国内旅游服务质量要求》中，对门市服务人员的礼仪要求做了明确规定：

(1)遵守旅游职业道德和岗位规范；

(2)佩戴胸卡，服饰整洁，精神饱满，端庄大方；

(3)用普通话和民族语言，态度热情、礼貌、认真、耐心；

(4)主动、具体、翔实地介绍相应的旅行日程。

国家旅游局(现文化和旅游部)颁布的《旅行社出境旅游服务质量》中，也做了明确要求：

(1)遵守旅游职业道德和岗位规范；

(2)佩戴服务标志、服饰整洁；

(3)熟悉所推销的旅游产品和业务操作程序。

第一节　店员行为举止礼仪

门市销售人员端庄、礼貌、亲切、大方的举止，对于促进服务质量的提高起着重要的作用。门市销售人员的日常行为举止礼仪主要包括介绍、说话、名片、拜访、距离、电话等方面的常用商务礼仪。

一、介绍礼仪

介绍是交往双方通过一定的方式相互认识，并和对方有初步了解的行为、过程。介绍在商务交往中是必不可少的，门市销售人员得体正确的介绍礼仪十分重要。在社交场合和来宾见面时，通常有两种介绍方式：一种是自我介绍；另一种是他人介绍。

(一) 自我介绍

为了某事需要结识某人，在没有他人介绍的情况下，可以直截了当地自我介绍。虽然是素昧平生，没有联系，只要彬彬有礼，对方自然也会以礼相待。自我介绍时，时间要短，时机要得当，以不妨碍他人为准，内容要全面，自我介绍的内容一般包括自己所属的公司、部门、职位、姓名等。

(二) 他人介绍

他人介绍主要应做到以下 3 点。

1. 顺序得当

先将下级介绍给上级，将年轻者介绍给年长者，将男士介绍给女士，将低级主管介绍给高级主管，将公司同事介绍给客户，将非官方人士介绍给官方人士，将本国同事介绍给外国同事。

2. 称呼得当

称呼是指人们在日常交往中所采用的彼此之间的称谓语，在交往中，选择正确、适当的称呼，反映自身的教养、对对方尊敬的程度。称呼总的要求是要庄重、正式、规范。常见的称呼有：第一，职务性称呼，以对方的职务相称，以示身份有别、敬意有加；第二，职称性称呼，可只称呼职称、在职称前加姓名(适用于十分正式的场合)；第三，行业性称呼，如老师、医生、律师等，也可在职业前加姓氏、姓名；第四，性别称呼，对于从事商界、服务型行业的人，一般按性别的不同分别称呼“女士”“先生”。

3. 仪态得当

介绍者五指并拢，掌心向上；被介绍者站立、面向对方，微笑或点头示意，表现出热情和友善，介绍完毕后与对方握手问候：“您好，很高兴认识您！”

二、说话礼仪

说话要诚恳恭敬，不可主观武断、强词夺理。

谈话中，即使自己所言为对方所接受，亦不可滔滔不绝讲个不停，以免妨碍他人发言；如与对方意见相左，要机智地转变话题，幽默地化解矛盾、调节气氛。接待中，不说对方不喜欢听的话。

寻找他人的优点，避免谈及缺点，并给予适当而诚恳的赞美。应避免谈及他人的隐私，或攻讦他人。

要尊重对方，他人讲话时，不可率性插嘴。但在同伴与客人谈话有误时，可适当抢话圆场，切不可当场发生争吵。要用心聆听客人讲话的内容，不要光发表个人的意见，要讲究沟通的方法。

“说话”主要是要让对方知道讲话者心里是怎么想的，以方便沟通。言谈举止不要太过做作，故弄玄虚，或言词抽象，容易让人产生误解，故讲话表达要简单明了，口气缓和，真诚不急躁，言词简明扼要，不拖泥带水。和人谈话，要讲正事，谈正题，不要常常偏离主题。

谈话中，避免有倦怠的神情，如“打呵欠”“屡屡看表”等。说话时要面带微笑、谦和有礼、态度亲切。已听过的事，又听别人谈起，仍应耐心倾听，不可显现不耐烦之态。对方的话尚未告一段落，不可打断抢说，如须先说，则请对方原谅。

与多人在一起时，不可只与一二人谈话，并避免以方言交谈。当对方有所要求而自己办不到要拒绝时，必须以委婉的态度说明缘由，切莫语气严峻，毫无通融的余地。

参加谈话或讨论，要能适时发表意见，但不可说得太长而令人讨厌。

重承诺。人无信不立，能守信的人，别人才会放心和他相处，所有员工均需用心打造“诚之旅”。盛怒之时不轻易发言，以免伤害别人，造成摩擦。客人的特别要求或者对客人的特殊承诺，要有谈话记录。

三、名片礼仪

当今社会，名片的使用已经非常普遍。通常名片都印有姓名、工作单位、职务等。商业名片往往还印有办公地点、电话号码、邮政编码、MSN、QQ等，让对方一目了然。

对门市而言，名片不单单是商务活动的重要工具，而且对提高门市服务质量和加强门市客户关系管理都有重要意义。门市销售人员在工作中交换名片的机会很多，应该掌握名片的准备、递送、接受、存放要领。

（一）准备名片

会客前，门市销售人员首先要检查和确认名片夹内是否有足够的名片，把自己的名片准备好，整齐地放在名片夹（盒）或口袋中，要放在易于掏出的口袋或皮包里，不要把自己的名片和他人的名片或其他杂物混在一起，以免用时手忙脚乱或掏错名片。

（二）递送名片

名片是自我介绍的简便方式。递送名片的顺序一般是先客后主，先低后高。当给多人递交名片时，应依照职位高低的顺序，或是由近及远，依次进行，切勿跳跃式地进行，以免对方误认为有厚此薄彼之感。

递送时应将名片正面面向对方，双手奉上。眼睛应注视对方，面带微笑，并大方地说："这是我的名片，请多多关照。"名片的递送应在介绍之后，在尚未弄清对方身份时不应急于递送名片，更不要把名片视同传单随便散发。

（三）接受名片

接受名片时应起身，面带微笑注视对方。接过名片时应说"谢谢"，随后有一个微笑阅读名片的过程，阅读时可将对方的姓名、职务念出声来，并抬头看看对方的脸，使对方产生一种受重视的满足感。然后，回敬一张本人的名片，如身上未带名片，应向对方表示歉意。在对方离去之前，或话题尚未结束，不必急于将对方的名片收藏起来。

（四）存放名片

接过别人的名片切不可随意摆弄或扔在桌子上，也不要随便地塞在口袋里或丢在包里。应放在西服左胸的内衣袋或名片夹里，以示尊重。

知识链接　名片使用技巧

交换名片技巧

名片可在刚见面或告别时发送，不要在会中擅自与别人交换名片。但如果自己即将发表意见，则在说话之前发名片给周围的人，可帮助他们认识你。

不要在一群陌生人中到处传发自己的名片，这会让人误以为你想推销什么物品。

除非对方要求，否则不要在年长的主管面前主动出示名片。

交换名片时如果名片用完，可用干净的纸代替，在上面写下个人资料。

交换名片四不宜

(1) 不宜把对方名片放入裤兜里。

(2) 不宜在对方名片上写备忘事情。

(3) 不宜先于上司向客人递交名片。

(4) 不宜玩弄对方的名片。

索取名片的四种常规方法

(1) 交易法:首先递送名片。

(2) 激将法:递送的同时问道"能否有幸交换一下名片?"

(3) 谦恭法:对于长辈或高职务者,可说"希望以后多指教,请问如何联系?"

(4) 平等法:询问"如何与你联系?"

(资料来源:根据 https://wenku. baidu. com/view/6c720f946bec0975f465e237. html 整理.)

四、拜访礼仪

在日常工作中,门市销售人员拜访客人和客户的机会比较多,应该掌握好商务拜访的要点。商务拜访一般包括以下程序。

第一,拜访前要事先和对方约定,以免扑空或扰乱主人的计划。拜访时要准时赴约,时间长短应根据拜访目的和主人意愿而定,通常宜短不宜长。

第二,到达被访人所在地时,一定要轻轻敲门,进屋后等主人安排后坐下。后来的客人到达时,先到的客人可以站起来,等待介绍或点头示意。

第三,如果接待者因故不能马上接待,可以在对方安排下在会客厅、会议室或前台,安静地等候。如果接待人员没有说"请随便参观参观"之类的话,而随便地东张西望,甚至伸着脖子好奇地往房间里"窥探",都是非常失礼的。

第四,有抽烟习惯的,要注意观察周围有没有禁止吸烟的警示。即使没有,也要问问工作人员是否介意抽烟。如果等待时间过久,可以向有关人员说明,并另定时间,不要显现出不耐烦的样子。

第五,拜访时应彬彬有礼,注意一般交往细节。在客户那里拜访时,无论客户在与不在,我们都得言行一致、谨慎。切不可乱翻乱动别人的东西、文件。告辞时要同主人和其他客人一一告别,说"再见""谢谢";主人相送时,应说"请回""留步""再见"。

第六,在客户办公楼里走路不可东张西望,避免有不好的嫌疑。和同事一起离去时,不要在楼道里谈论客户和业务。

第七,门市销售人员应根据会谈对方的反应与态度确定告辞的时机。告辞后立即起身离开座位,握手并感谢对方的接待。客户如要相送,应礼貌地请客户留步。如办公室门原来是关闭的,出门后应轻轻把门关上。

知识链接　门市销售人员的举止

(1) 站姿、坐姿要端庄、自然、精神。

(2) 接待过程中的行走要轻盈、敏捷、优美、协调。

(3) 讲话过程中的手势等肢体语言要得体、优雅,不可过分夸张。

(4) 递接物品、名片,数钱,找钱等动作要符合规范。

(5) 即使在没有顾客时,也不可相互打闹、嬉笑。

(6) 上岗的任何时间都要避免懒散的样子。

(资料来源:徐云松,左红丽. 门市操作实务[M]. 2版,北京:旅游教育出版社,2008.)

五、距离礼仪

人与人之间有着看不见但实际存在的界限,这就是个人领域意识。因此根据空间距离,也可以推断出人们之间的交往关系。在公关活动中,根据公关活动的对象和目的,选择和保持合适的距离是极为重要的。

(一) 私人距离

私人距离又称为亲密距离,一般小于0.5米,一般而言,消费者进入这一距离时,其对旅游产品服务或促销信息已产生兴趣,是主动过来询问的。

(二) 社交距离

社交距离又称为常规距离,一般为0.5—1.5米。在这一距离,双方都把手伸直,还可能相互触及。由于这一距离有较大的开放性,亲密朋友、熟人可随意进入这一区域。一般而言,处于这一距离的消费者是在搜索目标信息。

(三) 礼仪距离

礼仪距离又称为尊重距离,一般为1.5—3米,人们在这一距离时可以打招呼,如“刘总,好久不见”。这是商业活动、国事活动等正式社交场合所采用的距离。采用这一距离主要在于体现交往的正式性和庄重性。适用于迎宾,唤起消费者注意的距离。

(四) 公共距离

公共距离又称为有距离的距离,一般距离在3米以上,处于这一距离的双方只需要点头致意即可,如果大声喊话,是有失礼仪的。公共距离适用于在店内搜寻潜在、有效消费者。

六、电话礼仪

电话是门市销售人员日常工作中进行沟通的主要工具之一,电话虽然是机械的,但使用它要用声调表达出门市工作人员的诚恳和热情。声音悦耳,音量适中,这是每一位拨打电话人员都应遵守的最简单、最起码的礼貌。打电话时尽管相互看不见,但说话声音大小、对待对方的态度、使用语言的简洁程度等看不见的风度表现,都通过电话传给了对方。因此,拨打或者接听电话时,门市销售人员应面带微笑、真诚友好,把快乐幸福带给电话另一端的客人。作为门市销售人员,其不管在任何地方、任何时间、任何情况下,也不管心情有多么不好,都不能将任何消极情绪传染给电话另一端的顾客。

(一) 拨打电话

门市销售人员一定要明确自己所拨打或接听的每个电话都是重要的,是代表公司形象的,对每一个消费者都要抱有认真负责的态度，绝不能敷衍了事；每一通电话都是门市销售人员良好形象的体现，门市的业务和与客户建立的良好关系会在每一通热忱的电话中悄悄拓展开来。

门市销售人员在打电话之前要做好充分的准备：第一，拨打电话前必须明白每一通电话想要达到的效果或目的；第二，所打的每通电话的对象应是通过市场细分的目标客户群体，并且要准确无误地将旅游线路具体情况传达给客户，同时了解客户的真实需求；第三，在进行电话营销时，销售人员要具备积极、自信的心态，因为门市销售人员对自己的信心往往也是客户对门市销售人员的信心。门市销售人员打电话时语气要热忱，确保说话内容、措词、语气和语调准确、简洁、得体，音调要适中，说话的态度要自然。拨错号码要道歉。要注意自我介绍，然后询问和确认对方的姓名、部门和职位。如果对方不在，可请代接电话者转告，或向代接电话者询问对方的去处和联系方式，或把自己的联系方式留下，以便对方回来后回电，最后要感谢对方或代接电话者，并有礼貌地说“再见”。

（二）接听电话

门市销售人员代表的是门市而不是个人，接听电话能够真实地体现出门市销售人员的个人素质、待人接物的态度以及通话者所在门市的整体水平。所以不仅要语言文明、音调适中，更要让对方能感受到热情、真诚。门市销售人员接听电话时要养成良好的工作习惯：一是要在手边放有纸和笔（双色铅笔、便笺）、计算器、电话记录本、客户资料、备忘录等，随时记下所接听或拨打的每一通电话中有价值的信息；二是自报家门，无论是接听还是拨打电话，都应该及时报出旅行社或者门市和自己的全名，并询问对方的公司、姓名以及通信地址，以便在电话沟通中，不时地称呼客户的姓名，更好地了解客户的真实情况；三是门市销售人员接听电话要及时，铃响不超过 3 声，若周围吵嚷应安静后再接电话，因有急事或接另一个电话而耽搁时应表示歉意。接电话的内容一般如下。

(1) 热情问候并报出公司或部门名称，用语规范；保持微笑，语调平稳，吐字清晰，音量适中。

(2) 一手准备记录，抓住重点，留心细节，适时回应；一手持听筒，重要内容要复述并得到对方确认。

(3) 接电话时要确认对方的单位与姓名，询问来电事项。

(4) 不随意打断对方说话。

(5) 转接时注意表述“请稍等”。

(6) 不在对方可听见的情况下转接或问话。

（三）代接电话

门市销售人员如果是代接电话，应按照下列程序进行应对：首先告知对方所要找的人不在，并说明原因；礼貌地询问对方的工作单位、姓名和职位，是否留言。如留言，应详细记录，并表示会尽快转达；如对方不留言，则等对方挂断后再挂机。接到抱怨和投诉电话时不与对方争辩，而应表示会尽快处理。如不是本部门的责任，应把电话转给相关部门和人员。来电找的人正在接电话或无法接电话时应如实相告并主动询问对方是留言还是等待。如留言则记录对方的留言、单位、姓名和联系方式；如等待则将话筒轻轻放下，通知被找的人接电话；如被找的人正在接一个重要电话，一时难以结束，则请对方稍后再来电话。切忌让对方莫名久等。

（四）挂机顺序

门市销售人员在电话通话结束后，一定要清楚谁先挂机，正确的顺序如下。

(1) 上级先挂机。

(2) 客户先挂机。

(3) 主叫先挂机。

知识链接　电话使用注意事项

一、拨打电话注意事项

(1) 往对方家里打电话,应避开早晨 9 点钟以前,晚上 9 点钟以后;往单位打电话,最好避开临下班前 10 分钟。

(2) 打电话时要先通报自己的单位或姓名。礼貌地询问对方是否方便之后再开始交谈,如:"您好! 我是××旅行社的门市服务人员,我想占用您 5 分钟时间,可以吗?"

(3) 假如要找的人不在,对方又问是否有什么话需要转告时,不要一声"没有"就挂断了,一般做法是留下姓名和电话号码,如果真没事可转告,也应客气地道谢。

(4) 电话内容应言简意赅,因为客户愿意听你说话的时间只有 30 秒。

(5) 当拨错电话后,应及时向对方道歉:"对不起,我打错电话了。"

(6) 打完后,挂电话时要轻,赌气地扔话筒是没有礼貌的做法。一般应由年长者或接电话的一方先挂电话。

二、接听电话注意事项

(1) 注意接听要及时,应对要谦和,语调要明快。

(2) 接电话时如果嘴里正吃着东西,要尽快把东西吞下去再接,免得对方听不清楚并有失礼之嫌。

(3) 别人打电话到门市找你,应该尽可能地亲自去接,如果手里有很忙的事,也尽量把事情先停下,让他人去代接是不礼貌的。

(4) 拨错号码是常有的事,接到拨错号码的电话,不能一声"错了",然后重重挂上电话。要语气温和地告诉对方:"对不起,你打错了,这是××旅行社门市。"

(5) 通话结束时,挂断电话需要轻放。

三、代接电话注意事项

接电话找人是常有的事,不要一声"不在"就不容分说地把电话挂上了,也不能过分追问对方情况,例如"你找他有什么事?""你是他什么人?"等,这些都是非常失礼的表现。

应说:"请稍等!"如果对方要找的人恰巧不在,要立即告之:"对不起,本人不在,需要我转告什么吗?"但询问对方姓名后再说"本人不在"就很容易引起对方的误解。

四、电话礼仪的语言选择

电话礼仪的语言选择如表 10-1 所示。

表 10-1　电话礼仪的语言选择

错误语言	正确语言
你找谁?	请问您找哪位?
有什么事?	请问您有什么事?
你是谁?	请问您贵姓?
不知道!	抱歉,这事我不太了解
他不在!	抱歉,他还没回来,您方便留言吗?
没这人!	对不起,我查一下,您还有其他信息可以提示我一下吗?
你等一下,我要接个别的电话	抱歉,请稍等

(资料来源:梁雪松,胡蝶,王伟,等.现代旅行社门店管理实务[M].2版.北京:北京大学出版社,2016.)

七、电子邮件礼仪

电子邮件又称子函件或电子信函,也包括短信和微信,它是利用电子计算机或移动设备所组成的互联网络向交往对象所发出的一种电子信件。使用电子邮件进行对外联络,不仅安全保密、节省时间、不受篇幅的限制,而且还可以大大降低通信费用。随着互联网和电子邮件在商务领域中的普遍应用,电子邮件礼仪已经成为商务礼仪的一部分,并且对于客户关系成败的影响日益显著。门市销售人员发送电子邮件应该注意以下几点。

(一) 认真撰写

向他人发送的电子邮件一定要精心构思,认真撰写。

1. 主题明确

一个电子邮件大都只有一个主题,并且往往需要在前注明,使收件人一目了然。

2. 语言流畅

电子邮件要便于阅读,语言要流畅。尽量别写生僻字、异体字。引用数据、资料时,最好标明出处,以便收件人核对。

3. 慎重对待

要认真撰写每一个字,每一句话。因为法律规定,e-mail或微信、短信也可以作为法律证据,是合法的,所以发e-mail或微信、短信时要小心。如果是对旅行社、门市不利的信息,千万不要写上,发邮件时一定要慎重。

4. 注意措辞

发件人也许认为自己的邮件浅显易懂,但是有时候却遭到误解。简单明了的邮件可以节省打电话或发传真澄清邮件意义的时间。

(二) 提前通知收件人

尽量在发邮件以前得到对方的允许或者至少让他知道有邮件过来,确认自己的邮件对他

有价值。没有人会喜欢垃圾邮件，收件人对于满篇废话的不速之“件”的态度通常是作为垃圾邮件一删了之。

八、胸卡礼仪

《旅行社国内旅游服务质量要求》中明确要求门市销售人员“佩戴胸卡”，《旅行社出境旅游服务质量》中也要求营业销售人员“佩戴服务标志”，可见胸卡或者服务标志的重要性。门市销售人员佩戴胸卡时要注意以下事项。

第一，规格统一。门市销售人员胸卡的尺寸、颜色、款式、图案等要完全一样。

第二，内容统一。一般应包括部门、职务、姓名 3 项。必要时还可贴上本人照片，以供顾客监督。

第三，佩戴统一。将胸卡别在左侧胸前，或挂在胸前，或用挂绳将胸卡挂在脖子上。

第四，完好无缺。佩戴破损、污染、折断、掉角、掉字或涂改的胸卡只会有害无益，应及时更换。

第二节　门市服务人员的礼仪常识

礼仪的本质是通过一些规范的行为表示人与人之间的相互尊重、友好和理解。礼仪是人类文明演变的结果，是文化的沉淀物，也是一个企业道德文化水平的标志之一。对门市而言，加强门市销售人员的文化素质、礼仪素养训练有助于热情细致地接待顾客，有助于成功地宣传门市旅游产品，有助于妥善处理顾客的不满和投诉，有助于门市、旅行社树立良好的口碑和品牌形象。

一、门市商务礼仪常识

对门市服务人员来说，充分了解和准确掌握门市商务礼仪常识，并适用于实际工作中，对改进服务态度、提高服务质量、吸引回头客能起到良好的作用。

（一）迎宾礼仪

迎宾礼仪是给对方留下良好印象的第一步。在门市商务礼仪中，迎宾礼仪还包括如下内容。

第一，门市销售人员看到客人进店时，要注意眼、耳、口等的并用。说“欢迎光临”时要求门市销售人员融入感情，眼神要流露出欣喜。最重要的是要态度亲切、热忱待人。

第二，要做到“五步目迎，三步问候”。目迎就是行注目礼。门市销售人员要专注，看到消费者已经进来了，就要转向消费者，用眼神来表达关注和欢迎，注目礼的距离以五步为宜。在距离三步的时候就要面带微笑，热情地问候并用手势语言敬请消费者坐下。

第三，要言行一致，切勿心口不一。比如嘴上说“您好，欢迎光临”，手里还在忙着其他事情，就给人以不愉快的感觉。

第四，对所有顾客都要一视同仁，让每个上门的旅游咨询者都能感觉受到尊重与重视，才是接待的最高艺术。

知识链接　点头礼

当顾客在销售人员的带领下经过其他正在工作的人员面前时，正在忙于工作的销售人员可以对顾客行点头礼，表示对顾客的欢迎；销售人员在与顾客的交谈中，也可在对顾客的观点表示认可时行点头礼。点头礼的基本姿势为双眼平视对方，面带微笑，点头1—2下，以向对方表示友好、致意，或者赞同。

（资料来源：https://wenku.baidu.com/view/0e1de31d453610661ed9f476.html.）

（二）送客礼

“出迎三步，身送七步”是送客礼仪的基本要求。顾客离店时应以礼相送，除了说道别语外，还要懂得送客礼节。

第一，当旅游者提出告辞时，门市销售人员要等旅游者起身后再站起来相送，切忌没等旅游者起身，自己先于旅游者起立相送，这是很不礼貌的。

第二，若旅游者已经起身告别，门市销售人员仍端坐在办公桌前，嘴里说“再见”，而手中却还忙着自己的事，甚至连眼神也没有转到旅游者身上，更是不礼貌的行为。

第三，通常当旅游者起身告辞时，门市销售人员应马上站起来，与旅游者握手告别，同时选择最合适的言辞送别，如“预祝旅游愉快”“欢迎下次光临”等礼貌用语。尤其是对初次上门的旅游者更应热情、周到、细致。

第四，当旅游者带有较多或较重的物品时，送别时门市销售人员应主动帮旅游者代提重物，送出门市。

第五，与旅游者在门口、电梯口或汽车旁告别时，门市销售人员要与旅游者握手，目送旅游者上车或离开，要以依依不舍的态度送客，不要急于返回，应挥手致意，待旅游者移出视线后，才可结束送别仪式。

（三）握手礼

握手是最为常见、使用范围十分广泛的见面礼，它是社交和商务活动中一个公开而又神秘的“使者”，可以表示欢迎、友好、祝贺、感谢、敬重、致歉、慰问、惜别等各种感情。正是这简单的一握，蕴含着丰富的信息；简单的一握也蕴含着复杂的礼仪细节。因为，握手动作的主动与被动、力量的大小、时间的长短、身体的俯仰、面部的表情及视线的方向等，往往表现了握手人对对方的不同礼遇和态度，也能窥测对方的心理奥秘。握手时要注意以下几点。

（1）手要洁净、干燥和温暖。

（2）先问候再握手。握手时注视对方，不要旁顾他人、他物。

（3）与多人握手时，遵循先尊后卑、先长后幼、先女后男的原则。若戴手套，先脱手套再握手。切忌戴着手套握手或握完手后擦手。

（4）与异性握手时用力轻、时间短，不可长时间握手和紧握。

（四）鞠躬礼

鞠躬礼也是常用的见面礼节之一。所谓鞠躬礼，一般是指向他人躬身以示敬重或感谢之意，因此它也被称为躬身礼。此种礼节一般是下级对上级或同级之间、学生向老师、晚辈向长辈、服务人员向宾客表达由衷的敬意。门市销售人员行鞠躬礼表示对 VIP 客户、银发市场（专指旅游市场中的老年旅游者）的旅游咨询者的欢迎和敬意。

1. 基本方法

行礼时，立正站好，保持身体端正，双手放在身体两侧或在体前搭好，面带微笑。

面向受礼者，距离为两三步远。

鞠躬时，以腰部为轴，头、肩、上身向前倾斜 15°—60°（具体视行礼者对受礼者的尊敬程度而定），目光也应向下，同时问候"您好""欢迎光临""欢迎您再来""谢谢惠顾"等。

迎接客人时，女士双手交叉于腹前，男士双手在两侧或背后交叉，视线均落在对方鞋尖部位。礼后起身迅速还原。

2. 鞠躬礼的要领

行鞠躬礼时面对客人，并拢双脚，视线由对方脸上落至自己的脚前 1.5 米处（15°礼）或脚前 1 米处（30°礼）。男性双手放在身体两侧，女性双手合起放在身体前面。

鞠躬时必须伸直腰、脚跟靠拢、双脚尖处微微分开，目视对方，然后将伸直的腰背由腰开始上身向前弯曲。

鞠躬时，弯腰速度适中，之后抬头直腰，动作可慢慢做，这样会令人感觉很舒服。

知识链接　鞠躬礼注意事项

（1）内外有别。自古以来，中国就有鞠躬礼存在，但是在中国，鞠躬礼多用于需要表达敬谢之意或道歉之意的场合。而在国外，它却主要用于见面或告别之际。

（2）对象特定。在国外，鞠躬礼主要通行于我国相邻的日本、韩国、朝鲜诸国。在欧美各国以及非洲国家里，它并不流行。

（3）区别对待。施鞠躬礼时，外国人一般只会欠身一次，但对其具体幅度却十分在意。在正规场合，欠身的幅度越大，越表示自己对交往对象礼敬有加，不过欠身的最大幅度不宜超过 90°。

（资料来源：http://blog.sina.com.cn/s/blog_6d265b930102wenm.html.）

二、日常商务仪态

仪态语言是一种极其丰富复杂的语言。在日常交往中，人们能通过语言交流信息，但在说话的同时，个体的面部表情、身材的姿态、手势和动作也在传递信息，对方在接收信息时，不仅"听其言"，而且也在"观其行"。

（一）站姿

常言说，“站如松”。就是说，站立应像松树那样端正挺拔。在站立中一定要防止探脖、塌腰、耸肩，双手不要放在衣兜里，腿脚不要不自主地抖动，身体不要靠在门上，两眼不要左顾右盼，以免给人形成不良印象。

行动指南　站姿训练

女性销售人员站姿

女性门市销售人员站立时，可表现出轻盈、娴静、典雅的韵味，要努力给人以一种“静”的优美感。在站立时应两眼平视前方，表情自然，稍带微笑；两臂自然下垂，挺胸收腹；两腿立直，脚跟靠拢。

服务时的站姿多采用叠手站姿：双脚八字步或丁字步（即一脚稍微向前，脚跟靠在另一脚内侧，距离不超过 20 厘米）。双手虎口相交叠放于脐下三指处，手指伸直但不要外翘或放于腰际，拇指可以顶住肚脐处，一般在店内交流时多采用这种站姿。上身正直，头正目平，微收下颌，面带微笑；挺胸收腹，腰直肩平，双臂自然下垂，两腿相靠站直，肌肉略有收缩感。这种站姿端正中略有自由，郑重中略有放松。在站立中身体重心还可以在两脚间转换，以减轻疲劳，这是一种常用的接待站姿。

优美的站立姿势，关键在于脊背的挺直。要让身体主要部位尽量舒展，做到头不歪、脖不伸、颈部直、背不驼、肩不耸、腰部挺、髋不松、膝不弯，这样的站姿会给人以肢体挺拔、精力充沛之感。

男性销售人员站姿

站姿是静力造型动作，显现的是刚健、潇洒、英武、强壮的风采，力求给人以一种“强劲”的壮美感。

男性门市销售人员规范的站姿应注意以下几点。

①头正。两眼平视前方，嘴微闭，收颌梗颈，表情自然，稍带微笑。

②肩平。两肩平正，微微放松，稍向后下沉。

③臂垂。两肩平整，两臂自然下垂，中指对准裤缝。

④躯挺。挺胸、收腹、立腰，臀部向内向上收紧，身体重心落于两脚正中。

⑤腿并。双腿立直、并拢，双脚平行不超过肩宽，以 20 厘米为宜。双手放置身体两侧，手中指贴于裤缝。

服务岗位中常见的站姿

①背手站姿：双手在身后交叠，右手贴在左手外面，贴在两臀中间，两脚可分可并。分开时，不超过肩宽，脚尖展开，两脚夹角成 60°，挺胸立腰，收颌收腹，双目平视。这种站姿优美中略带威严，易产生距离感，所以常用于门迎和保卫人员。如果两脚改为并立，则能突出尊重的意味。

②背垂手站姿：一手背在后面或贴在臀部，另一手自然下垂，手自然弯曲，中指对准裤缝，两脚可以并拢也可以分开，成小丁字步。这种站姿显得大方自然、洒脱，会给

人们挺拔俊美、庄重大方、举止优雅、精力充沛的感觉。

（资料来源：根据 https://www.360kuai.com/pc/9fe7f0f8f72d0907b? cota=4&kuai_so=1&tj_url=so_rec&sign=360_57c3bbd1&refer_scene=so_1 整理.）

（二）走姿

1. 后退步

与人告别时，应当先后退两三步，再转身离去，退步时脚轻擦地面，步幅要小，先转身后转头。

2. 引导步

引导步是用于走在前边给宾客带路的步态。引导时要尽可能走在宾客左侧前方，整个身体半转向宾客方向，保持两步的距离，遇到上下楼梯、拐弯、进门时，要伸出左手示意，并提示请客人上楼、进门等。

行动指南　走姿训练

女性服务人员走姿

标准的走姿是行走时双肩平稳，目光平视，下颌微收，面带微笑。肩平不摇，手臂伸直放松，手指自然弯曲，摆动时以肩关节为轴，上臂带动前臂，前摆向里约35°，后摆向后约15°，挺胸、收腹、立腰，起步时身体微向前倾，身体的重量落于前脚掌，不要落于后脚跟。前脚着地和后脚离地时伸直膝盖，行走速度为每分钟110—120步。

门市销售人员在工作中因着不同的服装，其走姿的要求也不同。

穿西装时，在仪态举止方面要体现出挺拔、优雅的风度，要注意保持后背挺直。行走时步幅不宜过大，要走柳叶步，即两脚跟前后踩在一条直线上，脚尖略向外分开，走出来的脚印像柳叶一样；穿裙装时，长裙行走要平稳，步幅可稍大些。转动时，要注意头和身体协调配合，注意调整头、胸、髋三轴的角度，强调整体造型美。穿短裙行走要表现出轻盈、敏捷、活泼、洒脱的风度，但最大步也不超过脚长的1.6倍。步幅不宜过大，脚步的频率可稍快些，保持活泼灵巧的风格；穿高跟鞋走路要注意保持身体平衡。由于脚跟的提高，身体的重心前移，应避免膝关节前屈、臀部向后撅的不雅姿态。行走时步幅不宜过大，将踝关节、膝关节、髋关节挺直，保持挺拔向上的形体。

男性服务人员走姿

男士行走时上身挺直，双肩平稳，目光平视，下颌微收，面带微笑；挺胸、收腹，使身体略微上提；手臂伸直放松，手指自然弯曲，双臂自然摆动，步履稳健自信。一般男士的行走速度为每分钟108—110步。

（资料来源：根据 https://www.360kuai.com/pc/9fe7f0f8f72d0907b?cota=4&kuai_so=1&tj_url=so_rec&sign=360_57c3bbd1&refer_scene=so_1 整理.）

知识链接　商务礼仪中的走姿技巧与禁忌

走姿技巧

(1) 以腰带动脚,重心移动。

(2) 颈要直,双目平视,下颌向内缩,面带微笑。

(3) 上半身挺直,腰部后收,两脚平行。

(4) 膝盖伸直,脚跟自然抬起,两膝盖相互碰触。

(5) 有节奏地走路,肩膀放松,手指并拢。

走姿禁忌

(1) 忌"内八字"或"外八字"。

(2) 忌哈腰驼背、歪肩晃臂、头部前伸。

(3) 忌摆臂、左顾右盼。

(4) 忌膝盖和脚踝僵硬、脚蹭地面、上下晃动。

(5) 忌只摆动小臂、不抬脚、蹭着地走。

(6) 忌在工作场合手插在口袋中、双臂相抱、倒背双手行走。

(7) 忌多人一起行走排成横队。

(三) 坐姿

坐是一种静态造型,是非常重要的仪态。在日常工作和生活中,离不开这种举止。对男性而言,更有"坐如钟"一说。端庄优美的坐姿,会给人以文雅、稳重、大方的美感。

行动指南　坐姿训练

女士坐姿主要有以下5种。

第一种:正位坐姿。身体的重心垂直向下,双腿并拢,大腿和小腿成90°角,双手虎口相交轻握放于左腿上,挺胸、立腰、面带微笑。

第二种:双腿斜放坐姿。身体的重心垂直向下,双腿并拢,大腿和小腿成90°角,平行斜放于一侧,双手虎口相交轻握放于腿上,挺胸、立腰、面带微笑。

第三种:双腿交叉坐姿。身体的重心垂直向下,双腿并拢,大腿和小腿成90°角,平行斜放于一侧,双脚在脚踝处交叉,双手虎口相交轻握放于腿上,挺胸、立腰、面带微笑。

第四种:前伸后屈坐姿。身体的重心垂直向下,双腿并拢,左脚前伸,右脚后屈或右脚前伸,左脚后屈,双手虎口相交轻握放于左腿上,更换脚位时,手可不必更换,挺胸、立腰、面带微笑。

第五种：架腿式坐姿。先将左脚向右踏出45°，然后将右腿抬起放在左腿上，大腿和膝盖紧密重叠，重叠后的双腿没有任何空隙，犹如一条直线，双手虎口相交轻握放于腿上，可更换脚位，挺胸、立腰、面带微笑。

女士坐在椅子上，应至少坐满椅子的2/3，宽座沙发则至少坐1/2。坐在矮沙发上时，双腿除要合拢外，膝盖要尽可能高过腰部，因此所采用的坐姿应该是双腿斜放式的坐姿，也就是双脚同时向左侧或向右侧斜放，与地面成45°左右的夹角。女士的身体如果能形成S形，则是最优美的姿态。

不同场合的女性可能要换用不同的坐姿，但是基本原则是背部挺直，膝盖并拢，双手成为交叉的八字形，放在身体的侧面或中间均可，上身必须正对前方，目光凝视客人，保持优雅的微笑。

男士坐姿应保持上身挺直，双手轻握膝盖，双脚平行，两膝间隔一拳，脚态可取小八字步或稍分开以显自然洒脱之美，但不可尽情打开腿脚，那样会显得粗俗和傲慢。

（资料来源：根据 http://www.xuexila.com/liyi/yanxingjuzhi/3039024.html 整理.）

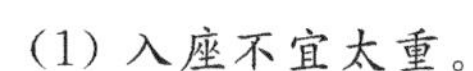

知识链接　商务礼仪中的坐姿“十不宜”

(1) 入座不宜太重。

(2) 女子落座双膝不宜分开，双手不宜乱放。

(3) 不宜坐满椅子。

(4) 不宜脚尖朝天。

(5) 坐在椅子上不宜前俯后仰、东倒西歪。

(6) 不宜摇腿、抖脚；坐立时，腿部不宜上下抖动，左右摇晃。

(7) 双腿不宜过于交叉，或直伸出去。

(8) 不宜双手放于臀部下面或以手触摸脚部。

(9) 不宜用脚脱鞋袜。

(10) 不宜把脚放到桌椅上。

（四）蹲姿

蹲姿是人在处于静态时的一种特殊姿态。人们对掉在地上的东西，一般是习惯弯腰或蹲下将其捡起，而在商务活动中，对掉在地上的东西，也像普通人一样采用一般随意弯腰蹲下捡起的姿势是不合适的。常见的蹲姿有以下三种。

1. 交叉式蹲姿

下蹲时右脚在前，左脚在后，右小腿垂直于地面，全脚着地。左膝由后面伸向右侧，左脚跟抬起，脚掌着地。两腿靠紧，合力支撑身体。臀部向下，上身稍向前倾。

2. 高低式蹲姿

下蹲时右脚在前，左脚稍后，两腿靠紧向下蹲。右脚全脚着地，小腿基本垂直于地面，左脚脚跟提起，脚掌着地。左膝低于右膝，左膝内侧靠于右小腿内侧，形成右膝高、左膝低的姿态，臀部向下，基本上以左腿支撑身体。

3. 半跪式蹲姿

左脚平放在地上，左腿自然弯曲向左打开约 30°，右脚尖着地，右脚跟翘起，将臀部的重心落在右脚跟上，右膝向下向右打开约 60°，两手平放在大腿上，两肘紧贴两肋，上身挺直，昂首挺胸，目视前方。

行动指南　蹲姿训练

女士蹲姿训练

女士下蹲时，左脚在前，右脚稍后，两腿靠紧，向下蹲时，两腿合力支撑身体，避免滑倒。女士因为多穿裙子，所以无论采用哪种蹲姿，两腿一定要靠紧，臀部向下。下蹲时，应使头、胸、膝关节在一个角度上，使蹲姿优美。下蹲拾物时，应自然、得体、大方，不遮遮掩掩。正确的常用蹲姿一般还有交叉式蹲姿和高低式蹲姿。

一般允许蹲姿的场景为：一是需要整理工作环境；二是要给予客人帮助；三是给客人提供必要的服务；四是需要捡拾地面的物品。

男士蹲姿训练

男士下蹲时无论采取哪种蹲姿，都应掌握好身体的重心，避免在客人面前出现歪倒的尴尬局面。一般男子采用高低式蹲姿：下蹲时右脚在前，左脚稍后，两腿靠紧向下蹲。右脚全脚着地，小腿基本垂直于地面，左脚脚跟提起，脚掌着地。左膝低于右膝，左膝内侧靠于右小腿内侧，形成右膝高、左膝低的姿势，臀部向下，基本上以左腿支撑身体。

在下蹲时，要注意：

(1) 忌弯腰捡拾物品时，两腿叉开、臀部向后撅起；

(2) 下蹲时注意内衣“不可以露，不可以透”；

(3) 蹲姿三要点——迅速、美观、大方；

(4) 若用右手捡东西，可以先走到东西的左边，右脚向后退半步后再蹲下来；

(5) 脊背保持挺直，臀部一定要蹲下来，避免弯腰翘臀的姿势。女士要两腿并拢，穿旗袍或短裙时需更加留意，以免尴尬（男士则两腿间可留有适当的缝隙）。

（资料来源：根据 https://wenku.baidu.com/view/a6e4bb390912a21614792982.html 整理.）

（五）手势

俗话说：“心有所思，手有所指。”手的魅力并不亚于眼睛，甚至可以说手就是人的第二双眼睛。手势表现的含义非常丰富,表达的感情也非常微妙复杂。如招手致意,挥手告别,拍手称赞,拱手致谢,举手赞同,摆手拒绝;手抚是爱,手指是怒,手搂是亲,手捧是敬,在商务活动中,能够恰当地运用手势表情达意,会为交际形象增辉。商务活动中常见的手势有以下几种。

1. 引导手势

一般的引导有提臂式、横摆式、回摆式和直臂式4种。根据引导和被引导之间的距离主要分为提臂式和横摆式。

近距离:提臂式引导。

中距离:横摆式引导。

手势要领:手指伸直并拢,手与前臂成直线,肘关节自然弯曲,掌心向斜上方,同时注意眼神的交流。

在引导顾客上下楼梯时应注意以下两点:新客人——侧前方引导;老客人——客人先上先下。

在行进中引导顾客时应根据情况进行危机提醒,行进中与客人打招呼,礼仪用语可分为以下两种:近距离——“请坐”“请看这里”“请注意这里”等。中距离——“这边请”“请向这边走”等。

2. 递接物品的手势

在门市工作中,需要将物品递接给顾客时,应注意以下几点。

第一,双手递接为宜。

第二,要递接于手中。

第三,要主动上前递接物品。

第四,尽量做到方便递接。

第五,递接尖刃物品时,注意尖刃应朝向己方。

知识拓展　手势注意事项

(1) 动作宜亲切自然,切忌快、猛。

(2) 不要掌心向下,不能用手指点人或指人。

(3) 注意面部表情和身体其他部位动作的配合,体现对其他人的尊重和礼貌。

(资料来源:根据 https://wenku.baidu.com/view/f08d0213fe4733687e21aaea.html 整理.)

(六) 表情

表情是内心情感在面部的表现,是人际交往相互交流的重要形式之一。良好的表情可以缩短人与人之间的距离,化解令人尴尬的僵局,是沟通彼此心灵的渠道,使人产生一种安全感、亲切感和愉快感。

在五官当中,眼睛的传达力和表现力是最强的,虽然微笑有很强的感染力,但是它表达的信息却是单一的，而眼神可以传达出欣喜、关注、厌恶或不安等情绪。

知识拓展　视线的应用

注意视线接触的向度，即目光的方向。我们比较喜欢平视，这样使交流也如目光的这条线路一样直接而顺畅，仰视和俯视都会使双方的心理产生距离感。

把握视线接触的长度。如果你和一个人在交往时对方很少关注你，而且注视你的时间不超过整个相处时间的 30%，说明这个人不在乎你。那么同样的道理，如果你在和没有自信心的顾客交往时，多一些目光的接触，对于鼓励顾客有很大的作用。

控制视线接触的位置。一般而言，在初次相见或最初会面的短暂时间里，应注视对方的眼睛，但如果交谈的时间较长，考虑将目光迂回到眼睛和眉毛之间，或随手势而动。

善用目光的变化。每次看别人的眼睛 3 秒左右，让对方感觉到比较自然。

（资料来源：梁雪松，胡蝶，王伟，等.现代旅行社门店管理实务[M].2 版.北京：北京大学出版社，2016.）

第三节　门市服务人员形象礼仪

礼仪形象是个体形象的外在表现形式之一，礼仪形象往往反映出一个人的教养、素质。在人际交往中，其外在的形态、容貌、着装、举止等始终是一种信息，在不知不觉中已经传给了对方，这些信息无疑会或好或坏地影响交往活动的全过程。

一、服饰美

服饰是人体的静止无声状态或姿态的延伸。服饰造型在人物形象中占据着很大的视觉空间。选择服装款式、颜色、材质时，还要充分考虑视觉、触觉与人所产生的心理、生理反应。服饰能体现年龄、职业、性格、时代、民族等特征，同时也能充分展示这些特征。

门市服务人员处在旅行社对客关系的最前沿，是旅行社的“窗口”人物，门市服务人员讲究服饰美是对本职工作严肃认真、充满热情的反映，也是对顾客尊重的体现。因此，在工作过程中必须注意服饰美。

门市服务人员着装的总要求是：素雅、得体、整洁，款式美观大方，色彩协调，与个人体型、工作特点、工作环境、民族习俗相吻合，具体而言，应该注意以下几点。

（1）上岗时必须统一着装，否则会给旅游者一种凌乱的感觉。

（2）工作服是上下身配套的，必须配套穿着。

(3) 如果只有上衣是工作服，要求裤子或裙子的色彩、款式与上衣搭配协调。

(4) 鞋袜的款式和颜色也要符合工作特点，与服装统一。

(5) 在任何情况下，都不可以穿得过分花哨，袒胸露背，更不能穿背心、短裤上岗。

(6) 按照规定，佩戴好工作牌或标志，便于顾客辨认和监督。

二、修饰美

修饰美主要指容貌的化妆、饰品的佩戴、发型的塑造等。

(一) 美容化妆

“浓妆淡抹总相宜”，化妆是传统、简便的美容手段，化妆用品的不断更新给过去简单的化妆赋予了更多的内涵。美容专家说：“化妆的最高境界就是别人只感受到你的美丽，却感觉不到你化过妆。”

化妆在形象设计中起着画龙点睛的作用。门市销售人员为了使自己更精神，更好地服务顾客，给顾客一个良好印象，上岗前应该化妆，但不宜浓妆艳抹，应该以优雅大方的淡妆为宜。女士化淡妆应做到：皮肤清洁，不画突兀眼影，不贴假睫毛，不用深色或艳丽色口红，施粉适度，不留痕迹，不留长指甲，不涂指甲油或者选择颜色透明自然的指甲油。

(二) 佩戴饰物

门市销售人员在工作岗位上佩戴饰品时，通常有基本的上限与下限。上限是选择、佩戴饰品不宜超过两种。下限是可以不佩戴任何一种、任何一件首饰。对于男性门市销售人员来讲，尤其有必要如此。因为在一般情况下，男性佩戴饰品往往更难为人们所接受。

要注意，耳环是否增加了耳朵和脸蛋的神韵？项链是否使人显得修长而丰满？戒指是否使手指显得修长纤细？如果饰物不会成为成功的配件，就不要配饰，否则会使人觉得太沉重。一条丝巾、一枚胸花、一条项链，就能恰到好处地体现人的气质和神韵，让饰品真正有画龙点睛之妙。门市销售人员在自己的工作岗位上佩戴饰品时，应特别遵守下列两方面的要求。

1. 穿工作服时的要求

穿工作服时，不宜也不需要佩戴饰品。穿工作服不仅表示正在工作，而且代表着敬业、爱岗、效率、统一；要是佩戴很多饰品，工作服的风采便会被冲淡，甚至被抹杀了。

2. 穿职业套装时的要求

一般而言，工艺饰品多适合人们在社交应酬之中佩戴，借以突出佩戴者本人的鲜明个性。然而，正装的基本风格是追求共性，不强调个性。所以，门市销售人员在身着职业套装时通常不宜佩戴工艺饰品。

门市销售人员假如被许可在工作之中佩戴饰品，也要力求少而精，只宜选戴简单的金银饰品，而且一定要彼此和谐，相互统一。

(三) 塑造发型

门市销售人员的发型要根据工作的特点来选择，以端庄自然为宜，不可过分夸张。尤其是时尚流行的今天，面对流行，要学会自己判断选择，适合自己的才是最好的。一定要注意流行并不代表美丽，也并不一定代表正确。

知识拓展　发型的选择

1. 身材和发型

头发的长短选择参考身材比例，矮小的人头发不宜太长，及肩较好，长头发会显个子矮；如果脖子不够长，留长发会使脖子显得更加短。

2. 发质和发型

人的发质与脸形都是天生的，一般来说，专业的发型师会根据顾客的发质特点来决定做什么样的发型。人们应该先了解自己属于何种发质。

（1）丽质天生型。这种发质怎么梳理都好看，并且柔亮动人，是令人羡慕的发质，拥有这种发质的人只需要剪个简简单单的长短适中的发型就行了。光有一头好发质却疏于清洁也是万万不行的。

（2）软趴趴型。东方人有很多人都属于这种发质，洗完头后若没加以吹整，就容易全部贴在头皮上，所以时下酷酷的短发可能就不适合。理想的做法是将头发剪出层次，而每次洗完头后若能稍加吹整，这样会让头发较为蓬松，若真要留酷酷的短发，就可选择适合软性发质的发膏，借以增强定型效果。

（3）自然卷型。东方人之中自然卷的发质比较少，如果拥有一头这样的头发，以中短发较佳，另一方面不妨运用造型胶，先涂抹在双手上，再顺势在头发上抓一抓，让头发有一种自然的乱象，效果会更好。

（4）硬直发型。这样的头发的确不好整理，留得太长时容易到处翘，所以不妨保持中短发，同样可借助造型胶吹整出喜欢的发型，而想要让发质变柔软的方法就是在洗完头发后，使用护发素之类的产品。

不过，无论属于哪一种发质，最重要的是维持发丝的干净并梳理整齐。发型是构成仪容的重要部分，恰当得体的发型会使人容光焕发，充满活力，显示出与众不同的特质。女士应根据自己的脸形、体型、年龄、职业来做发型，而整理一头适合脸形的头发可为自己的个人魅力加分不少。

3. 脸形与发型

（1）方形脸。方形脸又称为国字脸，一般视觉印象是脸盘较大，脸部轮廓也呈扁平感，发型设计的要诀就是“避免蓬松”，例如烫得过卷的头发会让脸显得更大，在梳理头发分线的时候也要避免“中分”，以左右旁分为佳，若要特别吹整头发，不妨将发尾吹整为大波浪，这样可缓和整个头型曲线，消除方形脸的刻板印象。

（2）圆形脸。圆形脸容易给人迟钝的感觉，在职场上可能因为这样的感觉而失去了专业形象，发型设计的要诀就是“轻快、简洁”，一般印象中的简洁七分头反倒不适合圆形脸，最佳的长度应该是中长度，并且在前额剪出打薄的刘海，这样的直短发可以让人看起来更专业且轻快。

（3）倒三角形脸。拥有倒三角形脸的人容易让人产生不易亲近的感觉，所以发型设计的重点就在于抵消带给人的这种不利印象。避免将整个头发向后梳理是一个重要的原则，因为这会让倒三角形的脸更加明显，稍有刘海并将两侧头发打薄，避免头发蓬松,如此就不会让人感到上半部脸过宽。

(4) 长形脸。一般人见到长形脸的直觉总是忧郁、老成,所以发型设计的重点就在如何让长脸缩短些,如此才能让人显得更有活力与朝气。理想的发型是将前面的刘海留长,然后采用旁分法将刘海向两侧自然分开梳理,如此在前额会产生自然的大波浪,这是让脸形自然变短的方法,应该避免的是将两侧头发打薄。

不管长发还是短发,一定要洗干净、梳整齐,增添青春活力。发型可根据衣服正确搭配,要善于利用视觉错觉来改变脸形,如脸形过长的人可留较长的前刘海,并且尽量使两侧头发蓬松,这样长脸看起来就不太明显;脖颈过短的人则可选择干净利落的短发来拉长脖子的视觉长度;脸形太圆或太方的人一般不适合留齐耳的发型,也不适合中分发型,应该适当增加头顶的发量,使额头部分显得饱满,在视觉上减弱下半部分脸形的宽度。

(资料来源:根据 https://www.360kuai.com/pc/943d2fa475d579b77? cota=3&kuai_so=1&sign=360_57c3bbd1&refer_scene=so_1 整理.)

本章小结

(1) 门市销售人员的日常行为举止礼仪主要通过介绍、说话、名片、拜访、电话等来体现。

(2) 掌握门市基本礼仪常识,对提高服务质量、吸引回头客能起到良好的效果。

(3) 门市服务人员的形象礼仪主要通过服饰美、修饰美等,保持有活力的仪容仪表来体现。

核心关键词

行为(behaviour)
举止(habit)
礼仪(etiquette)
仪态(bearing)
形象(image)

思考练习

1. 门市销售人员的形象礼仪主要从哪些方面来体现？

2. 站姿、坐姿、走姿、蹲姿练习经过几个阶段？试根据上述要求进行练习。

3. 门市销售人员地上取物要注意哪些要领？

4. 在实习或实践工作中，你觉得自己或者同事们在使用名片、接听电话方面的举止得体吗？

案例分析

小张是一家旅行社门市的业务员，口头表达能力不错，对门市的业务流程很熟悉，对产品的介绍也很得体，给人感觉朴实又勤快，在业务人员中学历是最高的，可是他的业绩总是上不去。

小张非常着急，却不知道问题出在哪里。小张从小有着大大咧咧的性格，不修边幅，头发经常是乱蓬蓬的，双手指甲长长的也不修剪，身上的白衬衣经常皱巴巴的。他喜欢吃大饼卷大葱，吃完后却不知道去除异味。

根据案例分析：

小张业绩上不去的原因是什么？

第十一章

门市安全管理

学习目标

- ◆了解店长在处理突发事件中的角色。
- ◆掌握突发事件的处理方法。
- ◆了解消防管理的小组组成及消防预案的制定。
- ◆掌握常见消防器材的运用方法。

问题导向

面对突发事件，你能妥善解决吗？

导入案例　徐州“9·5”腾翔轮胎翻新门市部发生火灾

腾翔轮胎翻新门市部位于江苏省徐州市104国道秦洪桥北200米路东一幢南北走向、坐东朝西的二层建筑的南端，东西长34.3米，南北宽11.6米，建筑面积240平方米。

2011年9月5日4时42分，消防支队119指挥中心接到报警，称徐州经济技术开发区腾翔轮胎翻新门市部发生火灾，于是立即调派了孟家沟中队的3部消防车14名官兵前往现场扑救。孟家沟中队指挥员临近现场发现火势和烟雾较大后立即请求增援，4时55分孟家沟中队到场后迅速展开救人和灭火行动。支队接到增援请求后，迅速调派特勤一中队、杨庄中队、特勤二中队、大马路中队共18部消防车90余名官兵前往增援。6时20分左右将火彻底扑灭。

火灾导致5人死亡，过火面积517平方米，烧损房屋、轮胎和翻新设备等。消防部门经现场统计并走访，同时经物价部门评估，直接财产损失为46.83万元（其中建筑物损失17.95万元，其他财产损失28.88万元）。

旅行社门市安全管理的工作对象为门市所控制范围内所有人员及所有财产。所有人员不仅包括本店员工，而且也包括正在光顾本店的客人以及合法地待在本店的其他人员。所有财产指的是上述所有人员及本店的所有财产。

第一节　突发事件管理

在当今通信技术和媒体高度发达的信息化社会，妥善做好突发事件中的应对和引导工作，是缓解或化解危机的重要因素。

一、店长在处理突发事件中的角色

(1) 广泛搜集并获取可能导致突发事件的信息，之后对信息的真实性做出正确判断，评估所获得的信息可能产生的影响，做到防患于未然。

(2) 在处理突发事件过程中，应服从领导，明确事故处理的组织指挥体系和自己的工作职责；负责执行决策，推进和落实各项应急处理工作。

(3) 定期接受相关学习和培训，掌握新的行之有效的处理规定、处理办法和处置建议。

(4) 和直接关系人、其他单位进行有效沟通，整体协调，做好突发事件处理中的各种公关工作。

二、突发事件的预防

工作人员在日常工作中的操作不当有可能是造成旅游团队发生意外事件的“定时炸弹”。在日常工作中，工作人员应当注意积累相关经验，积极准备，预防突发事件的发生。

(一) 操作过程中对突发事件的预防措施和注意事项

(1) 前期设计行程和报价时，要以坚持“安全第一”和“行程顺利”为原则。对于行程的安排不得过于紧密，以免造成旅游大巴车为赶行程而超速行驶的安全隐患。当道路交通条件较差时，避免安排夜间行车，尽量安排中小型巴士。行程结束前一天不安排乘旅游大巴车的远途旅游活动，因为一旦遇到大雾天气、交通堵塞或其他不可预见的突发事件，将导致无法顺利返程。

(2) 选择接待能力强、信誉良好、操作规范的境内外地接旅行社进行合作。

(3) 对地接团费合理性进行摸底。抵制零团费和负团费的违规操作现象，避免因恶性竞争使地接压缩采购成本而导致的安全隐患。

(4) 根据季节和目的地地域特点，在团队出发前，了解出发地和目的地天气情况，如暴风雪、台风等可能对行程造成的影响。

(5) 监督导游员不得擅自增加自费游览项目和购物店购物项目等。

(6) 对非常规路线，线路首发团更要谨慎操作，充分了解目的地的接待能力及提供安全服务的条件情况等。掌握不同线路产品的操作特点，提高防范意识，做好准备工作。

(二) 建议游客购买旅游意外保险和出境旅游救援险等

旅游意外保险，指在合同期内，在旅游活动中，遭遇外来的、突发的、非疾病导致的意外保

险。保险期限一般是指旅游者踏上旅行社提供的交通工具开始，到行程结束后离开旅行社安排的交通工具为止。旅游意外保险是一种短期保险，保的是游客不是旅行社，是由游客自愿购买的短期补偿性险种。

所谓紧急援助保险，是指保险公司与国际救援组织联盟联手推出的旅游救助保险险种，是原先的旅游人身意外保险的拓展服务。使传统保险公司的一般事后理赔向前延伸，以便事故发生时提供及时的有效救助。

（三）规范操作程序

坚持学习相关法律法规及旅游业界对于突发事件的先进处理程序和办法，与相关行业携手，不断健全完善规范操作程序，从而预防突发事件的发生。

因此，在旅行社门市工作中，在我们可以预防的各个方面，旅行社的店长和员工都应该尽最大努力规避突发事件的发生，计调员给导游交代接待计划的时候，一定要仔细、认真、周到，导游员在带团过程中应尽心尽责，尽量在力所能及的范围内预防和避免不必要的突发事故的发生。

三、突发事件的处理

在当今信息技术和媒体高度发达的信息化社会，正确妥善做好突发事件的引导和处理工作，是缓解或化解危机的重要因素。

（一）火灾发生时的应急处理

门市任何人员发现火灾应及时采取相应措施，利用消防设备进行扑救，通知值班经理并立即启动突发事件预案对顾客进行紧急疏散，各岗人员要坚守岗位，各司其职。如将初起火灾扑灭，应保留好现场，等候有关部门或负责人的到来，调查起火原因。当出现火灾报警时，可遵循以下程序处理：当门市各种探测器将火灾信号传到消防控制中心时，相关人员尽快拨打消防控制中心电话，在拨打电话时，务必讲清楚以下内容，即报警人的姓名和身份，火灾发生的具体地点，燃烧物质、火势大小，问清接报人的姓名；保安员应尽快打开安全门；各班组要尽快正确疏导顾客和员工从安全门离店；编制应急小组名单、应急通信名单，呈送安保部门备案。

（二）台风和暴雨的应急处理

店长必须每日关注天气情况，防范恶劣天气带来的灾害，一般的恶劣天气由气象部门预报的预警信号体现。

在接到台风和暴雨的预警后，要做到以下工作。

（1）将天气预报的告示在门口或通道等明显位置贴出。

（2）检查户外的广告牌、棚架是否牢固，广告旗帜等是否收起。

（3）检查斜坡附近的水渠是否通畅，有无堵塞。

（4）撤销户外的促销活动展位，收起供消费者休息的太阳伞。

（5）关闭办公楼的门窗，巡查所有高低压房、查看有无漏水现象，如有漏水，即时处理，直到台风或暴雨结束。

（6）准备好雨伞袋和防滑袋，在暴雨来临时使用。

（三）停电应急处理

（1）只能使用紧急照明、手电筒，不能使用火柴、蜡烛和打火机以及任何明火。

(2) 现金全部入金库并锁好。

(3) 安抚顾客,店长要协助维持现场秩序,避免发生混乱和抢劫等。

(四) 人身事故应急处理

(1) 当发生意外时,应第一时间报告店长或主管,若员工发生意外,应及时办理工伤处理程序中的相关手续。

(2) 如顾客有晕倒、突然发病等情况发生,应立即通知相关人员进行必要的急救处理,尤其是"老弱病残孕"及儿童,应迅速拨打急救电话"120",请派救护车,由店内人员送顾客去医院就诊。

(3) 如属重大伤害、意外伤害,顾客应在客服经理的陪同下立即到医院就医,工作人员将具体情况及时上报总部,以便更好地处理善后赔偿事宜。

(五) 暴力及骚乱应急处理

(1) 如发现店内有人捣乱,将捣乱人员带离现场并拨打报警电话。

(2) 对捣乱人员造成的损失进行盘点,由警察签字后进行汇报;如有重大损失要通知保险公司人员前来鉴定,作为赔偿依据。

(3) 不对顾客的是非进行评论,保持沉着、冷静,请顾客立即离开门店。

(六) 可疑爆炸物的应急处理

(1) 发现可疑爆炸物时,直接向店长汇报。

(2) 经店长许可后,立即拨打报警电话。

(3) 对不可触及可疑物,画出警戒线,不许任何人员接近。

(4) 疏散店内人员和顾客,并停止营业。

(5) 等待警方处理直至危险解除,再恢复营业。

(七) 抢劫应急处理

(1) 保持冷静,不要做无谓的抵抗,尽量让匪徒感觉正在按他的要求去做。

(2) 尽量记住匪徒的容貌、年龄、衣着、口音、身高等特征。

(3) 尽量拖延时间,以等待其他人员的救助。

(4) 在匪徒离开后,第一时间拨打报警电话。

(5) 保持好现场,待警察到达,填写"抢劫叙述登记表"。

第二节 消防管理

一、设立应急小组

门市设立消防管理应急小组,店长直接领导,应急小组对门市所有部门实施严格的消防监督,在消防工作上有一定的权威,其主要任务如下。

(1) 负责对门市员工进行消防业务知识培训。

(2) 开展防火宣传教育。

(3) 制定消防安全制度,督促全员贯彻落实消防安全措施,负责调查了解违反消防规定的

原因，并提出解决处理意见，向店长报告情况。

(4) 负责检查店内各部门的安全情况及各种消防设备，发现隐患时及时督促有关人员及时整改。

(5) 负责将店内的消防情况和附近的消防情况以书面报告的形式呈交店长。

(6) 负责调配补充消防器材，并与有关人员定期进行消防设备检测、保养、维修，及时排查消防设备故障。

(7) 负责监视消防报警信号，发现火警、火灾及其他问题时，及时报告并提出处理方法。

(8) 管理好消防业务档案。

二、制定消防灭火预案

(1) 从实际出发，设想店内可能发生的火灾，设计应采取的对策。预案设计首先要以营业场所失火为重点内容，各种不同类型的火灾要有不同的预案，每一个预案要根据火灾发生的不同阶段进行细分，并针对不同阶段制定不同的灭火对策。

(2) 预案要以报警、扑救、疏散以及各种灭火、排烟设施的启动、灭火能力的投入时机等为重点内容，并协调、配合公安专业消防力量开展各项灭火救援行动。

(3) 预案要逐个制定，急用先定，逐步完善。预案制定后要经店长审定，并通过消防演习的实践检验不断修订，使之完善、规范。在发生火灾时，不同火情采取不同预案，有条不紊地进行扑救。

三、常见消防器材的运用

(一) 干粉灭火器

1. 熟练使用干粉灭火器

使用手提式干粉灭火器时，应拔去保险销，一只手握住胶管，将喷嘴对准火焰的根部；另一只手按下压把，干粉即可喷出灭火。(简记：拔销子、握管子、压把子。)

2. 使用干粉灭火器的注意事项

一旦发生火灾，就近取灭火器，一只手提灭火器，另一只手拔掉保险栓，上下摇动数下，站在火势上风3—4米处。紧握压把对准火源根部喷射并不断向前推进，直到火灭为止。

(1) 对准火焰根部加压喷射，不可过高。

(2) 距离火焰2—3米时喷射。

(3) 站在火焰的上风方向喷射。

(简记：上风向2—3米处对准火焰根部喷射。)

3. 灭火器压力表如何辨认

压力表指针指向绿区为压力正好合适；压力表指针指向黄区为压力过大；压力表指针指向红区说明压力不足。(简记：绿区好、黄区大、红区小。)

(二) 室内消火栓

使用消防栓时首先关闭现场所有的电源，打开消火栓的玻璃门，按下手动报警器按钮，与之相连的水泵会自动加压，接好水带枪后(打开水阀门后由于水的压力较大，要将水枪头抱平)朝火场直射，直到火灭为止。

在具体使用消火栓时要注意(需要两个人操作):①打开消火栓门,如有按钮则按下内部火警按钮;②一人接好枪头和水带奔向起火点;③另一人接好水带和阀门口;④逆时针打开阀门水喷出即可。(简记:按报警、接枪带、开阀门。)

四、消防安全“四个能力”

(一) 检查消除火灾隐患的能力

检查用火、用电、用气有无违章;疏散通道、安全出口和消防车通道是否畅通;检查消防器材、安全疏散指示标志、应急照明设置及完好情况;检查重点部位。

(二) 扑救初期火灾的能力

火灾发生后迅速形成灭火第一梯队和第二梯队。

第一梯队:发现起火后,迅速大喊召集起火点周围员工,并按下手动报警按钮,向消防控制室发出火警信号,同时利用就近的水、灭火器、消火栓、灭火毯进行灭火。

第二梯队:单位的义务消防员(保安人员)确认火警后,迅速拨打火警电话,并赶赴起火点灭火。

(三) 组织疏散逃生的能力

熟悉疏散通道,熟悉安全出口,掌握疏散程序,掌握逃生技巧。

火灾发生时,疏散引导员应通过喊话、广播等方式,按照灭火和应急疏散预案要求通知、引导火场人员正确逃生。需要控制人员随意出入的安全出口、疏散门,应保证火灾时不使用钥匙等任何工具就能易于从内部打开,并应在显著位置设置“紧急出口”标志和使用提示。

(四) 宣传教育培训的能力

应在显著位置悬挂或张贴消防宣传标语,利用展板、专栏等形式开展消防宣传教育。

拓展知识　火灾逃生常见错误做法

(1) 按原路逃生:这是人们下意识的反应,但往往会导致错过最佳逃生时间。

(2) 向光亮处跑:事实上,在火场中可能光亮处正是大火燃烧之处。

(3) 盲目跟随:可能会汇集大量逃生人群,反而导致逃生通道不畅。

(4) 向下逃:高层建筑发生火灾时,不要轻易往楼下跑,因为下面可能已经是火海了。

(5) 冒险跳楼:很多人可能会失去理智,直接跳楼跳窗,但危害可能更严重。

(6) 盲目进电梯。火灾发生时极容易停电,乘普通电梯就有“卡壳”的危险。

(7) 穿化纤衣服。起火时应脱掉化纤质的衣服,这种材料一旦遇到火苗后果不堪设想。

(资料来源:http://www.unjs.com/z/1301741.html.)

行动指南　消防实战演习

模拟门市发生火灾，并按照预案进行扑救。通过消防演习检验门市防火、灭火的整体能力，如预案是否科学，指挥是否得当，员工心理承受能力是否足够，消防设施是否发挥作用等。通过演习，总结经验，发现不足，提出改进措施，提高门市防火、灭火、自救的能力。为了提高门市灭火的指挥组织能力，进行消防演习时宜请公安消防部门来人指导，帮助门市做好评估和总结工作。

（资料来源：梁雪松，胡蝶，王伟，等. 现代旅行社门店管理实务[M]. 2版. 北京：北京大学出版社，2016.）

本章小结

（1）门市店长必须十分认真地开展并实施安全工作，并对其进行科学管理，把门市的安全管理作为整个门市管理的有机组成部分。

（2）火灾、台风、暴雨、停电、人身事故、暴力、可疑爆炸物、抢劫是门市中常见的突发事故，门市员工必须熟悉并掌握这些突发事故的应急处理方法。

（3）正确使用消防灭火器是每一位门市员工的必备技能。

（4）店长必须具备消防安全的“四个能力”。

核心关键词

安全(safety)
突发事件(emergency)
火灾(fire)
台风(typhoon)
暴雨(torrential rain)
暴力(violence)
消防(fire fighting)
灭火器(fire extinguisher)

思考练习

1. 异常情况处理都包含哪些方面？哪种情况最常见？哪些情况难处理？
2. 请结合实践谈谈门市安全管理的重要性。

案例分析

员工下班后未关电源，深圳一工厂还未使用就被烧毁

员工下班后忘记关电源，导致还未正式使用的厂房被烧得一片狼藉。

2016年10月18日21时许，深圳市宝安区沙井街道北方永发工业园某公司车间被滚滚浓烟和熊熊火焰所吞噬。随后，伴随着一阵由远及近的警报声，数辆消防车冲到了厂房楼下，经过消防官兵的勠力奋战，火势很快得到了控制，23时25分，明火已被全部扑灭，但现场已经被烧得一片狼藉，面目全非。经消防民警初步调查，起火原因疑为该公司技工下班后忘记关闭电池老化试验室内的电源，致使老化柜电池出现故障引起火灾，过火面积共约230平方米。据了解，该公司主要生产锂电池，刚装修完还没正式投产，现在只是对刚进的一批电池进行测试，想不到就发生了火灾。

10月19日16时许，沙井派出所消防专职民警召集附近几个工业园区中企业的消防安全责任人或管理人和工业园管理处管理人员等共计约100人，在发生火灾的楼下举办“火灾现场警示会”。消防民警告诫各单位吸取教训，下班后务必关掉电源，并杜绝超负荷用电和使用不合格电器及电线的情况，积极组织本企业员工进行“一畅两会”，即畅通消防安全疏散通道和安全出口，会扑救初起火灾，会自救逃生等消防安全知识的培训，做到“人走电断”和“人人会灭火、人人会逃生”。严防火灾事故的发生。

Bibliography

[1] 梁雪松,胡蝶,王伟,等.现代旅行社门店管理实务[M].2版.北京:北京大学出版社,2016.

[2] 伍京华.客户关系管理[M].北京:人民邮电出版社,2017.

[3] 赵西萍.旅游市场营销学[M].北京:高等教育出版社,2006.

[4] 李玲.提高我国旅行社客户关系管理水平的思考[D].成都:西南财经大学,2007.

[5] 徐云松,左红丽.门市操作实务[M].2版.北京:旅游教育出版社,2008.

[6] 中国旅游研究院.中国旅行服务业发展报告2019[M].北京:旅游教育出版社,2020.

[7] 程新造.导游接待案例选析[M].北京:旅游教育出版社,2004.

[8] 刘纯.旅游心理学[M].3版.北京:高等教育出版社,2011.

[9] 陆学艺.当代中国社会阶层研究报告[M].北京:社会科学文献出版社,2002.

教学支持说明

全国高等院校旅游管理类应用型人才培养"十三五"规划教材系华中科技大学出版社"十三五"规划重点教材。

为了改善教学效果,提高教材的使用效率,满足高校授课教师的教学需求,本套教材备有与纸质教材配套的教学课件(PPT 电子教案)和拓展资源(案例库、习题库视频等)。

为保证本教学课件及相关教学资料仅为教材使用者所得,我们将向使用本套教材的高校授课教师免费赠送教学课件或者相关教学资料,烦请授课教师通过电话、邮件或加入旅游专家俱乐部 QQ 群等方式与我们联系,获取"教学课件资源申请表"文档并认真准确填写后发给我们,我们的联系方式如下:

地址:湖北省武汉市东湖新技术开发区华工科技园华工园六路

邮编:430223

电话:027-81321913

E-mail:lyzjjlb@163.com

旅游专家俱乐部 QQ 群号:306110199

旅游专家俱乐部 QQ 群二维码:

群名称:旅游专家俱乐部
群　号:306110199

教学课件资源申请表

填表时间：________年____月____日

1. 以下内容请教师按实际情况填写，★为必填项。
2. 学生根据个人情况如实填写，相关内容可以酌情调整提交。

★姓名		★性别	□男 □女	出生 年月		★ 职务	
						★ 职称	□教授 □副教授 □讲师 □助教
★学校				★院/系			
★教研室				★专业			
★办公电话		家庭电话			★移动电话		
★E-mail （请填写清晰）					★QQ 号/微信号		
★联系地址					★邮编		

★现在主授课程情况		学生人数	教材所属出版社	教材满意度
课程一				□满意 □一般 □不满意
课程二				□满意 □一般 □不满意
课程三				□满意 □一般 □不满意
其　他				□满意 □一般 □不满意

教材出版信息		
方向一		□准备写 □写作中 □已成稿 □已出版待修订 □有讲义
方向二		□准备写 □写作中 □已成稿 □已出版待修订 □有讲义
方向三		□准备写 □写作中 □已成稿 □已出版待修订 □有讲义

请教师认真填写表格下列内容，提供索取课件配套教材的相关信息，我社根据每位教师/学生填表信息的完整性、授课情况与索取课件的相关性，以及教材使用的情况赠送教材的配套课件及相关教学资源。

ISBN(书号)	书名	作者	索取课件简要说明	学生人数 （如选作教材）
			□教学 □参考	
			□教学 □参考	

★您对与课件配套的纸质教材的意见和建议，希望提供哪些配套教学资源：